Andrea Back
Oliver Bendel
Daniel Stoller-Schai

E-Learning im Unternehmen

Andrea Back
Oliver Bendel
Daniel Stoller-Schai

E-Learning im Unternehmen

Grundlagen – Strategien – Methoden – Technologien

orell füssli Verlag AG

1. Auflage 2001
© 2001 Orell Füssli Verlag AG, Zürich
Alle Rechte vorbehalten
Umschlaggestaltung: cosmic Werbeagentur Bern AG, Mario Moths
Druck: fgb • freiburger graphische betriebe
www.fgb.de
ISBN 3-280-02749-7

Die Deutsche Bibliothek – CIP-Einheitsaufnahme

Back, Andrea:
E-Learning im Unternehmen : Grundlagen - Strategien - Methoden - Technologien / Andrea Back ; Oliver Bendel ; Daniel Stoller-Schai. - 1. Aufl. - Zürich : Orell Füssli, 2001

ISBN 3-280-02749-7

Inhaltsverzeichnis

Vorwort 9

1. Teil Grundlagen

1.1	Integriertes E-Learning-Referenzmodell	16
1.1.1	Umfassendes E-Learning-Begriffsverständnis	16
1.1.2	Das St. Galler Dreiebenenmodell des Business Engineering	18
1.1.2.1	Die Business-Engineering-Landkarte	18
1.1.2.2	Die Ebenen und Dimensionen des Business Engineering	20
1.1.3	Das E-Learning-Modell im Überblick und Aufbau des Buchs	23
1.2	Annäherung an den Begriff «E-Learning»	28
1.2.1	Begrifflicher Hintergrund	28
1.2.2	Der Begriff «E-Learning»	31
1.2.3	Definition des Begriffs «E-Learning»	33
1.2.4	Polarisierungen	36
1.3	Strukturen und Entwicklungen im E-Learning-Markt	38
1.3.1	Marktentwicklung	38
1.3.2	Marktstrukturierungen	43
1.3.2.1	Gesamtübersicht	43
1.3.2.2	Marktsegmentierung nach Kundensicht	44
1.3.2.3	Marktsegmentierung nach Produkt- bzw. Dienstleistungsarten	46
1.3.2.4	Zusammenfassung	54
1.4	E-Learning und Knowledge Management	55
1.4.1	Begriffsverständnis von Wissensmanagement	55
1.4.2	Zusammenhang von Begriffen des Wissensmanagements und Lernens	57
1.4.3	Beziehungen zwischen Wissensmanagement und E-Learning	60

2. Teil Strategien: Die strategische Vernetzung von Lernen und Arbeiten im Unternehmen

2.1	Grundlagen einer E-Learning-Strategie	74
2.1.1	Die Charakteristik einer E-Learning-Strategie	74
2.1.1.1	Strategieintegration	74
2.1.1.2	Strategieentwicklung	78
2.1.1.3	Eigenschaften einer E-Learning-Strategie	80
2.1.1.4	Aufgaben einer E-Learning-Strategie	81
2.1.2	Das Umfeld einer E-Learning-Strategie	85
2.1.2.1	Treiber der wirtschaftlichen Transformation	86
2.1.2.2	Die Auswirkungen auf ein Unternehmen	89
2.1.2.3	Der Lern- und Kompetenzenbedarf	91
2.1.2.4	Die Anforderungen an eine E-Learning-Strategie	93
2.2	E-Learning-Strategie als Change-Prozess	100
2.2.1	Transformation von Selbstverständnissen	101
2.2.1.1	Lernverständnis	101
2.2.1.2	Lernkultur	103
2.2.1.3	Kursverständnis	104
2.2.1.4	Verhältnis zwischen Trainer und Lernenden	105
2.2.1.5	Lern- und Arbeitsformen	105
2.2.1.6	Verteil- und Zugangsformen	106
2.2.1.7	Effizienz- und Effektivitätskriterien	106
2.2.2	Gestaltung des Change-Prozesses	107
2.3	E-Learning-Strategieprozess	112
2.3.1	Ausgangslage	113
2.3.1.1	Ausgangslage innerhalb eines Unternehmens: Standortbestimmung	114
2.3.1.2	Ausgangslage außerhalb eines Unternehmens: Umfeldanalyse	118
2.3.2	Vision	120
2.3.3	Strategieplan	124
2.3.4	Umsetzungsplan	138
2.3.5	Kommunikationsprozess	140
2.3.6	Audits, Controlling und Evaluation	142
2.4	Ausblick	149

3. Teil Methoden

3.1	Begriffe und Grundlagen	156
3.1.1	Einführung der drei methodischen Gestaltungsebenen	156
3.1.1.1	Vorbemerkungen	156
3.1.1.2	Der Gestaltungsansatz	157
3.1.2	Die Ebene der Lernarchitektur	159
3.1.3	Die Ebene der Lernräume	162
3.1.4	Die Ebene der Lernprozesse	166
3.2	Gestaltungsgrundsätze	169
3.2.1	Kompetenzenorientiertes Lernen	170
3.2.2	Anwendungs- und arbeitsplatzorientiertes Lernen	170
3.2.3	Supportorientiertes Lernen	171
3.2.4	Mitgestaltungsorientiertes Lernen	172
3.3	Gestaltungsmöglichkeiten	173
3.3.1	Gestaltungsmöglichkeiten für Lernräume	173
3.3.2	Gestaltungsmöglichkeiten für Lernprozesse	178
3.3.2.1	E-Training – instruktionsorientiert	178
3.3.2.2	E-Collaboration – kommunikationsorientiert	186
3.3.2.3	Just-in-time-E-Learning – unterstützungsorientiert	193
3.4	Ausblick	201

4. Teil Technologien und Systeme

4.1	Die Technologie- und Systemebene des E-Learning-Modells	208
4.2	Umsetzung von Lernräumen: Blended-Learning-Modell	217
4.2.1	Blended-Learning-Modell	217
4.2.2	Polarisierungen	220
4.2.2.1	Virtuelles und nichtvirtuelles Lernen	220
4.2.2.2	Stationäre und mobile Technologien und Systeme	221
4.2.2.3	Lokale und verteilte Technologien und Systeme	223
4.2.2.4	Statische und dynamische Technologien und Systeme	224
4.2.2.5	Synchrone und asynchrone Technologien und Systeme	225
4.2.2.6	Individuelle und kollaborative Technologien und Systeme	227
4.2.3	Das Blended-Learning-Modell als Grundlage für konkrete Architekturen	229

4.3	Lern- und Wissensportale	230
4.3.1	Der Begriff «Portal»	230
4.3.2	Klassifikationen	232
4.3.3	Funktionale Ebenen	236
4.3.4	Angebote des Portals	237
4.3.5	Individualisierung und Personalisierung	238
4.3.6	Lernportale	239
4.3.7	Lern- und Wissensportale	248
4.3.8	Lernportale als integrative Systeme	249
4.4	Trends	255
4.4.1	Standardisierung und Learning Objects	255
4.4.1.1	Standardisierung	255
4.4.1.2	Einflussfaktoren und Anforderungen	255
4.4.1.3	Standardisierungsinitiativen	258
4.4.1.4	Quasi-industrieller Umgang mit Content	259
4.4.2	Mobile Learning (M-Learning)	260
4.4.2.1	Begriff	260
4.4.2.2	Einsatzgebiete	265
4.4.2.3	M-Learning und Kommunikation	266
4.4.2.4	M-Learning im Einsatz	267
4.4.2.5	M-Learning und Portale	269
4.4.3	Pädagogische Agenten	270
4.4.3.1	Begriff	270
4.4.3.2	Merkmale von Agenten	270
4.4.3.3	Avatare	271
4.4.3.4	Anthropomorphisierung	272
4.4.3.5	Pädagogische Agenten	274
4.4.3.6	Funktionen von pädagogischen Agenten	275
4.4.3.7	Motivation durch Agenten	280
4.4.3.8	Grenzen des Agenten	282
4.4.3.9	Agenten und Lern- und Wissensportale	283

Glossar 285

Literaturverzeichnis 304

*«A learning company must be a teaching company. (...)
People are the Killer Application.» (Kevin Kelly)*

Vorwort

1. Zur Motivation und Geschichte des Buchs

Welche Fragen bewegen die Verantwortlichen, die E-Learning in Unternehmen vorantreiben wollen? Elliot Masie stellt in seinem TechLearn-Newsletter vom 6.6.2001 als Tenor der Unternehmen, die sich im e-Learning CONSORTIUM des MASIE Center zusammengetan haben, fest: «The issue is not to find out what products and services are available, the issue is to figure out how to deploy e-Learning strategically in their organizations.» Auch wir haben in unseren Kontakten zur Praxis gespürt, dass es mit dem zunehmenden «Hype» um E-Learning ein grosses Bedürfnis nach einem Ordnungsrahmen, nach einer «Landkarte» zum Thema E-Learning gibt. Diese sollen helfen, ein gemeinsames Verständnis von E-Learning entwickeln und die strategische Bedeutung und Potenziale von E-Learning im Unternehmen kommunizieren zu können. Weiterhin sucht man nach Orientierung für ein strukturiertes Vorgehen bei der Umsetzung von E-Learning-Maßnahmen und die unternehmensstrategische Ausrichtung solcher Initiativen.

Diesen Wünschen wollen wir mit diesem Buch entgegenkommen. Es richtet sich vorwiegend an die Unternehmenspraxis, jedoch nicht allein an Trainer und Seminarleiter/innen, wie dies in unserem vorausgehenden Buch «E-Learning – Weiterbildung im Internet» (vgl. [Seufert/Back/Häusler 2000]) der Fall war, wo wir dem Bedürfnis nach «Rezepten», wie man E-Learning-Projekte – vor allem mediendidaktisch – umsetzt, entsprochen haben. Das vorliegende Buch spannt bewusst einen thematisch weiteren Bogen, so dass Ausbilderinnen und Ausbilder, Personalverantwortliche, Bildungsmanager/innen, Business Engineers und generell für das Lernen und die Wissensentwicklung im Unternehmen Verantwortliche Themen im Buch finden, die ihnen Anregungen und Strukturen für ihre Aufgaben in der Praxis geben können. Auch für unsere praxisorientierte Forschungsarbeit im Learning Center, insbesondere dem Competence Center E-Learning (vgl. http://www.learningcenter.unisg.ch) mit seinen Partnerfirmen und wissenschaftlichen Mitarbeiterinnen und Mitarbeitern, ist dieses Buch eine wichtige Grundlage für ein gemeinsames Verständnis und die Zusammenarbeit. Deshalb hoffen wir, dass darüber hinaus auch Leser aus der akademischen Welt mit einem Interesse an Corporate E-Learning und E-Learning im Allgemeinen auf diesem Buch in ihrer weiteren Arbeit aufbauen können.

Es war uns weiterhin ein Anliegen, das als Grundlage des Buchs entwickelte E-Learning-Referenzmodell in die Tradition des Forschungsprogramms Business Engineering (vormals Forschungsprogramm Informationsmanagement) am Institut für Wirtschaftsinformatik der Universität St. Gallen (IWI-HSG) zu integrieren. Das E-Learning-Referenzmodell ist eine Ausprägung des allgemeineren St. Galler Business-Engineering-Modells mit seinen Betrachtungsebenen «Strategie», «Prozess», «Informationssystem» und «Management der Veränderung», das sich im Executive-Master-Programm «Business Engineering» und in zahlreichen Competence Centers ebenso wie in der Beratungspraxis bereits über mehrere Jahre bewährt hat. Diesen Betrachtungsebenen folgt auch der Aufbau des Buchs wie im Folgenden beschrieben.

2. Zum Aufbau des Buchs

Unten stehende Abbildung zeigt, dass sich das Buch in die vier Teile «Grundlagen», «Strategien», «Methoden» und «Technologien» gliedert. Diese Teile korrespondieren mit den Ebenen des E-Learning-Referenzmodells und gleichzeitig des Business-Engineering-Modells. Jeder Teil ist in vier Kapitel untergliedert, deren Inhalte wir nach den Leitbegriffen «Start», «Think», «Do» und «Move on» zusammengestellt haben.

»Start» gibt jeweils eine Einführung und einen Überblick zum Thema. Wichtige Begriffe und Ordnungsrahmen werden erläutert. Dieser Schritt steht auch in der Praxis an erster Stelle, wenn man E-Learning zu einem strategischen, unternehmensweiten Thema machen möchte. «Think» behandelt reflektierende Überlegungen zu den Themen der vier Kapitel und daraus abgeleitete Strukturierungen, so dass dem anschließend in «Do» beschriebenen Projektvorgehen für E-Learning-Maßnahmen, also bevor man handelt, eine Orientierung und geplante Struktur zugrunde liegt.

In «Do» geht es um das konkrete Handeln, die Umsetzung, den «Kern der Sache» für die Praktiker.

«Move on» gibt eine Zusammenfassung und einen Ausblick auf die weiteren Entwicklungen und Themen, die selbst bei Pionieren des E-Learning anstehen und noch nicht im Sinne von *best practices* routinemäßig gelöst und leicht auf andere Anwender transferiert werden können.

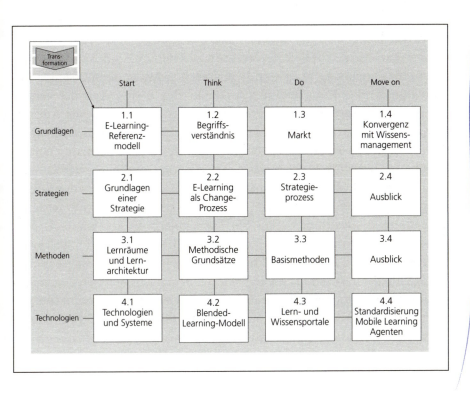

3. Dank an alle Mitwirkenden

Wir schulden einander sowie allen weiteren aktiv Beteiligten und betroffenen Lebenspartnern bzw. Familien Dank für den anhaltenden Beitrag zu einer freundschaftlichen und kooperativen Stimmung, in der dieses Buch neben den Verpflichtungen im beruflichen und privaten Alltag entstehen konnte. Es war unser Ziel, gemeinsam in kollaborativer – und nicht lediglich in arbeitsteiliger – Zusammenarbeit ein Buch als «Ganzes» zu schreiben; in vielen wöchentlichen Arbeitstreffen haben wir uns auf dieser Ziellinie vorwärtsbewegt, dabei gegenseitig voneinander gelernt, und wir hoffen, dass wir das Thema E-Learning für die Leserinnen und Leser «aus einem Guss» aufbereiten konnten. All dies hat uns trotz der Zusatzbelastung so viel Spaß gemacht, dass wir fast süchtig fragen: «Und wann schreiben wir das nächste Buch?»

Von allen, die uns unterstützt haben, möchten wir vor allem Elsy Zollikofer namentlich hervorheben. Sie war ohne Zögern bereit, die vom Verlag gewünschte Produktionssoftware zu erlernen, und wir verdanken ihrer effizienten, sorgfältigen und verlässlichen Arbeit beim Erstellen der Abbildungen, bei Komplettierung und Satz des Textes, dass der vereinbarte Erscheinungstermin eingehalten werden konnte und wir von viel Produktionsfeinarbeit entlastet waren; auch den studentischen Mitarbeitern Josef Linh und Alexander Ritschel gebührt für die Umsetzung einiger Abbildungen ein Dankeschön ebenso wie Karin Oberlin, die gewisse Recherchearbeiten übernommen hat. Hilfreiche aktuelle Daten zum E-Learning-Markt steuerte Olaf Bursian, der Verantwortliche für den «Newsletter E-Learning» des Learning Center, bei. Nicht zuletzt danken wir auch allen unseren Partnerfirmen, dass sie den Kontakt zur akademischen Welt nicht scheuen, sondern im Gegenteil mit uns in Kooperationsprojekten zusammengearbeitet haben und arbeiten. Sie geben uns durch diesen engen Praxiskontakt die Möglichkeit, die Bedürfnisse der Unternehmen besser herauszuspüren und wertvolle Impulse zum Thema Corporate E-Learning zu gewinnen.

4. Geschlechtergerechte Sprache

Im Sprachstil dieses Buchs sollen Frauen wie Männer gleichermaßen repräsentiert sein. Wir wollten uns nicht mit der Floskel, dass mit der tradierten männlichen Formulierung selbstverständlich auch Frauen mitgemeint seien, vom ernsthaften Bemühen um eine geschlechtergerechte Sprache entlasten. Der Text sollte jedoch auch nicht mit übermäßig vielen Doppelformulierungen wie «Anwenderinnen und Anwender» und Umschreibungen beschwert werden. So finden die Leserinnen und Leser eine Mischung aus geschlechtsneutralen und Doppelformulierungen, ohne dass wir in jedem einzelnen Fall rein männliche Formulierungen vermieden hätten. Wir hoffen, dass alle unser Bemühen aus diesem Mischstil herauslesen und es anerkennen. Wir wären enttäuscht, wenn uns vorgeworfen würde, dass wir rein männliche Formulierungen nicht systematisch und ausnahmslos «ausgemerzt» hätten, denn auch dort, wo diese vorkommen, sind selbstverständlich Frauen wie Männer gemeint.

Andrea Back
Oliver Bendel (Mitte)
Daniel Stoller-Schai

1. Teil

Grundlagen

1.1 E-Learning- Referenz- modell	1.2 Begriffs- verständnis	1.3 Markt	1.4 Konvergenz mit Wissens- management

«An organization's ability to learn, and translate that learning into action rapidly, is the ultimate competitive advantage.» (Jack Welch)

«The next big killer application for the Internet is going to be education.»
(John Chambers)

1.1 Integriertes E-Learning-Referenzmodell

1.1.1 Umfassendes E-Learning-Begriffsverständnis

Das vorliegende Buch beruht – wie in Abbildung 1-1 illustriert – auf einem umfassenden Verständnis von E-Learning. Viele denken bei E-Learning lediglich an Web-based Trainings (WBTs), die im Intranet oder Internet über Web-Browser abgerufen werden können, oder an die vertrauten CBTs. E-Learning nur als Werkzeug der Ausbildungsabteilungen für die Entwicklung einzelner Skills in Trainings zu begreifen, greift jedoch zu kurz: E-Learning ist mehr als eine «Toolbox», mehr als nur aktuelle, die Aus- und Weiterbildung unterstützende Technologien und darauf basierende Konzepte.

Mit der Begriffswahl «E-Learning» soll – ähnlich wie beim Begriff «E-Business» – die Aussage vermittelt werden, dass informations- und kommunikationstechnische (IuK) Weiterentwicklungen nicht nur innovative, unterstützende Softwarelösungen und Technologien hervorbringen, sondern auch transformatorischen Einfluss auf Unternehmen haben. Das vorliegende Buch konzentriert sich auf Aus- und Weiterbildung, die innerhalb und zwischen Unternehmen bzw. zwischen Unternehmen und deren Kunden organisiert wird. In diesem Themenbereich betrifft die im Rahmen von E-Learning zu betrachtende Transformation sowohl die Gestaltungsmöglichkeiten des Geschäftsprozesses «Lernen und Wissensentwicklung» im Unternehmen als auch neue Geschäftspotenziale und Geschäftslösungen im Bildungsbereich.

1.1 Integriertes E-Learning-Referenzmodell

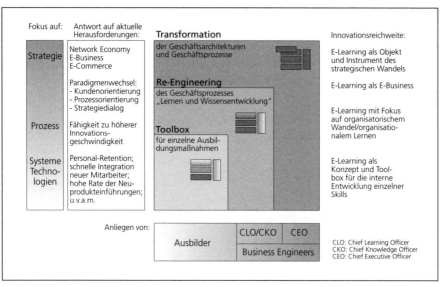

Abbildung 1-1: Umfassendes E-Learning-Begriffsverständnis

Aus der Prozess-Sicht kann man von Re-Engineering des Geschäftsprozesses «Lernen und Wissensentwicklung» sprechen, bei dem E-Learning ein Instrument für organisatorischen Wandel ist. E-Learning kann konzipiert und eingesetzt werden, um eine Organisation z. B. auf eine stärkere Kunden- und Prozessorientierung hin zu entwickeln oder um sie zu befähigen, schneller mit Innovationen Marktpotenziale ausschöpfen zu können. Die Entwicklung hin zum so genannten *workplace learning* ist ein Beispiel für ein Re-Engineering des Lernprozesses im Unternehmen.

Lerninhalte und Lernprozesse, die medial vermittelt werden können, lassen sich auf elektronischen Märkten handeln. E-Learning ist auch ein E-Business. E-Learning als E-Business zu gestalten heißt, die Transformation der Wirtschaft im Informationszeitalter zu verstehen, sich mit Chancen und Herausforderungen der «New Economy» zu befassen und diese unternehmerisch zu nutzen. Dies führt zum einen zu neuen Geschäftsmöglichkeiten und Geschäftsarchitekturen für Produkte und Dienstleistungen rund um das Lernen. Zum anderen bringen die Geschäftsmodelle des Informationszeitalters auch grundlegende Veränderungen mit sich, wie darin betriebliches Lernen, Arbeiten und Wissensmanagement organisiert sind und z.B. auch miteinander verschmelzen. Die Entwicklung hin zu «mobile work and learning» ist ein Beispiel für eine Transformation dieser Prozesse, die über reines Re-Engineering hinausgeht.

Neue Geschäftspotenziale und neue Geschäftsarchitekturen sind Themen für die oberste Geschäftsführung. Das Re-Engineering von «Lernen- und Wissensentwicklung» ist eine Aufgabe der Chief-Learning- und/oder Chief-Knowledge-Officer-Rolle. Während E-Learning verstanden als Konzepte und Toolbox für Skillentwicklung in E-Learning-Projekten der Ausbildungsbereiche umgesetzt werden kann, sind Re-Engineering- und Transformationsprozesse Anliegen des Business Engineering. Dieses bildet deshalb – wie in den folgenden Kapiteln erläutert – die Grundlage für das integrierte, umfassende Verständnis von E-Learning im so genannten «E-Learning-Modell». Dieses Referenzmodell wird im Kapitel 1.1.2 im Überblick vorgestellt und bildet das Gerüst für den Aufbau des Buchs mit den vertiefenden Kapiteln «Strategien», «Methoden» sowie «Technologien und Systeme».

1.1.2 Das St. Galler Dreiebenenmodell des Business Engineering

1.1.2.1 Die Business-Engineering-Landkarte

Am Institut für Wirtschaftsinformatik der Universität St. Gallen (IWI-HSG) wurde das «St. Galler Business Engineering» als Modell und Managementansatz entwickelt, um die Aspekte und Gestaltungsebenen dieser von Informations- und Kommunikationstechnologien (IKT) getriebenen Transformationen von Unternehmen im Informationszeitalter ganzheitlich beschreiben zu können. Diese Grundaussage veranschaulicht die Business-Engineering-Landkarte in Abbildung 1-2: Innovationen der IuK-Technik sind Auslöser der Transformation.

Als wesentliche Sichten von Veränderungsprozessen unterscheidet die Landkarte die fachliche Dimension als strukturellen Gestaltungsraum und die politisch-kulturelle Dimension, die in der Abbildung zum «Management der Veränderung» zählt. Die fachliche Dimension beinhaltet die

Methoden und Modelle der Technologiebeobachtung, um Potenziale und Restriktionen frühzeitig analysieren und in die Strategiebildung einbeziehen zu können, und solche der Strategie-, Prozess- und Systementwicklung. Bei der politisch-kulturellen Dimension stehen die *human factors* im Vordergrund, z. B. Motivation und Führung, Verhalten, Kommunikation und Machtverhältnisse.

Business Engineering unterteilt Transformationsvorhaben in die Entwicklung von Strategie, Prozess und System und verbindet diese Ebenen über die Ergebnisse. Für das Management ist die Bewältigung der Transformationen vor allem mit folgenden Aufgaben verbunden: Das Geschäftspotenzial der IKT zu bewerten, entsprechende Applikationen zu entwickeln und einzuführen, organisatorische Prozesse neu zu gestalten, Unternehmensstrukturen zu verändern, Menschen auszubilden und Machtstrukturen zu verändern (vgl. [Österle/Winter 2000, 5])[1].

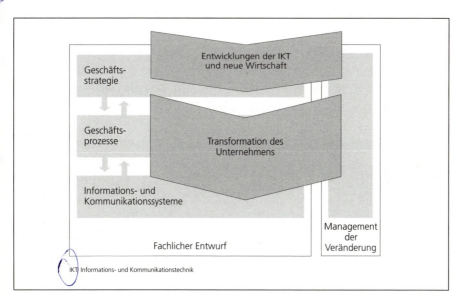

Abbildung 1-2: Die Business-Engineering-Landkarte (in Anlehnung an [Österle/Winter 2000, 12])

1.1.2.2 Die Ebenen und Dimensionen des Business Engineering

Im vorliegenden Buch werden die Aspekte und Gestaltungsebenen von E-Learning basierend auf diesem Business-Engineering-Modell betrachtet. Daraus ergibt sich das im folgenden Kapitel 1.1.3 skizzierte E-Learning-Modell, und an diesem orientiert sich der Aufbau des Buchs (vgl. Abb. 1-5). Um das Verhältnis des E-Learning- und Business-Engineering-Modells zueinander zu verstehen, sind zunächst der Aufbau und die Intentionen des Business-Engineering-Modells näher zu betrachten.

Im Forschungsprogramm Business Engineering des IWI-HSG ist die zentrale Fragestellung, wie die Geschäftsarchitekturen von Unternehmen des Informationszeitalters aussehen und gestaltet werden sollen, z.B. die Architektur von Geschäftsnetzwerken (vgl. [Fleisch 2001]) und konkret etwa die Bankenarchitektur des Informationszeitalters (vgl. [Heinrich/Leist 2000, 141 ff.]). Es werden Methoden für die Transformation von der industriellen Geschäftsarchitektur zu der des Informationszeitalters entwickelt. Mit Business Engineering bezeichnen [Österle/Winter 2000, 7] die methoden- und modellbasierte Konstruktionslehre für Unternehmen des Informationszeitalters. Business Engineering entwirft nicht nur Geschäftslösungen, sondern setzt diese bis zum Betrieb der Prozesse und Systeme um (vgl. [Österle/Blessing 2000, 78]) und unterscheidet deshalb als Gestaltungsebenen des Unternehmens Strategie, Prozess und (Informations-)System. Die (Informations-)System-Ebene wird in detaillierteren Versionen dieses Modells nochmals in Applikations-Ebene und Softwaremodul-Ebene (zuweilen auch als «IKT-Ebene» bezeichnet) unterteilt.

Auf der Strategieebene werden die durch IKT ermöglichten Geschäftsarchitekturen und -strategien betrachtet. Nach Formulierung geeigneter Strategien und Spezifikation des Geschäftsmodells werden im nächsten Schritt geeignete Geschäftsprozesse und schließlich (für die systemmäßig unterstützbaren Teile der Prozesse) geeignete IKT-Systeme entwickelt. Für die Prozess- und Systementwicklung gibt es eine Vielzahl passender Methoden und Modelle (z.B. [Österle 1996]; [Alpar/Grob/Weimann et al. 2000]).

IKT kommt im Business-Engineering-Modell unter zwei Betrachtungsaspekten vor: Zum einen als Treiber der Veränderung; in dieser Rolle soll der Klarheit halber von der «Ressource Informations- und Kommunikations(IuK)-Technologie» gesprochen werden, die Gegenstand der Technologiebeobachtung ist und mit ihren Potenzialen und Restriktionen berücksichtigt wird. Zum anderen als IuK-technische Basis für die Umsetzung von Applikationen, welche die Prozesse unterstützen, aus denen sich wiederum die neuen Geschäftslösungen zusammensetzen; in dieser Rolle soll im Folgenden kurz von der Technologie- und Systemebene die Rede sein, die auf die Gestaltung der Prozess- und Strategieebene wirkt und umgekehrt von ihnen beeinflusst wird.

Die Ebenen und Dimensionen des Business Engineering sind in einer Abbildung von [Österle/Blessing 2000, 78] veranschaulicht, die zwar Wissen als Ressource enthält, den Prozess «Lernen und Wissensentwicklung» jedoch nicht explizit anführt. Die in Abbildung 1-3 enthaltene Variante dieses Modells ist deshalb um diesen Pfeiler ergänzt und betont mit den grau schattierten Balken, welche Ressourcen und Prozesse für E-Learning besonders betrachtungsrelevant sind: Die Ressourcen Personal und Wissen und natürlich die IuK-Technologien, von deren Entwicklung die Impulse für das E-Learning ausgehen. Die Säule IuK-Technologie ist wegen ihrer treibenden Rolle für die Transformation fett hervorgehoben. Als Prozess stehen im E-Learning die Personalentwicklung und Organisationsentwicklung im Sinne von Lernen und Wissensentwicklung im Mittelpunkt.

Das Business-Engineering-Modell kann nun in zweierlei Weise für die E-Learning-Betrachtungen herangezogen werden. Es kann schwerpunktmäßig zur Gestaltung neuer Geschäftsarchitekturen dienen, was auf den Betrachtungsgegenstand E-Learning übertragen hieße, eine Referenzarchitektur für ein Geschäftsmodell der Bildungsindustrie im Informationszeitalter (d.h. auch in der Networked Economy) zu entwickeln und ein dazu passendes Vorgehensmodell (Methoden), wie eine Transformation in diese Zukunft angepackt werden kann. Dieses Thema «Geschäftsmodelle in der Bildungsindustrie» wird im vorliegenden Buch nicht vertieft, sondern an verschiedenen Stellen nur kurz angerissen (u.a. in Kapitel 1.4.2.3 mit dem Application-Service-Providing-Modell für Learning Service Providing[2]).

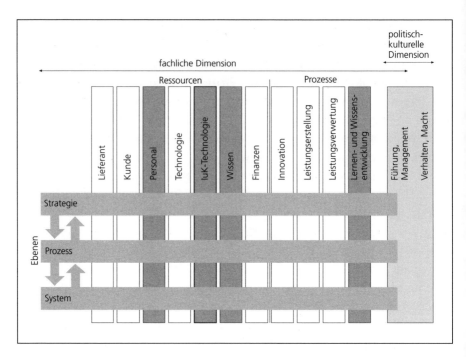

Abbildung 1-3: E-Learning aus der Sicht der Ebenen und Dimensionen des Business Engineering (in Anlehnung an [Österle/Blessing 2000, 78])

In diesem Buch geht es stattdessen in einem ersten Schritt darum, auf der Basis des Business-Engineering-Modells ein ganzheitliches Begriffsverständnis von E-Learning zu etablieren. Dazu wird schwerpunktmäßig der Prozess «Lernen und Wissensentwicklung» im Hinblick darauf betrachtet, welche Fragen sich auf den Ebenen Strategie, Prozess und System für einen Prozessmanager «Lernen und Wissensentwicklung» im Unternehmen stellen. Operiert dieses Prozessmanagement ganzheitlich vor dem Hintergrund der beschriebenen Ebenen und zahlreichen Dimensionen des Business-Engineering-Modells, verdient dieser Prozess die Bezeichnung «E-Learning» und die Managementfunktion Rollenbezeichnungen wie «Chief Learning Officer» (CLO) oder auch «Chief Knowledge Officer» (CKO) bzw. Bildungsmanagement (engl. *Educational Management*).

1.1.3 Das E-Learning-Modell im Überblick und Aufbau des Buchs

Aus dem oben erläuterten Business-Engineering-Modell ist als spezielle Sicht auf den Prozess «Lernen und Wissensentwicklung im Unternehmen» das E-Learning-Modell abgeleitet. Es ist ein Business-Engineering-Modell für E-Learning aus der Sicht eines Chief Learning bzw. Knowledge Officer.

Das in Abbildung 1-4 dargestellte E-Learning-Modell ist im Gesamtzusammenhang seiner einzelnen Teile wie im Folgenden beschrieben zu interpretieren. Auf die einzelnen Elemente und die Bezüge zwischen den Elementen gehen die verschiedenen Buchkapitel dann im Einzelnen ein.

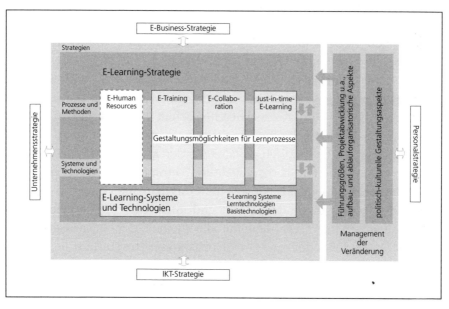

Abbildung 1-4: Das E-Learning-Modell im Überblick

Im Kern steht die Struktur des Business Engineering mit seinen drei Ebenen Strategie, Prozess und System sowie der senkrecht dazu angeordneten Säule Management der Veränderung.

Auf der Strategieebene geht es darum, für das Unternehmen eine E-Learning-Strategie zu definieren. Das zweite Kapitel behandelt, was unter einer E-Learning-Strategie zu verstehen ist, wie sie entwickelt und umgesetzt werden kann und inwiefern gegenseitige Abhängigkeiten zu den anderen genannten Strategien bestehen, mit denen die E-Learning-Strategie wechselseitig abgestimmt sein muss. Es sind dies die Unternehmens- und speziell die E-Business-Strategie, die Personalstrategie und die IKT-Strategie. Zwei Beispiele machen anschaulich, welche Verbindungen gemeint sind: Die E-Learning-Strategie hilft, E-Business-Strategien und generell unternehmensstrategische Ziele umzusetzen. Zum Beispiel fordern E-Business-Strukturen zwischen vernetzten Unternehmen vom Personal auch eine effektive und effiziente Zusammenarbeit in virtuellen Teams. Die Kompetenzen und Fähigkeiten für diese neuen Arbeitsformen können die Mitarbeiterinnen und Mitarbeiter z.B. gut innerhalb von E-Learning-Umgebungen und Lernanlässen gewinnen und einüben. Als weiteres Beispiel sei genannt, dass die Mitarbeiterinnen und Mitarbeiter für das unternehmensstrategische Ziel einer stärkeren Prozess- und Kundenorientierung in der Geschäftsabwicklung durch ein breit angelegtes E-Learning-Programm im Prozessdenken geschult werden können.

Kapitel drei beschreibt, wie die Projekte oder Teilprojekte einer E-Learning-Strategie methodisch gestaltet werden können. Dazu werden die drei Gestaltungsebenen «Lernarchitektur», «Lernräume» (Settings für Lernmaßnahmen, die über das hinausreichen, was man unter einem «Kurs» versteht) und «Lernprozesse» eingeführt und ihre Gestaltungsmöglichkeiten im Einzelnen erläutert, nachdem auf allgemeine Gestaltungsansätze, wie kompetenzenorientiertes und arbeitsplatzorientiertes Lernen, eingegangen wurde. Diese verschiedenen Gestaltungsmöglichkeiten für Lernprozesse auf der Methodenebene sind:

- E-Trainings
  Hier finden Lernprozesse statt, die Lernende weitgehend selbst steuern: E-Trainings sind nach den Methoden des instruktionalen Designs gestaltet und treten als CBTs und/oder WBTs auf; in webbasierten Lernumgebungen ist die Begleitung durch einen E-Trainer oder Web-Coach üblich, der verschiedene didaktische Elemente über die reinen Trainingsmodule hinaus einbringen kann.

1.1 Integriertes E-Learning-Referenzmodell

- E-Collaboration
  Lernen geschieht hier teamorientiert in einem engen wechselseitigen Erfahrungs- und Wissensaustausch, etwa in einer Lerngruppe oder einer Community of Practice.
- Just-in-time-E-Learning
  Hier geht es zum einen darum, wie der Einzelne bei Ad-hoc-Lernbedarfen direkt am Arbeitsplatz und *just-in-time* (JIT) mit Lernmodulen versorgt wird, damit er die Aufgaben effizienter und effektiver lösen kann. Lernen und Arbeiten fließen dabei ineinander. Zum anderen gilt dies auch für die Anwendung von IKT-basierten Instrumenten des Persönlichen Informations- (PIM) und Persönlichen Wissensmanagements (PWM), die unterstützend zu Lern- und Arbeitsaufgaben ebenfalls überwiegend Ad-hoc-Verwendung finden, so dass sie hier zum JIT-E-Learning gerechnet werden.

Das E-Learning-Modell enthält neben diesen drei Gestaltungsmöglichkeiten für Lernprozesse auch explizit Methoden und Applikationen aus dem Human-Resources(HR)-Bereich, die mit der «Produktion» von Kompetenzen in engem Zusammenhang stehen, wie die Skill-Gap-Analyse oder das übergeordnete Skill bzw. Competency Management. Diese haben sehr enge Beziehungen zu E-Learning-Maßnahmen und -Strategien, so dass sie hier im Bereich E-Learning – und nicht im Bereich der Personalstrategie – behandelt werden; für diese Einordnung spricht auch, dass IKT-basierte Instrumente für das Competency Management am Markt verfügbar sind und zunehmend in E-Learning-Systeme integriert werden.

Innerhalb der E-Learning-Systeme und -Technologien werden die folgenden drei Ebenen – verbunden mit aktuellen Entwicklungen und Trends – in Kapitel vier beschrieben:

- Basistechnologien
  Sie umfassen Informations- und Kommunikationstechnologien, auch «Mini-Applikationen», die in verschiedensten übergeordneten Lerntechnologien und E-Learning-Systemen verwendet werden können. I-Net-Technologien, E-Mail und Chat z. B. nehmen bei E-Learning-Systemen die Rolle von Basistechnologien ein. Basistechnologien sind als Bestandteil der IKT-Infrastruktur zu betrachten.

- Lerntechnologien
  Lerntechnologien sind E-Learning-Applikationen. Sie bauen auf Basistechnologien auf. Problemlösungen aus E-Learning-Sicht liegen erst auf den Ebenen Lerntechnologien und E-Learning-Systeme vor. Zu den Lerntechnologien zählen z. B. *Virtual Classrooms* und *Web-Course Tools*.
- E-Learning-Systeme
  Mit einem E-Learning-System kann man lernen, wie z. B. mit einem CBT oder WBT. E-Learning-Systeme sind E-Learning-Applikationen in Verbindung mit Inhalten (engl. *content*) und mit im Anwendungssystem IKT-gestützt verankerten und auch begleitenden didaktischen Konzepten und Methoden. Integrierte E-Learning-Systeme sind z. B. Lernportale oder auch Wissens- oder Mitarbeiterportale (vgl. Kapitel 4.3).

Die Säule Management der Veränderung verläuft senkrecht zu den drei Ebenen Strategie, Prozess und System. Damit wird ausgedrückt, dass es je nach Ebene unterschiedliche und gleichzeitig auch zusammenhängende Methoden gibt. Die Management-Säule unterscheidet in einen politisch-kulturellen Bereich, in dem es z. B. um Anspruchsgruppen-Interessen geht, um im Unternehmen gelebte Selbstverständnisse (vgl. Kapitel 2.2.1.1) und um angestrebte Lernkultur und Werte sowie um Barrieren und Bahnbrecher (engl. *enabler*) von Veränderung. Hier sind Methoden des Change Management gefordert; z. B. zählen die Unternehmenskommunikation einer E-Learning-Strategie und Anreizsysteme zu diesem Methodenkomplex.

Der andere Management-Bereich beinhaltet Fragen zur Gestaltung der Projektabwicklung sowie der Führungsinstrumente und Evaluation ebenso wie der aufbau- und ablauforganisatorischen Gestaltung. Z. B. gehört ein Scorecard-Ansatz zur Messung des Return on Education (ROE) in den Bereich «Führungsgrößen auf strategischer Ebene», während Verfahren zur Messung des Return on Investment (ROI) einzelner E-Learning-Maßnahmen und -Projekte auf der Prozessebene darunter anzusiedeln sind. Hinsichtlich der aufbau- und ablauforganisatorischen Aspekte stellen sich Fragen wie: Welche Aufgaben hat ein Chief Learning Officer? Braucht es solche Aktivitäten, und wo in der Organisation ist eine solche Stelle bzw. Rolle anzusiedeln? Welche Stellen, Rollen und Aufgaben gibt

1.1 Integriertes E-Learning-Referenzmodell

es als permanente Einrichtungen, welche in temporären Projektteams? Wie ist die Abwicklung der E-Learning-Projekte zu organisieren?

Das Management von E-Learning-Projekten wird in den Kapiteln zwei und drei zusammen mit den anderen Methoden auf Strategie- und Prozessebene angesprochen. Methoden für die Systementwicklung und Implementierung sind in diesem Buch ausgeklammert, da sie mit den Publikationen über Business Engineering (siehe Kapitel 1.1.2) zum einen gut abgedeckt sind und zum anderen in diesem Buch Managementfragen den Schwerpunkt bilden sollen, und nicht technische Implementierungsfragen aus dem Aufgabenfeld der Informatik-Abteilungen. Ein Vorgehensmodell zur Entwicklung von E-Learning-Systemen aus der Sicht der Wirtschaftsinformatik, das auf der Management-Säule einzuordnen wäre und nicht lediglich die System- und Technologieebene abdeckt, ist das Essener Lernmodell[3] (vgl. [Pawlowski 2000]).

Abbildung 1-5 gibt einen visuellen Überblick, wie die Buchkapitel mit dem E-Learning-Modell zusammenhängen.

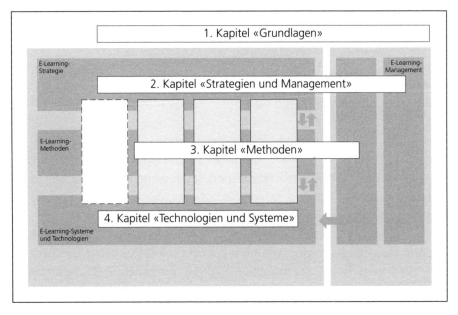

Abbildung 1-5: Übersicht zum Zusammenhang der Buchkapitel mit dem E-Learning-Modell

1.2 Annäherung an den Begriff «E-Learning»

Definition

E-Learning kann begriffen werden als Lernen, das mit Informations- und Kommunikationstechnologien (Basis- und Lerntechnologien) respektive mit darauf aufbauenden (E-Learning-)Systemen unterstützt bzw. ermöglicht wird. Der Begriff «E-Learning» ist aber keineswegs auf diese Ebenen beschränkt, sondern vermag ebenso auf ganz unterschiedliche Aspekte und Phänomene auf der Prozess- und Strategieebene sowie auf der Ebene des Managements der Veränderung abzuzielen.

1.2.1 Begrifflicher Hintergrund

Das junge Wort «E-Learning» gehört der Familie der E-Begriffe (engl. *e-terms*) an. Diese Gruppe von Komposita kann seit ihrem Entstehen ein kontinuierliches Wachstum verzeichnen, auch wenn allmählich aus Mangel an Ideen bzw. Kombinationsmöglichkeiten Ruhe in den Laboratorien der Neuschöpfungen einkehrt.

Einer der ersten E-Begriffe war «E-Mail», ein Wort, das längst Eingang in die Alltagssprache gefunden hat und selbst Personen, die ansonsten (noch) wenig mit der virtuellen Welt zu tun haben, geläufig ist. Man kann sagen, dass auch die Sache an sich, also das Versenden und Erhalten von E-Mails, seit langem völlig alltagstauglich und in hohem Maße verbreitet ist. Die rasante Ausbreitung der Sache hat die rasante Ausbreitung

1.2 Annäherung an den Begriff «E-Learning»

des Begriffs natürlich gefördert. Das Wort «E-Mail» wirkte als Initialzündung. Hinzu kamen Begriffe wie «E-Publishing», «E-Journal», «E-Zine», «E-Book», «E-Postcard», «E-Government», «E-Banking», «E-Lancer», «E-Procurement», «E-Cash», «E-Shopping», «E-Commerce» und «E-Business», Wörter mit einem unterschiedlichen Verbreitungs- und Verwendungsgrad und einer teils voraussichtlich begrenzten Lebensdauer. Auf einer Metaebene wurden E-Begriffe kreiert, die die Bildung und Verwendung der Wörter selbst («E-Terms») bzw. den damit zusammenhängenden Wandel der Gesellschaft («E-Life» oder «E-Society») aufnehmen oder die Transformation von Gegenständen, Bereichen oder Prozessen in der Informationsgesellschaft benennen («E-Transformation»).

Das «E», der erste Bestandteil des Kompositums, steht für *electronic*, wobei sich dieser eigentlich weite Begriff («auf Elektronenfluss beruhend») im vorliegenden begrifflichen Zusammenhang in erster Linie auf elektronische Informationsverarbeitung und elektronisch unterstützte Kommunikation bezieht, also auf die Verwendung von IKT und entsprechenden Systemen. Häufig wird der Bedeutungsraum noch weiter eingeschränkt und speziell Bezug auf Internetanwendungen genommen. Hintergrund ist offensichtlich die starke Entwicklung im Internetbereich, die immer mehr Anwendungsmöglichkeiten nach sich zieht und in ihrer zunehmenden Dominanz die Perspektive auf die dort gegebenen Potenziale «verengt». Es gibt aber auch E-Begriffe, die weiter gefasst sind oder sogar nur sehr indirekt bzw. gar nichts mit dem Internet zu tun haben, z. B. das Wort «E-Book». «E» wie «elektronisch» ist also nicht per se gleichzusetzen mit «I» wie «Internet».

Der andere Teil, die «Leerstelle» des E-Begriffs, weist für sich genommen auf Gegenstände, Bereiche und Prozesse, die bereits ihren etablierten Ort haben. Beim Begriff «E-Book» ist z. B. das Buch als Printmedium mit angesprochen. Ein E-Begriff verbindet damit sozusagen Innovation und Tradition. Zusammen deuten die Begriffe auf Gegenstände, Bereiche und Prozesse, die mit Hilfe von IKT bzw. mit IKT-gestützten Systemen realisiert sind.

Trotz der beschriebenen möglichen Fokussierung von E-Begriffen – etwa auf Internetanwendungen – ist das «E» grundsätzlich offen, insofern es eben nicht zwangsläufig auf spezielle Technologien und Systeme beschränkt ist. Durch den großen Bedeutungsspielraum können allerdings

Missverständnisse entstehen. Immer wieder werden «I» und «E» gleichgesetzt, und immer wieder resultieren dann Verwirrungen bei anderem, offenerem Gebrauch. Auch der Umstand, dass der zweite Bestandteil der E-Begriffe auf ganz unterschiedliche Erkenntnisgegenstände verweisen kann, schafft einerseits eine Offenheit der Wortbildung, andererseits ein verwirrendes Nebeneinander von Begriffen verschiedener Kategorien. Offensichtlich ist es möglich, sehr unterschiedliche Dinge zu «e-isieren». So steht etwa das eben erwähnte E-Book, ein Produkt zum Anzeigen und Durchsuchen digitaler Texte, ein (an)fassbarer Gegenstand mit einem informationsverarbeitenden Innenleben, neben dem komplexen Wirtschaftsbereich E-Commerce.

Weiterhin birgt die Herstellung einer engen Verbindung zwischen dem traditionellen und dem neu geschaffenen Gegenstand gewisse Gefahren, insofern über grundsätzliche Unterschiede und über Transformationen in Funktion und Gebrauch hinweggetäuscht werden kann. Zum Beispiel wurde im Falle von E-Journals gezeigt, wie diese durch ihre elektronische Realisierung typische Merkmale von Zeitschriften verlieren und neue Charakteristika hinzugewinnen, etwa indem sie Funktionen des elektronischen Forums realisieren, Formen der Interaktivität, die klassischen Zeitschriften nicht oder nur marginal zu eigen sein können (vgl. [Zhang 1999, 50 ff.]), oder aber indem sie sich zu komplexen Portalen entwickeln (vgl. Kapitel 4.3 zu Lern- und Wissensportalen), in denen ihr redaktionelles Angebot eine der Content-Komponenten darstellt. E-Gegenstände, wenn man sie so nennen will, sind also nicht einfach traditionelle Gegenstände unter anderem Vorzeichen.

Nicht zuletzt ist zu beachten, dass E-Begriffe auch Marketing-Begriffe sind; es wird also im Hinblick auf die Erfordernisse des Absatzmarkts ein Wort «e-isiert» und damit interessant und verwendungsfähig gemacht. Überspitzt ausgedrückt schafft man zuerst – zweckgebunden – den Begriff, um dann später – wenn überhaupt – darüber nachzudenken, was man eigentlich damit meint. Dies heißt aber nicht, dass alle E-Begriffe für wissenschaftliche Zwecke (etwa für eine präzise begriffliche Bestimmung) bzw. als bedeutungsgenaue Basis konzeptioneller Überlegungen ungeeignet wären. Manche von ihnen sind – wie die Grenzgänger-Begriffe «E-Learning», «E-Mail» oder «E-Government» – tendenziell neutral, d.h. sie passen in die Welt des Marketings ebenso wie in die Welt der Wissenschaft.

1.2.2 Der Begriff «E-Learning»

Lernen wird in diesem Buch als das Aneignen und Hinzugewinnen von Wissen verstanden; es wird aus einem von Forschungen im Bereich Knowledge Management geprägten Blickwinkel skizziert. Im Folgenden wird kurz auf die Begriffe «Wissen», «Lernen und Lehren» sowie «Content» eingegangen.

1. Wissen

Wissen kann als so genanntes explizites Wissen (*explicit knowledge*) in der Form von (niedergeschriebenen) Aussagesätzen vorliegen, aber ebenso in visueller Form (Grafiken, Fotos, Videos) (vgl. [Nonaka/Takeuchi 1997, 18 ff.]). Liegt Wissen in auditiver Form vor, kann es sich wiederum um Wissen handeln, das aus Aussagesätzen besteht, wobei in diesem Fall die Sätze gesprochen werden. Explizites Wissen ist formal beschreibbares oder artikulierbares Wissen. Die Explizitheit von Wissen bedeutet eben, dass es in die genannten Formen gegossen werden kann, die es «sichtbar» machen, und auch, dass es einen gewissen Grad von Generalisierbarkeit und «Intersubjektivität» hat, letzteres immerhin in dem Sinne, dass es ohne weiteres mitgeteilt und vermittelt werden kann.

Implizites Wissen (*tacit knowledge*) hingegen entzieht sich dem formalen Ausdruck und ist (zunächst) nur schwer mitteilbar. Es ist «verinnerlicht», wie das Wissen um eine bestimmte Verhaltensweise oder um einen Sachverhalt (vgl. [Nonaka/Takeuchi 1997, 18 ff.]).

Wenn man die Einteilung nach implizitem und explizitem Wissen nimmt, ist Lernen in erster Linie das Überführen von explizitem oder implizitem Wissen in implizites Wissen. Es ist der Vorgang, der bei Personen eine «innere» Veränderung verursacht, einen mehr oder weniger dauerhaften Zuwachs von Kompetenzen und Fähigkeiten (vgl. auch Kapitel 1.4 zum Verhältnis von E-Learning und Knowledge Management).

Das Aneignen und Hinzugewinnen von Wissen ist im vorliegenden Zusammenhang vor dem Hintergrund der persönlichen und beruflichen Situation und Entwicklung zu sehen. Lernen verändert Personen und ihre Potenziale. Es macht sie kompetent für bestimmte Aufgaben. Die Kompetenzen werden zur Basis von professionellen Handlungen, von Geschäftsaufgaben und -problemen.

2. Lernen und Lehren

Das «E» rückt das «Lernen» in einen neuen Zusammenhang. In einer ersten Annäherung kann man sagen, dass es um Lernen geht, das «elektronisch», nämlich mit Hilfe von Informations- und Kommunikationstechnologien (Basis- und Lerntechnologien) respektive darauf aufbauenden Systemen, unterstützt bzw. durchgeführt wird.

Dem Lernen steht die Lehre als die Vermittlung (im Gegensatz zur Aneignung) von Wissen und Verhaltensweisen gegenüber. Der Begriff «E-Learning» nimmt eine Teilsicht ein, insofern er Lern- und Wissensprozesse aus der Perspektive des Lernenden oder des Lernens beschreibt. Allerdings ist die Perspektive des Lernens in gewissem Sinne weniger festgelegt als diejenige der Lehre. Lehre ist immer auf Lernen gerichtet, und IKT und entsprechende Systeme, die in der Lehre eingesetzt werden, zielen darauf ab, Lernprozesse zu ermöglichen und zu fördern. Lehre geht von (agierenden) Lehrenden aus, von Dozenten, Trainern, Tutoren. Lernen hingegen bedarf keiner Lehre und keines Lehrers, ja findet sehr häufig in anderen Kontexten statt. So ist bereits eine sehr «einfache», ohne Hilfsmittel und weiteres Personal auskommende Form des Lernens, das reflektierende Beobachten beim Gehen und Stehen, «individueller», selbstbezogener Natur. Natürlich kann auch in dieser Situation ein Lehrer hinzutreten, aber das Lernen findet auch ohne sein Zutun statt. In dieser Lesart ist «Lehre» der speziellere, «Lernen» der weitere Begriff.

Lernen ist ein Prozess, der sich, wie gesagt, auf Wissen bezieht. Wissen wird im Lernprozess transferiert und verarbeitet. Es wandert zum Beispiel, um es sehr schematisch auszudrücken, von einem Buch (das Wissen in der Form so genannten «Inhalts» enthält) in den «Kopf» eines Lernenden, oder vom Lernenden zu einem weiteren Lernenden, wenn sich die beiden zusammen austauschen. Wissen, das verinnerlicht wurde, wird angewandt, umgesetzt, etwa in bestimmte Bewegungen, in die Benutzung eines Geräts, oder indem es zu neuem Wissen geschlussfolgert wird.

3. Content

Wissen (oder Information) in einem multimedialen Umfeld wird «Content» genannt. «Content» bedeutet «Inhalt»; während man bei einem Buch eben von «Inhalt» spricht, ist im multimedialen Zusammenhang meist von «Content» die Rede. Content ist digital und kann die Form von Texten, Fotos,

Grafiken, Video und Audio haben. E-Learning dreht sich zunächst um Content, insofern das Wissen in E-Learning-Systemen Content ist. Genau genommen ist Content einer der Schlüsselfaktoren im E-Learning, so wie das implizite oder explizite Vorhandensein von Wissen eine Grundvoraussetzung von Lernen überhaupt ist. Lernt man beispielsweise mit Hilfe eines webbasierten Kurses und ruft Lerneinheiten auf, Texte und Bilder, geht man mit Content um. Das Wissen, das daraufhin «im Kopf» entsteht, ist kein Content, da der multimediale Kontext fehlt, sondern einfach Wissen. Content kann übrigens nicht nur in besonders effektiver Weise transferiert, sondern auch – als Ware oder Produkt – gehandelt werden.

1.2.3 Definition des Begriffs «E-Learning»

Verschiedene Gründe sprechen dafür, den Begriff «E-Learning» als einen festen Terminus im wissenschaftlichen Bereich zu besetzen und zu etablieren. Bei der Suche und Darstellung dieser Gründe soll weit über die «Begründung» Rosenbergs – «E-business ... e-commerce ... why not e-learning?» [Rosenberg 2001, 28] hinausgegangen werden.

Wie Abbildung 1-6 zeigt, besitzt der Begriff «E-Learning» im Gegensatz zu Begriffen wie «Computer-based Training (CBT)», «Web-based Training (WBT)», «Distance Learning», «Tele Learning» etc. einen grossen Bedeutungsspielraum. An sich ist auch der Begriff «CBT» weit, insofern er sich in der wörtlichen Bedeutung auf computerunterstütztes Lernen bezieht. Tatsächlich – d.h. im üblichen Sprachgebrauch – sind jedoch Lernanwendungen auf Diskette, CD-ROM und DVD gemeint, also klassische E-Learning-Systeme, die – zumindest was den Speicherträger Diskette angeht – seit den 80er Jahren verbreitet sind. Auch der Begriff «Technology-based Training» ist sehr umfassend. In gewisser Weise ist er zu weit, da der Begriff der Technologie die Gesamtheit aller Mittel bedeutet, die Natur dem Menschen nutzbar zu machen, und «Technology-based Training» damit z.B. auch das Lernen über Fernsehen oder sogar den Gebrauch ganz traditioneller Lehr- und Lerninstrumente meinen könnte. Andererseits ist er stark beschränkt, da er immer auf die Technologiebasiertheit, auf den Primat der Technologie hinweist und damit nur mit Einschränkung auf andere Ebenen wie Prozesse und Strategien bezogen werden kann.

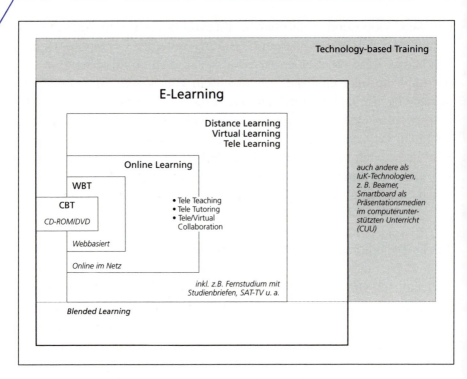

Abbildung 1-6: Begriffe im Bereich E-Learning

Einige Autoren setzen «E» und «I» im Lernbereich gleich. So schreibt Rosenberg: «E-Learning refers to the use of Internet technologies to deliver a broad array of solutions that enhance knowledge and performance» [Rosenberg 2001, 28]. Es wurde bereits dargestellt, dass eine solche Gleichsetzung nicht zwingend ist. Entsprechend wird hier der Begriff «E-Learning» weiter gesehen.

Mehr und mehr etabliert sich der Begriff «E-Learning» als Oberbegriff für die genannten Formen IKT-basierten Lernens. Der Begriff erlaubt es, Lernen in Verbindung mit ganz verschiedenen IKT und darauf aufbauenden Systemen und ganz unterschiedlichen Einsatzszenarien zu sehen. Er ist offen für Entwicklungen wie die Verschmelzung unterschiedlicher Technologien, etwa die Integration von lokalen und verteilten Medien. Spezifische Begriffe wie «Web-based Training» können nur in spezifischen Zusammenhängen sinnvoll angewandt werden. Sie taugen nicht dazu, grundlegende bzw. allgemeine Phänomene zu bezeichnen.

Weiterhin ist, wie bemerkt wurde, eine Begriffsbildung, die den Schwerpunkt auf das Lernen legt, relativ wenig festgelegt. Mit dem Begriff «E-Learning» können Lernformen benannt werden, die abhängig von Lehrformen sind, aber ebenso solche, die ohne «gelehrte» bzw. «lehrende» Anleitung auskommen und den Schwerpunkt z. B. auf interaktive Mensch-Maschine-Kommunikation oder auf Learning Communities, also Netzwerke eher gleichberechtigter Interessenten, legen. Auch vor diesem Hintergrund kann gesagt werden, dass der Begriff «E-Learning» geeignet ist, grundlegende Aspekte zu benennen.

Auf den Punkt gebracht: Nur ein weiter Begriff wie «E-Learning» kann durch seine Offenheit heutigen Erfordernissen Rechnung tragen und künftige Entwicklungen mit einschliessen. Nur ein Begriff wie «E-Learning» kann als Oberbegriff für verschiedene zusammenhängende Entwicklungen im Bereich des technologiegestützten Lernens fungieren. Ein zusätzliches Argument für die Etablierung des Begriffs «E-Learning» ist, dass er sich in die Wortfamilie der E-Begriffe fügt. Die Wortgruppe selbst wird größer und gewichtiger, der Begriff erschließt sich leicht, und er kann sich schnell auf verschiedenen Anwendungsgebieten etablieren. Vor dem aufgezeigten Hintergrund lautet die hier zugrunde liegende Definition des Begriffs «E-Learning» wie folgt:

Definition des Begriffs «E-Learning»

E-Learning kann begriffen werden als Lernen, das mit Informations- und Kommunikationstechnologien (Basis- und Lerntechnologien) respektive mit darauf aufbauenden (E-Learning-)Systemen unterstützt bzw. ermöglicht wird (ausführlich zu IKT s. Kapitel 4.1 zur Technologie- und Systemebene des E-Learning-Modells). Der Begriff «E-Learning» ist aber keineswegs auf diese Ebenen beschränkt, sondern vermag ebenso auf ganz unterschiedliche Aspekte und Phänomene auf der Prozess- und Strategieebene sowie auf der Ebene des Managements der Veränderung abzuzielen (ausführlich zu den verschiedenen Ebenen s. Kapitel 1.1.3 zum E-Learning-Referenzmodell). Das Spektrum von E-Learning-Systemen reicht von Sprachlernprogrammen auf CD-ROM über webbasierte Kurse mit kollaborativen Räumen und interne oder externe Lern- und Wissensportale mit heterogenen Contents und Plattformen bis hin zu integrierten Systemen, die Kompetenzprofile erheben, individualisierte Kursangebote zusammenstellen, Daten mit ERP-Systemen auswerten und abgleichen sowie an Managementinformationssysteme weitergeben.

Traditionelles Lernen wird im Rahmen von E-Learning auf verschiedenen Ebenen angetastet, d. h. eine elektronische Unterstützung und Realisierung von Teilprozessen und Komponenten bedeutet zugleich eine Transformation und Neubestimmung der Lernprozesse. Dennoch gelten partiell Erkenntnisse, die in Bezug auf traditionelle Formen des Lernens gefunden wurden. Es kommt darauf an, übertragbare von nicht übertragbaren Konzepten zu unterscheiden, bestehende Konzepte zu erweitern und anzupassen und neue Methoden und Modelle zu entwickeln.

1.2.4 Polarisierungen

E-Learning kann auf Technologie- und Systemebene näher über Polarisierungen bestimmt werden. Die Polarisierungen messen sozusagen den Bedeutungsraum des Begriffs «E-Learning» auf diesen Ebenen aus. Im Folgenden werden verschiedene mögliche Pole auf Technologie- und Systemebene benannt und skizziert.

- E-Learning liegt entweder als komplexes technologiebasiertes resp. virtuelles System vor oder aber als integrierte Lösung, also ergänzt durch nichtvirtuelle bzw. klassische Komponenten, beispielsweise Präsenzveranstaltungen.
- E-Learning ist stationär oder mobil, kann sich also in seinen Technologien und Systemen sowohl auf Standgeräte und örtlich fixierte Strukturen als auch auf portable Geräte und mobile Anwendungen beziehen.

- E-Learning ist lokal oder verteilt; es bedient sich lokal vorhandener Lernressourcen, etwa einer lokal vorhandenen CD-ROM bzw. DVD, oder – wie bei Distance Learning – entfernter bzw. verteilter Medien und Materialien.
- E-Learning kann eher statischen oder eher dynamischen Charakter haben. Ein statisches Angebot von E-Learning-Systemen sind etwa PDF-Dokumente. Die Palette der dynamischen Technologien und Systeme reicht von simplen Reaktions- und Aktionsmustern über einfache Dialoge bis hin zu agentenunterstützten Interaktionen und automatisierten, hoch komplexen Verfahren.
- E-Learning ist synchron oder asynchron, kann also Kommunikationstechnologien zur zeitgleichen Aktion wie Chat und Videokonferenz nutzen, aber auch asynchrone Medien wie Diskussionsforen.
- E-Learning ist individuell oder kollaborativ, wird also von einzelnen Personen über entsprechende Medien wahrgenommen oder von mehreren Personen mittels entsprechender Technologien und Systeme ausgeübt.

Die Polarisierungen vermögen offensichtlich den Begriff «E-Learning» hinsichtlich bestimmter Ziele und Zwecke, vor allem bezogen auf Maßnahmen der Aus- und Weiterbildung, sehr gut auszuloten. Sie werden deshalb als Grundlage für ein integriertes Modell auf Technologie- und Systemebene verwendet (vgl. Kapitel 4.2 zur Umsetzung von Lernräumen nach dem Blended-Learning-Modell).

1.3 Strukturen und Entwicklungen im E-Learning-Markt

1.3.1 Marktentwicklung

Der E-Learning-Markt wird seit dem Jahr 2000 stark beachtet. In diesem Jahr sind zahlreiche Studien von Marktforschungsunternehmen und Investmenthäusern erschienen, die den jungen E-Learning-Markt analysieren, u.a. von Forrester [Dalton 2000], Morgan Keegan [Ruttenbur/Spickler/Lurie 2000], SunTrust [Close/Humphreys/Ruttenbur 2000], Thomas Weisel [McCrea/Gay/Bacon 2000], U.S. Bancorp [Peterson/Marostica/Callahan 2000] und WR Hambrecht [Urdan/Weggen 2000]; auch der IT-Analyst Gartner untersucht seit 2000 unter der Bezeichnung «E-Learning» den Markt für technologiebasiertes Lernen (vgl. [diverse Aldrich 2000, Aldrich/Ross 2000]).

Mit speziellen Indices wird der Aktientrend im E-Learning-Markt verfolgt, so der Wr. Hambrecht & Co. Aktienindex für E-Learning Companies (vgl. http://wrh.stockpoint.com/wrh/wrhindex.asp), Bryan Chapman's E-Learning Stock Tracker (vgl. http://www.ittrain.com/stocks.htm) und der U.S. Bankcorp Piper Jeffray Learning Services Index [Peterson/Marostica/Callahan 2000], der allerdings nicht nur E-Learning-Unternehmen enthält. In den Jahren 1999 und 2000 gab es mehrere IPOs, in 1999 z.B. eCollege.com, SmarterKids.com, in 2000 z.B. Centra, Docent, DigitalThink, Saba und University of Phoenix. Zu den schon länger börsennotierten Firmen gehören Learn2.com (1994), SmartForce (1995), Mentelgy (1997) und Click2Learn.com (1998).

Auch Wirtschaftszeitschriften widmen diesem Thema ihre Aufmerksamkeit. Fortune gab im Mai eine Online-Learning-Sonderausgabe heraus (vgl. [Fortune 2000]). Business Week berichtet im Special Report vom 25.9.2000 über «Wired Schools». Der «International Herald Tribune» schreibt im Special Report über International Education der Ausgabe vom 16.10.2000 über «An Online Revolution» in den Hochschulen. Und der Economist schließlich publizierte einen Artikel über Pilotversuche im Bereich E-Learning an Universitäten und in Unternehmen, in dem die Probleme und ein Kosten-Nutzen-Vergleich zwischen klassischen Präsenz- und Online-Veranstaltungen angesprochen werden (vgl. [Economist 2001]).

Auch Beratungshäuser haben den E-Learning-Markt für sich entdeckt. So haben Ernst & Young im Jahr 2000 mit Intellinex und die Unternehmensberatung Accenture (vormals Andersen Consulting) in 2001 mit Indeliq eine eigene E-Learning-Gesellschaft ins Leben gerufen.

Wie im Neuen Markt generell sind auch E-Learning-Start-up-Unternehmen von einer Marktbereinigung betroffen. Grossaufträge kommen nicht so schnell wie erwartet, und so müssen viele um die nächste Finanzierungsrunde fürchten, Unternehmen werden aufgekauft oder verschwinden ganz. Obwohl dies auf eine Krise im E-Learning-Markt hinzudeuten scheint, ist es für einen jungen, dynamischen Markt im IKT-Bereich nicht eindeutig so zu interpretieren, denn Umfragen bei Unternehmen über den Stand ihrer E-Learning-Vorhaben bestätigen, dass es sich um ein nachhaltiges Thema handelt: Das MASIE Center berichtet aus seinen im e-Learning CONSORTIUM zusammengeschlossenen Firmen (die über 5,7 Mio. Arbeitskräfte repräsentieren), dass

- Unternehmen die Zunahme an E-Learning-Angeboten sehr befürworten,
- Mitarbeiterinnen und Mitarbeiter für Trainingsmaßnahmen auch die Alternative E-Learning wünschen,
- Projekte zur Auswahl eines Learning oder Content Management System kontinuierlich vorangetrieben werden und
- Virtual-Classroom-Technologie zunehmend Verbreitung findet (vgl. [Masie 2001, Nr. 197]).

Auch eine Studie[4], in der erstmals die 350 grössten Unternehmen der deutschen Wirtschaft nach ihren Zielen, Aktionen und Erfahrungen mit elektronischem Lernen befragt wurden, ergab, dass der Verbreitungsgrad von Lernen mit elektronischen Medien hoch ist. 88 % aller deutschen Grosskonzerne setzen bereits E-Learning ein. Nur 42 % der befragten Firmen haben aber ein klar definiertes Budget. Fast kein Unternehmen investiert mehr als 20 % seines Gesamtbudgets für die Weiterbildung in E-Learning. Bei den meisten Firmen liegt der Anteil unter 5 Prozent. Allerdings planen in 2001 die meisten Firmen, 50 % bis 100 % mehr Mitarbeiter via Online-Schulung auszubilden.

Für das Potenzial des E-Learning-Markts sprechen mehrere Gründe. Zum einen die Größe des Bildungsmarkts, der einer der grössten Wirtschaftszweige und noch kaum von E-Learning durchdrungen ist (vgl. insbesondere zum US-Markt [Web-based Education Commission 2000, 2-14]). Zum anderen das Wachstum, das dem Bildungsmarkt durch die zunehmende Nachfrage bescheinigt wird. Wie [Finke 2000, 2–11] argumentiert, steigt der Bedarf nach Lernen dadurch, dass

– Unternehmen im Wettbewerb zu laufender Veränderung und Innovationen gezwungen sind,
– dadurch immer schneller neues Wissen generiert wird, die Menge an zu lernendem und zu «ent-lernendem» Wissen wächst und deshalb kontinuierliche Weiterbildung der Mitarbeitenden erforderlich ist, und
– der Arbeitsmarkt besser ausgebildete Kräfte fordert, da das Angebot an niedrig qualifizierten Arbeiten abnimmt.

Im Gesamtzusammenhang der drei Faktoren Nachfragesog nach Lernen, Angebotsdruck durch Technologien und Transformation der Wirtschaft zu E-Business (siehe ausführlich auch Kapitel 2.1.2.3 zum Lernbedarf im Kontext von E-Business) stellt Abbildung 1-7 die wichtigsten Impulse dar, die dafür sprechen, dass sich E-Learning ein Stück dieses Kuchens erobern wird.

Auch in Zahlen und Fakten werden dem E-Learning-Markt anhaltende Wachstumschancen prognostiziert. Nach einer Prognose des amerikanischen Marktforschungsinstituts International Data Corporation aus dem Jahr 2000 wird sich der Anteil von E-Learning an den gesamten Weiterbildungsaktionen von US-Unternehmen von 23 Prozent im Jahr 1998 auf 65 Prozent bis zum Jahr 2004 erhöhen, und das Marktvolumen von betrieblichem E-Learning wächst absolut von 234 Millionen $ in 1997 und 2 Milliarden $ in 2000 auf geschätzte 11 Milliarden $ in 2003. Für den deutschen Markt wird laut IDC in 2004 ein Umsatzvolumen von 34 Milliarden $ erwartet. Für den europäischen Markt werden für 2004 358 Milliarden $ Umsatz prognostiziert. Dies entspräche einem jährlichen Wachstum von 96 Prozent.

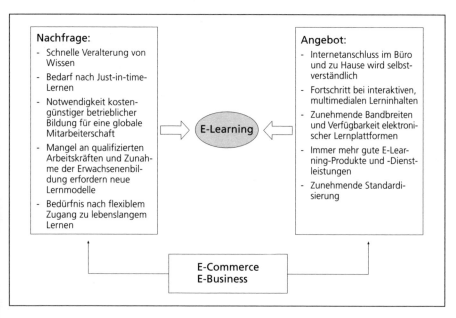

Abbildung 1-7: Die treibenden Faktoren von E-Learning (in Anlehnung an [Urdan/Weggen 2000, 4])

Studien über den amerikanischen Markt spiegeln damit auch die Trends für hiesige Märkte wider. Eine IDC-Studie prognostiziert für die drei Marktsegmente Tools/Technologien, Services/Hosting und Content (siehe dazu Kapitel 1.3.2) progressives Wachstum, wie in Abbildung 1-8 zu sehen.

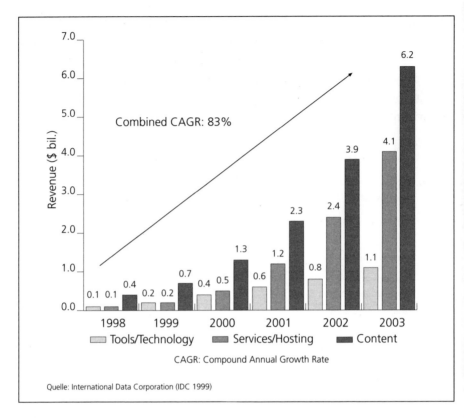

Abbildung 1-8: Wachstum des US-Markts für internetbasiertes Training nach Marktsegmenten [Urdan/Weggen 2000, 20]

Die Wachstumsdynamik gilt – wie Abbildung 1-9 zeigt – auch für die Umsätze, die betriebliches E-Learning generiert. Interessant ist hier, wie sich die Inhaltsbereiche nach dieser Vorhersage entwickeln werden; so wird keineswegs nur der Vorreiter IT-Training als Träger des Marktwachstums gesehen. Soft-Skills-Training via Internet holt an Umsatzvolumen auf.

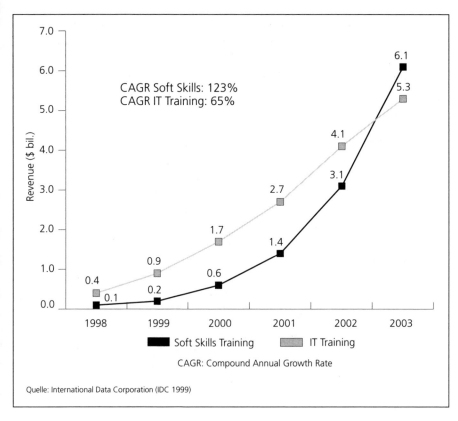

Abbildung 1-9: Wachstum des US-Markts für internetbasiertes Soft-Skills- und IT-Training [Fortune 2000, 7][5]

1.3.2 Marktstrukturierungen

1.3.2.1 Gesamtübersicht

In den folgenden Kapiteln werden der E-Learning-Markt und beispielhafte Produktangebote und Firmen nach den drei Segmenten Inhalte, Technologien und Services beschrieben. Der Großteil der Anbieter deckt mehrere Segmente ab, so dass die Zuordnung in den folgenden Teilkapiteln keinen ausschließlichen Charakter hat, sondern nur als Beispiel dienen soll; auch ist diese Zuordnung von Firmen und Produkten nicht über Jahre zementiert, da sich der Markt sehr dynamisch verhält. Die Anbieter verändern ihre Positionierung durch Zukäufe und Erweiterungen ihres Geschäftsfelds. Abbildung 1-10 gibt jedoch für wichtige Marktteilnehmer einen guten Überblick, in welchen Teilmärkten diese aktiv sind (vgl. [Urdan/Weggen 2000, 21]).

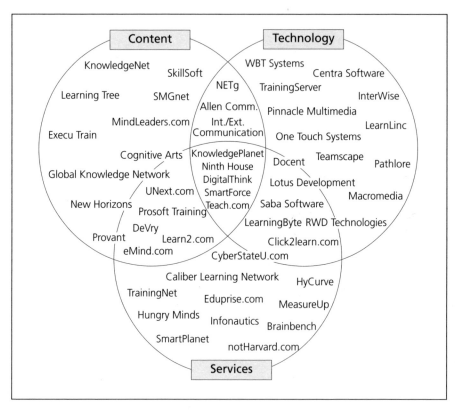

Abbildung 1-10: Übersicht mit Anbietern für Corporate E-Learning (aktualisiert nach [Urdan/Weggen 2000, 21])

1.3.2.2 Marktsegmentierung nach Kundensicht

Neben der oben genannten Einteilung in Content, Technology und Services ist eine andere häufige Einteilung eine solche nach der Kundensicht.

Auf diese stellen insbesondere Marktdaten-Analysen ab, wenn es um Marktpotenziale in Umsatzvolumina geht. Im anglo-amerikanischen Markt werden folgende Kategorien unterschieden:
- Kindergarten, Vorschule
- K-12 Market, d.h. die 12 Jahre der Ausbildung in der Schule
- Post-Secondary Market oder Higher Education Market, d.h. Hochschulmarkt bzw. Schulen, die anerkannte Abschlüsse im Sinne von Diplomen verleihen.
- Corporate Training Market, d.h. der Markt für betriebliche Bildung
- Life Long Learning oder Continuous Learning Market, d.h. der freie Weiterbildungsmarkt, der sich an Endkunden außerhalb des Schul-/Hochschulwesens und der betrieblichen Bildung richtet.

Abbildung 1-11 nennt für die USA Marktgröße und Anteile in Milliarden Dollar.

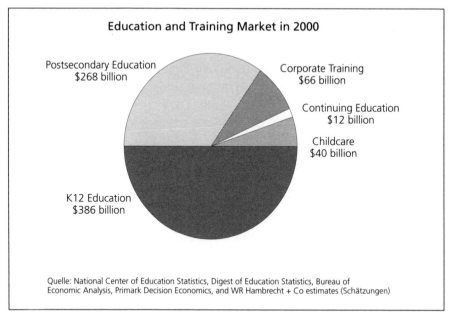

Abbildung 1-11: Marktvolumen des Aus- und Weiterbildungsmarkts in den USA nach der kundenorientierten Sicht [Urdan/Weggen 2000, 3]

Obwohl sich dieses Buch an Unternehmen richtet, ist nicht nur das Marktsegment betriebliche Bildung relevant. Unternehmen gehen in der Managementausbildung Allianzen mit universitären Weiterbildungsprogrammen oder einzelnen «Star-Professoren» ein, so dass die Entwicklung universitärer E-Learning-Angebote auch für die betriebliche Bildung relevant ist. Ebenso ist das Segment Life Long Learning aus der Sicht der Unternehmen beachtenswert, da in der Arbeitswelt neben dem vom Arbeitgeber organisierten Lernen auch selbst organisierte Qualifizierung außerhalb der betrieblichen Aus- und Weiterbildung gefordert oder von den Mitarbeiterinnen und Mitarbeitern aus eigener Initiative für ihre Karriereentwicklung verfolgt wird. Man meint, den Markt für Schulausbildung in dieser Aufzählung ausschliessen zu können. Jedoch gibt es Überlegungen, dass Unternehmen für ihre Mitarbeiter auch Privatschulen für Kinder betreiben könnten und damit den Charakter eines «Staats», der für solche Belange sorgt, übernehmen.

1.3.2.3 Marktsegmentierung nach Produkt- bzw. Dienstleistungsarten

Der in obiger Abbildung 1-10 enthaltenen Einteilung in Content, Services und Technologien folgen die Analysten mit unterschiedlichen Begriffsbildungen. Eine Übersicht dazu gibt Tabelle 1-1.

Im Folgenden wird der Kürze und Einfachheit halber das Begriffstrio Content, Services und Technologies, in Deutsch «Lerninhalte», «Dienste» und «Technologien und Systeme», verwendet.

1.3 Strukturen und Entwicklungen im E-Learning-Markt

WR Hambrecht 2000	IDC 1999	SunTrust 2000	Gartner⁶ 2000
Content (Inhalte, z.B. Kurse)	Content	Content/Publishing; E-Tail (für Content-E-Commerce)	Custom and Off-the-Shelf Content (Phase I), dann End-User Software Vendors
Services (Beratung u.a. Dienstleistungen)	Learning Services	Learning Service Provider, insb. auch Hubs	Web-Store Fronts; Strategic Point Solutions (ab Phase II)
Technologies (Technologien und Systeme)	Delivery Solutions	Tools/Plattform Provider bzw. Enabler	Learning Management Systems & Portals, Virtual Classrooms, Authoring Tools, Assessment Tools (Phase I); E-Learning Infrastructure Providers (ab Phase II); Integration in Office-Software (ab Phase III).

Tabelle 1-1: Übersicht zu Begriffsvarianten für die Marktsegmente

1. Lerninhalte-Anbieter (Content-Provider)

Anbieter von Lerninhalten bereiten Content für definierte Lernbedürfnisse und E-Learning-Systeme auf und verkaufen oder lizensieren diese. Hochschulen, Schulungsfirmen, Fachexperten, Fachverlage und andere Unternehmen der Medienindustrie zählen zu den Anbietern von Lerninhalten. Diese können entweder kundenindividuell produziert oder Standardprodukte, so genannter *off-the-shelf-content*, sein. Betrachtet man die thematische Ausrichtung von Lerninhalten für E-Learning-Maßnahmen, so sind heute IT-Trainings für Fachspezialisten (oft mit dem Ziel der Zertifizierung) und für Endanwender am verbreitetsten. Als Pendant zu IT-Themen werden vielfach pauschal «Soft-Skills-Trainings» genannt, jedoch lassen sich nach Gartner differenzierter folgende Themengruppen unterscheiden: «Custom», «ERP Software», «Management», «IT Professional», «End-User», «Sales», «Other Job Skills», «Customer» und schließlich «Lifestyle» [Aldrich

1999, 2]. Bei den Kundengruppen von Lerninhalten gliedert Gartner in «Management», «IT-Professional» und «End User» [Aldrich 2000b, 1]. Die Inhalte-Anbieter erweitern ihre Produkte zunehmend um begleitende Dienste, z. B. die kundenspezifische Zusammenstellung von Curricula, die Betreuung der Lernenden durch «E-Trainer» bzw. «E-Coaches», das Erstellen von Abschlusstests und von Eingangstests, um das vorhandene Kompetenz- und Leistungsniveau erheben und berücksichtigen zu können, ebenso «Hosting» (siehe Ausführungen weiter unten) sowie generell Beratungsleistungen im Zusammenhang mit der Einführung von E-Learning. Betreiber von Portalen mit Lerninhalten, die ein Inhalte-Angebot zusammenstellen, das die Bedürfnisse des B2B-, B2C- oder Hochschulmarkts abdeckt, werden ebenfalls weiter unten behandelt.

Beispielhaft ausgewählte, typische Vertreter dieses Marktsegments[7] nennt Tabelle 1-2.

Firma	Web-Adresse	Typische Angebote
Ac@demy (GfN AG)	www.ac@demy.de	Kurse für Software-Anwender von Linux bis Microsoft.
DigitalThink	www.digitalthink.com	Kurse für IT-Spezialisten und Endbenutzer; mit E-Trainer.
Pensare	www.pensare.com (seit Mitte 2001 geschlossen)	Kurse und Lernumgebung für Management-Ausbildungen; Inhalte lizensiert von bzw. erstellt in Zusammenarbeit mit Elite-Universitäten.
SmartForce	www.smartforce.com	Breites Kursangebot für Management, IT-Professionals und End-user-Training; mit E-Trainer.
Unext.com	www.unext.com	Kurse für Management-Ausbildung, erstellt in Zusammenarbeit mit Elite-Universitäten.

Tabelle 1-2: Beispiele für namhafte Content-Anbieter

Lerninhalte können in Online-Communities auch von den Mitgliedern selbst produziert und der Gemeinschaft zur Verfügung gestellt werden. Dies gilt vor allem dann, wenn man nicht nur pädagogisch und curricular gestaltete Contents, sondern auch Präsentationen, Fachartikel etc. als Lernangebote sieht. Ein Ansatz für solche Communities ist die an der Universität St. Gallen vom Institut für Medien- und Kommunikationsmanagement entwickelte NetAcademy (vgl. http://www.netacademy.net).

2. Anbieter von Technologien und Systemen

Zu diesem Marktsegment zählen hier nicht Anbieter von Hardware und Netzinfrastruktur, sondern Unternehmen, die Basistechnologien, Lerntechnologien und E-Learning-Systeme vertreiben, wie sie in Kapitel 4.1 zur Technologie- und Systemebene des E-Learning-Modells beschrieben werden. Der Markt entwickelt sich hier zu integrierten Angeboten. Obwohl Portalanbieter auch im Segment «Dienste» eingeordnet werden könnten, sind sie an dieser Stelle den Lernsystemen zugeordnet. Abbildung 1-12 zeigt die häufig verwendeten Bezeichnungen – mit analogen Begriffen – von Technologien und Systemen für die Produktion von Lerninhalten (Authoring), für die Realisierung der Vermittlungskanäle (z.B. synchron in Virtual Classrooms), für die Einbettung in Gesamtsysteme mit administrativen Funktionen (Lernplattformen), einschließlich der Aufgaben von Learning-Management-Systemen, und schließlich das integrierende Gesamtsystem in Gestalt eines Lernportals.

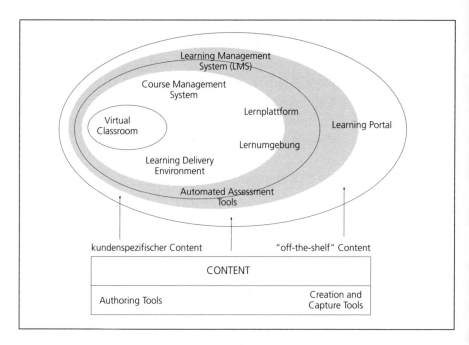

Abb.: 1-12: Verbreitete Begriffe für Technologien und Systeme in einem E-Learning-System

Gartner prognostiziert, dass sich am E-Learning-Markt große Unternehmen etablieren werden, die etwa ab 2002 so genannte «End-to-End Infrastructures and Suites» als Komplettlösungen anbieten und damit für Unternehmen attraktiver werden als die Anbieter mit den jeweils besten Einzellösungen im Bereich Technologien und Systeme, Lerninhalte und Dienste. Mit und nach 2003, wenn sich Standards durchgesetzt hätten, würden E-Learning-Infrastrukturen dann zu einer *commodity*, so dass Inhalteanbieter aus der Medienbranche im E-Learning-Markt dominant würden (vgl. [Aldrich 2000a, 2]).

Beispielhaft ausgewählte, typische Vertreter dieses Marktsegments[8] nennt Tabelle 1-3. Über 60 Produkte sind evaluiert in [Hall 2001].

Firma	Web-Adresse	Typische Angebote
Macromedia	www.macromedia.com	Autoring Tools
Centra; Interwise; Mentergy LearnLinc	www.centra.com www.interwise.com www.learnlinc.com	Virtual Classroom
WBT Systems; Corporate University Xchange; Trilog; WebCT	www.wbtsystems.com www.corpu.com www.trilog-net.com www.webct.com	Lernplattform
Saba; Plateau Systems	www.saba.com www.plateausystems.com	Learning-Management-System
IBM/Lotus Mindspan/Learning Space; Viviance Thinktanx ISOPIA ILMS	www.ibm.com/mindspan www.viviance.com www.isopia.com	Learning-Management-Systeme und Lernplattformen
Click2Learn.com; Docent; HungryMinds.com	www.click2learn.com www.docent.com www.hungryminds.com	Lernportale und Communities

Tabelle 1-3: Beispiele für namhafte Anbieter von Technologien und Systemen

3. Application Service Providing als Geschäftsmodell des Learning Service Providing

Bei den Geschäftsmodellen im E-Learning-Markt wird Application Service Providing (ASP) eine große Rolle spielen. Wenn die Auswahl und das technische Management von E-Learning-Infrastrukturen nicht zum Kerngeschäft eines Unternehmens oder einer Organisationseinheit gehören, ist das «Outsourcing» dieser Leistungen eine geeignete Alternative; ein Dienstleister ist dann «Host» bzw. Betreiber der Lernplattform und kann in aller Regel auch begleitende Dienste anbieten, wie sie in obigen Abschnitten bereits erwähnt und im Folgenden noch angeführt werden. Der Learning Service Provider muss nicht gleichzeitig auch Lieferant der Lernplattform sein. Die Abrechnung von Gebühren kann pauschal als Abonnementsgebühr, als Lizenzgebühr je nach Anzahl zugriffsberechtigter Nutzer bzw. anderer Bezugsgrößen oder auch abhängig von der tatsächlichen Inanspruchnahme erfolgen. Selbst im B2C-Markt kann man die Internet-Applikationen, die keine Installation von Client-Software auf dem Computer der Anwenderinnen und Anwender verlangen, als ASP betrachten. Gartner schrieb 1999: «By 2002, the market leaders in synchronous technology, asynchronous content, and training management will offer full-featured hosting/application service provider (ASP) options (0.8 probabillity)» [Aldrich 1999, 3]. Mit dem Aufkommen des Mobile Commerce und Pervasive Computing stellt sich für ASP auch die Aufgabe, Lerninhalte für die mobile Nutzung bereitzustellen (siehe Kapitel 4.4.2, Mobile Learning).

Abbildung 1-13 skizziert das ASP-Modell des Learning Service Providing.

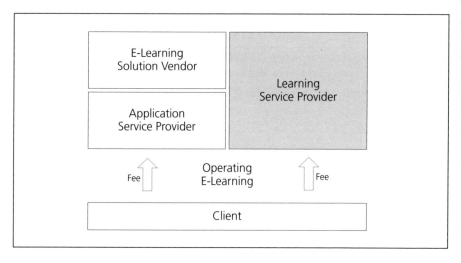

Abbildung 1-13: Application Service Providing im Lernbereich (Ausschnitt aus [Kraemer/Sprenger 2000, 42])

Beispielhaft ausgewählte, typische Vertreter dieses Marktsegments[9] nennt Tabelle 1-4. Über 60 Produkte einschließlich einiger ASP-Learning-Service-Betreiber sind evaluiert in [Hall 2001].

Firma	Web-Adresse	Typische Angebote
KnowledgePlanet.com MindLever.com Vcampus Media 1st	www.knowledgeplanet.com www.mindlever.com www.vcampus.com www.media1st.com	Learning Service Provider

Tabelle 1-4: Beispiele für namhafte Anbieter von Diensten und für Portalbetreiber

4. Beratungs- und andere Dienste beim Learning Service Providing

Die beratenden und redaktionellen Aufgaben eines Learning Service Provider umfassen nach [Kraemer/Sprenger 2000, 39 ff.] die Definition der mit den Strategien abgestimmten Lernziele und dazugehöriges Curriculum; pädagogisches Konzept und Kommunikationskonzept; Festlegung von Themengebieten, in deren Rahmen die Lerninhalte eingebunden und strukturiert werden, und Kombination mit Präsenzveranstaltungen; Content-Design; Themenbeschreibung (etwa Lernziele, Hinführung, Zusammenfassung); Beschaffung von Lerninhalten; Indexierung nach vorgegebenen Standards; Content-Beschreibung (z.B. Abstracts); mediale Aufbereitung von Contents; Zuordnung zu den Themenstrukturen und Upload auf den E-Learning-Server; Freigabe und Freischaltung; Marketing und Evaluation. Weitere Services sind Dienste im Umfeld rechtlicher Fragen, Change-Management-Beratung oder auch Abwicklung der Zahlungsströme.

Firmen wie IBM und T-Systems und weitere große Consulting-Unternehmen bauen Beratungszweige oder eigene Gesellschaften für Learning Service Providing auf. Außerdem sind viele kleinere spezialisierte Unternehmen in diesem Markt aktiv, z.B imc (http://www.im-c.de). Auch die Abnahme von Prüfungen zur Zertifizierung ist ein spezieller Dienst, den Unternehmen wie ProsoftTraining und CyberstateU.com anbieten.

1.3.2.4 Zusammenfassung

Zusammenfassend stellt U.S. Bancorp Piper Jaffray wie in Abbildung 1-14 dar, welche Produkte und Dienstleistungen E-Learning-Unternehmen in welchen Märkten anbieten[10]. Sie nennen ihr Modell «The Circle of Lifelong E-Learning».

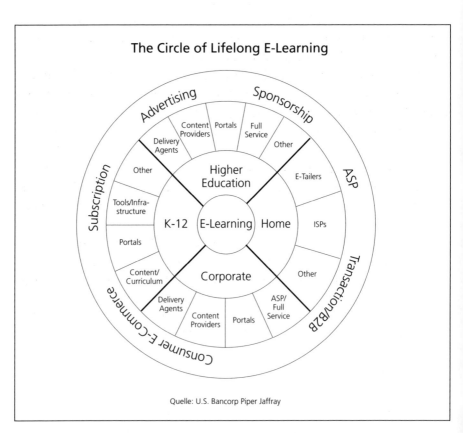

Abbildung 1-14: Der E-Learning-Markt [Peterson 2000, 6]

1.4 E-Learning und Knowledge Management

Lernen und Wissen hängen eng zusammen. In der Praxis und in der Literatur wird deshalb auch die Frage aufgeworfen, wie sich E-Learning und Knowledge Management zueinander verhalten. Was unter Wissensmanagement zu verstehen ist, wird im Folgenden erläutert.

1.4.1 Begriffsverständnis von Wissensmanagement

Wissensmanagement (WM) (engl. *Knowledge Management*, kurz KM, versteht sich als ein Managementkonzept, um die Geschäftspotenziale von Wissen als Ressource bewusst zu erkennen und intensiv auszuschöpfen mit dem Ziel, die Wettbewerbsposition zu festigen und auszubauen. Wissen ist im Unterschied zu Daten und Informationen handlungsorientiert, d.h. das Begriffsverständnis beinhaltet auch die Fähigkeit, Daten und Informationen in Arbeitsaufgaben effektiv anzuwenden.

Die Kernprozesse des WM sind in Abbildung 1-15 veranschaulicht:
1. Lokalisieren und Erfassen von Wissen, z.B. elektronische Ablage von Dokumenten in einem Intranet, Datenbanken, Gelbe Seiten («Wo und wie ist Wissen gespeichert»), Wissensträgerkarten («Wer weiß was»), Wissensstrukturkarten,
2. Transfer und Teilen von Wissen zwischen Personen, Gruppen (z.B. Erfahrungsaustausch unter Kolleginnen und Kollegen), Abteilungen, zwischen Organisationseinheiten desselben Unternehmens oder auch verschiedenen Unternehmen und sogar Geschäftspartnern/Konkurrenten sowie

3. Generieren von neuem Wissen (z. B. mündet neues Wissen in Produktinnovationen, oder eine Person generiert in einem Lernprozess für sich neues Wissen).

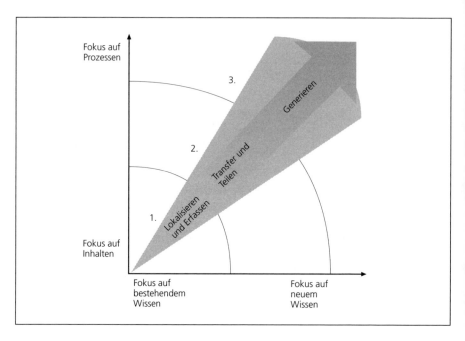

Abbildung 1-15: Kernprozesse des Wissensmanagements und Entwicklungspfad [von Krogh/Ichijo/Nonaka 2000, 261]

Wissensmanagement-Initiativen in Unternehmen werden vielfach auch in genau dieser Reihenfolge durchlaufen. Vom inhaltlichen Fokus (welches Wissen haben wir, wo ist es zu finden, wie legen wir es ab?) zum prozessorientierten (wie wird vorhandenes Wissen weitergegeben, vom Einzelnen gelernt, und wie wird neues Wissen erzeugt?) wird ein Entwicklungspfad durchlaufen. Die Stufe 3 der Wissensgenerierung baut auf den Stufen 1 und 2 auf. Im Prozess der Wissensgenerierung schaffen Einzelne oder Gruppen (neues) explizites und implizites Wissen. Beim Wissenstransfer und bei der Wissensgenerierung steht der Mensch im Mittelpunkt; Wissen kann dort nicht direkt «ge-managed» werden, sondern das Wissensmanagement kann lediglich fruchtbare Bedingungen schaffen und Werkzeuge bereitstellen, die für den von Menschen – und nicht von Systemen – geleisteten Wissenstransfer und die Wissensgenerierung förderlich sind[11]. Mit diesen drei Kernprozessen sind als Strategien sowohl die Kostenführerschaft (Wissenstransfer schnell und zu niedrigen Kosten) als auch Differenzierung und Innovation mit neuen Leistungen (Wissen effektiv in neue Leistungen umwandeln) abgedeckt.

1.4.2 Zusammenhang von Begriffen des Wissensmanagements und Lernens

Sowohl dem betrieblichen Lernen als auch dem Wissensmanagement geht es um Wissen, das sich zum Nutzen des Unternehmens entfalten soll. Wie vor diesem Verständnis Begriffe der Disziplinen Knowledge Management und Lernen zusammenhängen, illustriert Abbildung 1-16.

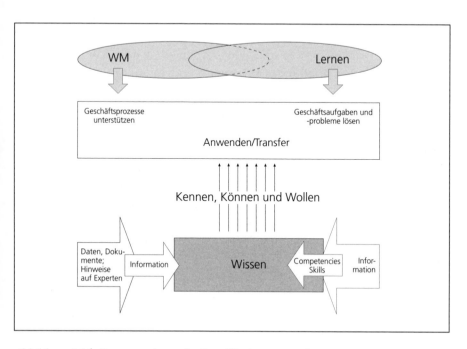

Abbildung 1-16: Zusammenhang der Begriffe «Lernen» und «Wissensmanagement»

Bei der Aus- und Weiterbildung geht es darum, dass den Lernenden Wissen effektiv vermittelt wird, damit sie schließlich zum «Können» befähigt sind (das Wissen wurde also gelernt). Um bereits in der Begrifflichkeit deutlich zu machen, dass dieses Wissen für das Unternehmen nur relevant und wertvoll ist, wenn es beherrscht wird, spricht man von Kompetenzen (engl. *competencies*) oder Fähigkeiten (engl. *skills*). Damit «Kennen» und «Können» auch dazu führen, dass jemand Wissen für die Aufgaben seines Tätigkeitsgebiets und die Geschäftsprobleme tatsächlich nutzt, muss als motivationale Komponente das «Wollen» hinzukommen.

Beim Wissensmanagement steht im Vordergrund, das im Unternehmen vorhandene Wissen zum Nutzen des Unternehmens besser zu erschliessen; d. h. es muss allen Berechtigten leicht möglich sein, Daten und Dokumente oder Hinweise z. B. auf Experten aufzufinden, um auf deren Erfahrungen zurückzugreifen bzw. in Daten und Dokumenten enthaltenes Wissen wieder- und weiterverwenden zu können. Das gespeicherte Wissen stiftet Nutzen, wenn es Geschäftsprozesse im weitesten Sinne unterstützen kann, so dass diese effizienter und effektiver ablaufen. Eine wichtige Unterscheidung bei den Wissenskategorien ist die in explizites Wissen, das von einer Person losgelöst und auch elektronisch in Datenbanken und Dokumenten gespeichert werden kann, und in implizites Wissen, das nur in den Köpfen der Mitarbeiter vorhanden ist und lediglich direkt von Person zu Person weitergegeben werden kann (vgl. auch Kapitel 1.2.2); dabei können durchaus elektronische Kommunikationsmedien zum Einsatz kommen. Bestimmtes implizites Wissen, aber nicht alles, kann auch in explizites umgewandelt werden (z. B. enthält ein Buch explizites Wissen; wie man Fahrrad fährt, lässt sich nicht explizieren).

Die Verwendung des Begriffs «Wissen» im Zusammenhang mit IKT-Systemen ist umstritten. IKT-Systeme können nur Daten und Dokumente speichern und transportieren, nicht einmal Informationen, geschweige denn Wissen. Denn aus Daten werden erst Informationen, wenn sie – von Menschen – interpretiert werden. Wissen, das [Nonaka/Takeuchi 1995] auch definieren als *justified true belief*, entsteht, wenn es in einem kognitiven Prozess und Dialog mit anderen für eine Aufgabe als «wahr» anerkannt wird (vgl. [Galliers/Newell 2000, 3]). Daten- und Dokumentenbanken sind deshalb nicht generell schon Wissensbanken. Wenn Daten zum Zweck der Erfüllung von Informationsbedarfen strukturiert und gespei-

1.4 E-Learning und Knowledge Management

chert werden, soll hier dennoch von Informationsbanken und Informationsverarbeitung gesprochen werden; dienen Daten- und Dokumentenbanken der Speicherung von explizitem Wissen, sollen diese dem üblichen Sprachgebrauch folgend «Wissensbanken» heißen, ohne dass vergessen werden darf, dass solche Daten und Informationen erst in den «Köpfen» zu Wissen werden, wenn sie mit anderem Wissen kombiniert werden und schließlich für eine Arbeitsaufgabe zu Handlungen und Entscheidungen führen.

Das Verständnis des Wissensbegriffs und der Prozess, wie Wissen entsteht, stützt sich in akademischen Knowledge-Management-Publikationen überwiegend auf das Modell der Umwandlung der Wissensarten nach [Nonaka/Takeuchi 1995], die explizites von implizitem Wissen unterscheiden. Diese Umwandlungsprozesse von Wissen lassen sich in einen Bezug zu Lehr- und Lernprozessen bringen. Abbildung 1-17 zeigt, in welchen Lehr-/Lernprozessen die vier Umwandlungsprozesse von Wissen typischerweise vorkommen; d.h. die Lehr-/Lernprozesse bestehen nicht ausschließlich aus einem Umwandlungsprozess, sondern diese kommen beim Lernen gleichzeitig und kombiniert vor.

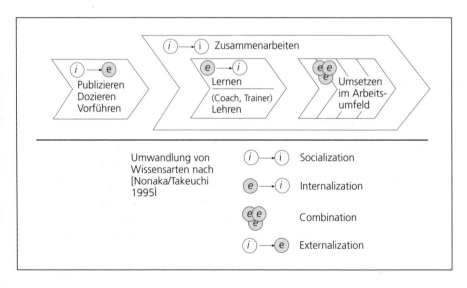

Abbildung 1-17: Umwandlung der Wissensarten nach Nonaka mit Bezug zu Lehr-/Lernprozessen

Externalisierung meint die Umwandlung von implizitem in explizites Wissen. Dies geschieht typischerweise in dozentenzentrierten Lehrprozessen (vgl. Directed Learning, d.h. «Learning by telling» [Seufert/Back/Häusler 2001, 56 f.]) und beim Publizieren. Das Internalisieren von explizitem Wissen stellt für den Einzelnen den eigentlichen Lernprozess dar; dieser kann durch lehrende Unterstützung begleitet werden. Diese Unterstützung ist auch via elektronischer Medien möglich, deshalb kommen die Rollen von Mentoren, Trainern bzw. Coaches auch als entsprechende *e-terms* vor. «Learning by doing» und «Learning through reflexion and discussion» (vgl. [Seufert/Back/Häusler 2001, 56 f.]) sind Lernmethoden für die Internalisierung durch Zusammenarbeit. In der Lösung von Geschäftsaufgaben wird ein Mitarbeiter oder eine Mitarbeiterin mehrere Bausteine expliziten Wissens kombinieren.

1.4.3 Beziehungen zwischen Wissensmanagement und E-Learning

Anhand obiger Ausführungen wird deutlich, dass Lernen und Knowledge Management durch die stringente Ausrichtung auf Unternehmensziele bzw. das *strategic alignment* auf der Strategieebene konvergieren. Erstaunlicherweise scheint jedoch der Katalysator, der die beiden Gebiete zusammenbringt, eher die Tatsache zu sein, dass die gleichen IKT und IKT-Systeme (siehe Kapitel 4.1) für die Implementierung von Knowledge-Management- und E-Learning-Systemen geeignet sind, als der Umstand, dass das gewünschte Ergebnis von Lernen und Wissensmanagement aus der Perspektive des Gesamtunternehmens letztlich gleich ist. Werden in der Praxis solche Systeme implementiert, übt dies einen Integrationsdruck auf die Nutzergruppen Wissensmanagement und E-Learning aus.

Eine dominierende Meinung in Literatur und Praxis, ob E-Learning als Teilgebiet von Wissensmanagement oder umgekehrt zu sehen ist, hat sich noch nicht herausgebildet. Da für den Bereich Personalentwicklung bzw. Ausbildung Organisationseinheiten bereits existieren und nicht wie in vielen Unternehmen für das Corporate Knowledge Management erst noch neue Ressorts und Stellen geschaffen werden müssen, kann man in der Praxis vielfach beobachten, dass sich «E-Learning» als Oberbegriff für IKT-basiertes Wissensmanagement und Lernen etabliert.

Für diese Einschätzung sprechen auch folgende Meinungen von Markt-Analysten: Cornelia Weggen, Analystin der Investmentbank H.R. Hambrecht&Company, denkt, es wäre für E-Learning-Anbieter leichter, Wissensmanagement-Unterstützung in ihre Produkte zu integrieren, als umgekehrt für die Wissensmanagement-Anbieter, E-Learning-Management-Funktionen mit einzubauen (vgl. [Barron 2000a, 6]). Clark Aldrich, Senior Research Analyst von Gartner Group, meint sinngemäß, E-Learning biete einen leichteren Einstieg und Zugang zu Wissensmanagement, denn Kurse seien gute Gefäße, das Wissen in Unternehmen zu bibliothekarisieren, was in reinen Wissensmanagement-Initiativen zur Kategorisierung und Speicherung von Wissen in der Praxis schwerer falle und am schieren Umfang des verfügbaren Wissens zu ersticken drohe (vgl. [Barron 2000a, 6]).

Abbildung 1-18 drückt aus, dass die Konvergenz von E-Learning auf den Ebenen Systeme und Technologien sowie auf der Strategieebene gegeben ist und weiter voranschreitet. Z.B. ist für das Unternehmensziel, laufend Innovationen hervorbringen zu können, einerseits Lernkompetenz (lebenslanges, schnelles und effektives Lernen) für die Innovationsgeschwindigkeit entscheidend, andererseits die Fähigkeit, laufend neues Wissen zu generieren und altes zu «entlernen». Die Unterschiede sind vorwiegend auf der Prozessebene zu suchen. Aus Prozesssicht sind deshalb in der Abbildung die obigen Kernprozesse des Wissensmanagements den noch weiter oben angeführten Lernformen im E-Learning-Modell gegenübergestellt.

Um größere Klarheit über das wechselseitige Verhältnis von E-Learning und Wissensmanagement zu gewinnen, kann man folgende Fragen stellen (vgl. folgenden Punkt 1):
– Was trägt E-Learning zum Wissensmanagement bei?
– Was ist E-Learning mehr als Wissensmanagement?
– Kann IKT-basiertes Wissensmanagement ohne E-Learning auskommen?

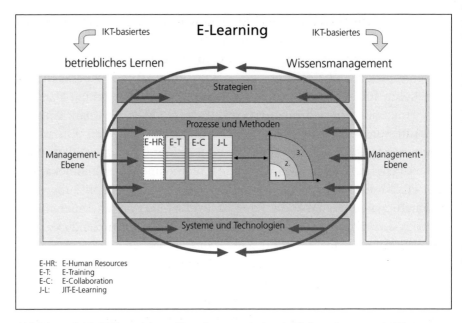

Abbildung 1-18: IKT-getriebene Verzahnung von betrieblichem Lernen mit Wissensmanagement

Und vice versa (vgl. folgenden Punkt 2):
- Was trägt IKT-basiertes Wissensmanagement zu E-Learning bei?
- Was ist IKT-basiertes Wissensmanagement mehr als E-Learning?
- Kann E-Learning ohne IKT-basiertes Wissensmanagement auskommen?

Zu den wechselseitigen Beiträgen lassen sich die in Abbildung 1-19 und 1-20 skizzierten Aspekte anführen.

1. E-Learning-Beiträge zu Wissensmanagement sind für:

a) Lokalisieren und Erfassen:
Das Ziel, im Unternehmen bereits vorhandenes Wissen ausfindig zu machen und elektronisch zu speichern oder zugänglich zu machen, verfolgt das Skill/Competence Management, soweit Mitarbeiter ihren Ist-Status hin-

sichtlich vorhandener Skills und Kompetenzniveaus elektronisch dokumentieren und diese Daten für Wissensträgerlandkarten (Yellow Pages) genutzt werden. E-Training, dessen Inhalte von den Mitarbeitern entweder selbst produziert werden können und *intellectual property* des Unternehmens oder von außen bezogene Standardinhalte darstellen, sollen hier nicht genannt werden, denn sie werden in aller Regel nicht zur Wissenssicherung von im Unternehmen vorhandenen Wissen gebraucht, sondern dienen explizit dem Zweck «Wissenstransfer»; deshalb werden sie didaktisch strukturiert. E-Learning ist hier also eher ein Nebenschauplatz.

IKT-Systeme für das Lokalisieren und Erfassen von Wissen im Unternehmen sind andere, z. B. Data Warehousing mit Business Intelligence, Dokumentenmanagement- und Imaging-Systeme sowie Expertensysteme. PIM- und PWM-Tools hingegen dienen dazu, persönliches Wissen zu dokumentieren und zu organisieren sowie für die betrieblichen Aufgaben relevantes Wissen via (personalisierter) Suche zu lokalisieren; die IKT-basierten Instrumente des JIT-E-Learning liefern also Beiträge zum Wissensmanagement-Kernprozess «Lokalisieren und Erfassen». IKT-basierte Wissensmanagement-Implementierungen können ohne Wissensträgerkarten und/oder Skill-Management-Systeme auskommen, die nur eine Teilfunktionalität darstellen, PIM- und PWM-Tools sind i.d.R. als Basistechnologien der Arbeitsplatzinfrastruktur ohnehin vorhanden oder kommen in speziellen Ausprägungen durch die Einführung von Wissensmanagement-Systemen zu den Arbeitsplatz-Technologien hinzu.

b) Transfer und Teilen:
Für den Transfer und das Teilen von Wissen ist E-Learning ein elementares Instrument. WBTs im Intranet, Lernangebote im Internet, Skill-/Competence-Management-Systeme, die Versorgung mit Lernobjekten *just-in-time* und *just-for-you* dienen direkt dem Wissenstransfer. Teilen von Wissen mit der Weitergabe impliziten Wissens findet vor allem im Bereich E-Collaboration statt. Hier wäre deshalb die Aussage zu treffen, dass IKT-basiertes Wissensmanagement ohne E-Learning nicht auskommt. Trotzdem darf man nicht vergessen, dass es eine Vielzahl bewährter Instrumente für den Transfer und das Teilen von Wissen gibt, die ohne IKT auskommen, etwa Knowledge Workshops, Benchmarking und Systems Thinking, die [von Krogh/Ichio/Nonaka 2000, 261 ff.] anführen.

c) Generieren (engl. *enabling knowledge creation*):
E-Learning umfasst zahlreiche Methoden und Werkzeuge für die Wissensgenerierung. Viele weitere nennen [von Krogh/Ichio/Nonaka 2000, 261 ff.] mit z. B. «Install a knowledge vision», «Manage conversations», «Mobilize knowledge activists», «Globalize local knowledge», «New organizational forms», «Project management systems», «Storyboards», die größtenteils ohne, teilweise jedoch auch mit IKT-Unterstützung möglich sind. Da E-Learning einen Großteil und einen etablierten Teil des IKT-basierten Wissensmanagements darstellt, kann IKT-basiertes Wissensmanagement nicht ohne E-Learning auskommen. Ohne das Lernen von Einzelpersonen ist Wissensgenerierung im Sinne des Wissensmanagements nicht möglich. Didaktische Methoden und andere Gestaltungsmöglichkeiten für Lernprozesse gestalten Prozesse des Wissenstransfers und der Generierung von neuem Wissen beim Individuum möglichst effektiv.

In der heutigen Praxis ist E-Learning sowohl mehr als auch weniger als Wissensmanagement. In Wissensmanagement-Systemen sind E-Learning-Elemente noch wenig integriert, und Wissensmanagement wird häufig noch isoliert von Human-Resources-Bereichen und E-Learning-Initiativen betrieben. Andererseits fehlt vielen E-Learning-Maßnahmen die Ausrichtung des Lernens auf strategische Unternehmensziele, was ein wichtiger Fokus von Wissensmanagement ist.

2. Wissensmanagement-Beiträge zu E-Learning sind für:

a) E-Human-Resources:
IKT-basiertes Wissensmanagement erfüllt für E-Human-Resources keine «Zulieferfunktion», denn Wissensträger-Karten (engl. *yellow pages*) und Skill-/Competence-Management-Systeme sind ursprünglich ein HR-Instrument, das auch in den Baukasten von Wissensmanagement-Systemen gehört. Wissensmanagement liefert mindestens den Beitrag, die Entwicklung von Skills stärker an strategischen Unternehmenszielen zu orientieren, als dies vielleicht traditionell im HR-Bereich betrieben wurde.

1.4 E-Learning und Knowledge Management

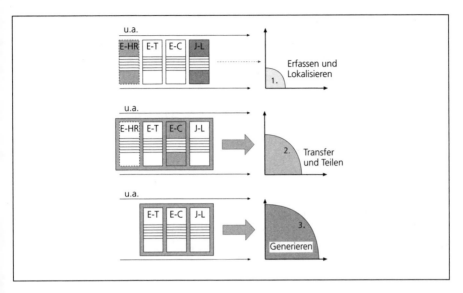

Abbildung 1-19: Beiträge von E-Learning zu Kernprozessen des Wissensmanagements

b) E-Training:
Alle Kernprozesse des Wissensmanagements, die auf IKT basieren oder wo IKT eine Enabler-Funktion wahrnimmt, können E-Trainings unterstützen. Im Bereich «Erfassen und Lokalisieren» können E-Training-Methoden auf elektronisch dokumentiertes Wissen (Inhalte) zugreifen. E-Training kann im Prinzip ohne Inhalte aus den Daten-/Dokumentenbanken des Wissensmanagements auskommen, aber im Hinblick auf Workplace-Learning ist der Zugang zu solchen IKT-Wissensspeichern unentbehrlich. Wissensteilung in Communities beinhaltet Prozesse, die für E-Trainings nicht typisch sind; dafür wurde explizit die Kategorie E-Collaboration geschaffen. Tools im Bereich Wissensgenerierung wie elektronische Brainstorming- oder andere Kreativitätstools können in E-Trainings genutzt werden, wiewohl sie originär eher dem E-Training zuzurechnen sind und von dort ins Wissensmanagement übernommen wurden.

c) E-Collaboration:
Wissensteilung in Communities und auf entsprechenden Plattformen kann als ein strukturiertes E-Collaboration-Setting (vgl. Kapitel 3.1.4 zu Lernpro-

zessen) gestaltet werden. E-Collaboration ist hier mindestens mit Wissensmanagement in E-Communities gleichzusetzen, zusätzlich kann E-Collaboration zu Lernzwecken noch mit instruktionalem Design versehen und können kollaborative Lernräume didaktisch-methodisch gestaltet werden. Die IKT-Tools und IKT-Infrastruktur der Kernprozesse «Wissen erfassen und lokalisieren» sowie «Wissen generieren» werden für E-Collaboration – sei es in E-Learning- oder in Wissensmanagement-Communities – unterstützend genutzt. Wenn Wissensmanagement als die Wiege von Community-Collaboration-Tools gilt, dann kann E-Learning nicht ohne diese auskommen. Im Verständnis dieses Buchs von E-Collaboration sind alle Wissensmanagement-Aspekte von Wissens-Communities und -Netzwerken mit eingeschlossen, so dass diese Anwendungen IKT-basierten Wissensmanagements nicht mehr umfassen als E-Collaboration im Kontext von E-Learning.

d) JIT-E-Learning:
Hinsichtlich der IKT-basierten Tools für das Persönliche Wissensmanagement (PWM) und die Lernmodule im Bereich des Electronic Performance Support, die nach den Prinzipien *«just-in-time»* und *«just-for-you»* zur Verfügung stehen, gilt das oben für E-Training Gesagte. Bei den PWM-Tools ist noch unklar, ob die Weiterentwicklungen eher von der Wissensmanagement- oder von der E-Learning-Disziplin getrieben werden, so dass nicht zu beantworten ist, wer welcher Disziplin Beiträge «liefert».

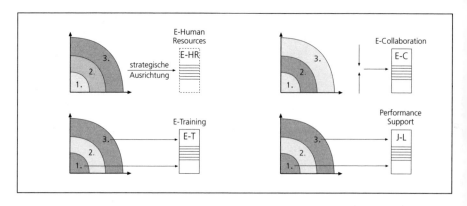

Abbildung 1-20: Beiträge von Wissensmanagement zu Gestaltungsmöglichkeiten von Lernprozessen im E-Learning

1.4 E-Learning und Knowledge Management

Im hiesigen umfassenden Verständnis von E-Learning ist Wissensmanagement teilweise Zulieferer zu E-Learning und mit dem Teil E-Collaboration deckungsgleich. Gleichzeitig deckt Lernen nicht alle Aspekte der Bewirtschaftung der Ressource Wissen im Unternehmen ab. Als Fazit hält Abbildung 1-21 fest, dass Wissensmanagement und E-Learning Überdeckungsbereiche haben und nicht als Ganzes in einer Über-/Unterordnungsbeziehung zueinander stehen, sondern nebeneinander, aber abgestimmt, im Unternehmen verfolgt werden sollten[12].

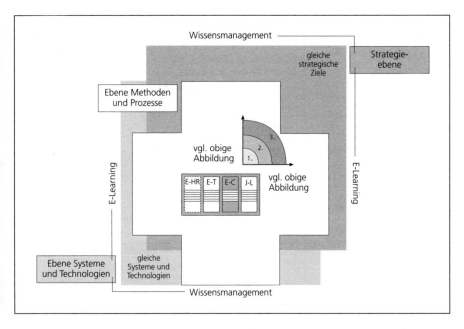

Abbildung 1-21: Koexistenz von E-Learning und Wissensmanagement

Trotz der großen Symmetrien in den Konzepten von Ausbildung und Personalentwicklung in Unternehmen und Wissensmanagement gibt es begrifflich getrennte Welten und parallele, unabgestimmte Projekte. Bis es zu Kooperation und Kollaboration zwischen beiden Disziplinen kommt, sind Barrieren auf der strategischen und organisationalen bzw. Prozessebene und kulturell-politischen Ebene der betreffenden Unternehmenseinheiten zu überbrücken. Tabelle 1-5 stellt solche Gräben zusammen, vor denen Unternehmen typischerweise heute noch stehen.

Personalentwicklung Ausbildung		Wissensmanagement
lose Kopplung mit der Geschäftsstrategie	Strategic Alignment	enge Kopplung mit der Geschäftsstrategie
Human Resources, Corporate Training/ University	Organisatorische Verankerung	Stabsstelle Strategie, Marketing oder zugehörig zu Business Units
Bildungsmanager, Chief Learning Officer	Rolle/Position	Chief Knowledge Officer, Knowledge Activist
von extern	Beschaffung von Inhalten	innerbetrieblich
zentralisiert	Erstellen von Inhalten	dezentral durch Wissensträger im Unternehmen
Instructional Design, stark strukturiert	Produktionsprozess von Inhalten	schwach strukturiert; evtl. via Knowledge Engineering
Kurse, Lernobjekte	Gestalt von Inhalten	Dokumente, Daten
gefestigt und langlebig	Lebensdauer von Inhalten	neu, viele kurzlebig
Seminare, Tagungen	Lernorte und Lernanlässe	Arbeitsplatz, zu Hause
in umfassenderen Blöcken und längeren Zeitabschnitten, ohne Unterbruch durch den Arbeitsalltag	Zeit	in kurzen Einheiten mit Unterbrechungen
eher technikskeptisch	Einstellung zu IKT	eher technikoffen
eher schwach ausgeprägt	Personalisierung	starker Trend zu individuellem Zuschnitt
Beurteilungen, Prüfungen, Zertifikate	Messung	auf individueller Ebene allenfalls im Rahmen der Mitarbeiterbeurteilung
Wettbewerb, Einzelkämpfertum	Kultur	Kooperation, Communities und Netzwerke

Lehren (Push-Prinzip) vom Lehrer zum Lernenden	Lernprinzipien	Lernen in der Zusammenarbeit, Peer-Learning (Pull-Prinzip spielt eine grosse Rolle)

Tabelle 1-5: Typische Gräben zwischen den Disziplinen Wissensmanagement und Lernen

[1] Die Inhalte des Business Engineering rund um die Transformation können in [Österle/Winter 2000, 10 f.] ausführlicher nachgelesen werden.

[2] In der Forschungslandkarte des Competence Center E-Learning am IWI-HSG, das im März 2001 seine zunächst zweijährige Arbeit aufgenommen hat, um in Zusammenarbeit mit Partnerfirmen Methoden und Modelle auf allen Ebenen und Dimensionen des E-Learning-Modells zu entwickeln, wird auch dieses Thema als Schwerpunkt behandelt (vgl. http://www.learningcenter.unisg.ch) und zu weiteren Publikationen führen (vgl. http://www.iwi.unisg.ch Rubrik «Veröffentlichungen/Datenbankabfrage»).

[3] Vgl. auch http://elm.wi-inf.uni-essen.de/en/elm/elm.html (Abruf 20.4.2001): «The Essen Learning Model is a development model to ensure the overall quality of the development process of learning environments on different levels. ...»

[4] Auftraggeber der Studie ist das Unternehmen Unicmind (http://www.unicmind.de), welches die Erhebung von der Privaten Fachhochschule Göttingen durchführen ließ.

[5] International Data Corporation (IDC) ist ein IKT-Marktanalyst. Nach den Angaben in [Fortune 2000] ist der Autor Cushing Anderson Bereichsleiter «Learning Services» bei IDC. Die Daten sind zitiert aus seiner Studie «IDC's Fifth Annual U.S. Training and Education Industry Survey, 1999» [IDC 1999]. Diese stützt sich auf Interviews mit über 200 betrieblichen Abnehmern von Trainings und mit über 40 Anbietern von Lerninhalten, Dienstleistungen und Lernplattformen/-technologien.

[6] Gartner (vgl. [Aldrich/Ross 2000a, 4]) bildet unterschiedliche Anbieter-Typen je nach Phasen des in Entwicklung befindlichen E-Learning-Markts: Best-of-Breed Stage 1999–2001 (Phase I); End-to-End Infrastructures and Suites 2001-2003 (Phase II); Content is King: 2003 and Beyond (Phase III).

[7] Weitere Anbieter dieses Segments sind z.B.: Herdt-Verlag (http://www.herdt.de), M2S/Prokoda (http://www.m2s.com, http://www.prokoda.de), University of Phoenix, eCollege.com, die in Abbildung 1-10 genannten und andere mehr. Ausführliche Aufstellungen und Positionierungen zu rund 100 und mehr Unternehmen können in den Marktanalystenreports (u.a. [Urdan/Weggen 2000], [Peterson 1999 und 2000], [Aldrich 2000a], [Aldrich 2000b], [Close 2000]) nachgeschlagen und aktuell weiterverfolgt werden.

[8] Weitere Anbieter dieses Segments sind z.B.: Hyperwave, Oracle, Sanet, Pathlore, LearningByte International, TrainingNet, Blackboard.com, KnowledgePlanet.com, Learning Stream und andere mehr. Zu weiteren Aufstellungen vgl. vorausgehende Fußnote.

[9] Zu weiteren Aufstellungen vgl. vorausgehende Fußnote.
[10] [Perterson 1999, 32–34] enthält eine Tabelle mit Firmen, die den vier kundenorientierten Marktsegmenten zugeordnet werden können, und nennt kurz deren wichtigste Geschäftsfelder; zusätzlich sind sechs reine E-Learning-Firmen (SmarterKids.com, SmartForce, eCollege.com, N2H2, Scientific Learning und Student Advantage) aufgeführt.
[11] Diese Auffassung vertreten [von Krogh/Ichiju/Nonaka 2000] und nennen konkret fünf «Enablers» für Wissensgenerierung.
[12] Anders, allerdings lediglich im Hinblick auf Organizational Learning, vertritt [Wargitsch 1998], zitiert in [Mertens/Griese 2000, 51], die Ansicht, dass Wissensmanagement Organizational Learning und Organizational Memory gestaltet, lenkt und entwickelt, während umgekehrt Organizational Learning Prozesse des Wissens verkörpert und Organizational Memory die Ressource Wissen speichert.

2. Teil

Strategien:
Die strategische Vernetzung von Lernen und Arbeiten im Unternehmen

| 2.1 Grundlagen einer Strategie | 2.2 E-Learning als Change-Prozess | 2.3 Strategie-prozess | 2.4 Ausblick |

«There's a new conversation between and among your market and your workers. It's making them smarter and it's enabling them to discover their human voices. You have two choices. You can continue to lock yourself behind facile corporate words and happytalk brochures. Or you can join the conversation.» (Rick Levine, Christopher Locke, Doc Searls, David Weinberger)

Die strategische Ausrichtung und Fundierung von E-Learning-Maßnahmen ist ein wesentlicher Faktor, der über den Erfolg, die Nachhaltigkeit sowie über die Wirtschaftlichkeit solcher Maßnahmen entscheiden kann. Das vorliegende Kapitel hat darum zum Ziel, einen Überblick über die strategischen Aspekte von E-Learning-Maßnahmen zu vermitteln.

Dazu werden zuerst in Kapitel 2.1 die Grundlagen einer E-Learning-Strategie aufgezeigt. Die Aufgaben und charakteristischen Eigenschaften einer E-Learning-Strategie lassen sich anhand ihrer spezifischen Stellung im strategischen Gefüge eines Unternehmens erläutern. Daran anschließend wird aufgezeigt, dass das Potenzial von E-Learning sowohl für die Gestaltung von Lernräumen und Lernprozessen innerhalb eines Unternehmens als auch für Lernräume und Lernprozesse außerhalb der Unternehmensgrenzen eingesetzt werden kann. In einem weiteren Teil wird dann das für eine E-Learning-Strategie relevante Umfeld spezifiziert.

In Kapitel 2.2 wird dann aufgezeigt, dass jede E-Learning-Strategie auf unterschiedlichen Ebenen Change-Prozesse anstößt und zu einer Veränderung von Selbstverständnissen führt, die geplant und begleitet werden müssen. Der richtige Umgang mit solchen Change-Prozessen trägt maßgeblich zum Erfolg von E-Learning-Maßnahmen bei.

Auf diesen Grundlagen aufbauend, wird schließlich in Kapitel 2.3 der ganze Strategieprozess beschrieben, der durchlaufen werden muss, wenn eine umfassende E-Learning-Strategie entwickelt und umgesetzt werden soll.

Abbildung 2-22 gibt einen Überblick, welche Aspekte des E-Learning-Modells mit den folgenden Teilkapiteln abgedeckt werden.

Der Fokus des Kapitels liegt auf der Darstellung von Zusammenhängen und soll E-Learning-Verantwortliche dabei unterstützen, E-Learning-Maßnahmen sowohl an den Unternehmenszielen auszurichten als auch an die

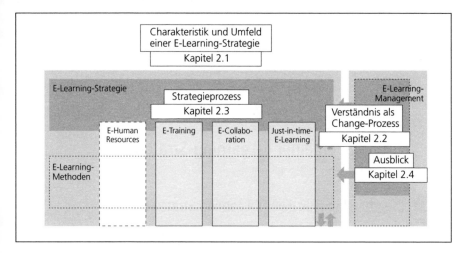

Abbildung 2-22: Übersicht und Positionierung von Kapitel 2

spezifischen Bedürfnisse der verschiedenen Anspruchsgruppen anzupassen. Mit Anspruchsgruppen sind in erster Linie die Mitarbeitenden eines Unternehmens gemeint. Je mehr aber E-Learning von einem Unternehmen auch dafür eingesetzt wird, die Beziehungen mit seinen Kunden, Partnern, Investoren und sogar seinen Konkurrenten neu zu gestalten, desto mehr sind mit «Anspruchsgruppe» alle Personen gemeint, die in irgendeiner relevanten Beziehung zu einem Unternehmen stehen.

2.1 Grundlagen einer E-Learning-Strategie

2.1.1 Die Charakteristik einer E-Learning-Strategie

Die Charakterisierung einer E-Learning-Strategie erfolgt über deren Positionierung im strategischen Gefüge eines Unternehmens sowie über eine Spezifikation ihrer Eigenschaften und Aufgaben. Dies führt zu folgender Definition einer E-Learning-Strategie:

> **Definition E-Learning-Strategie**
> Eine E-Learning-Strategie ist die Summe der Ziele, Pläne und Maßnahmen, mit denen durch den Einsatz von Technologien und entsprechenden didaktisch-methodischen sowie organisatorischen Maßnahmen innerhalb und außerhalb eines Unternehmens «Lernräume» für strategieorientierte Lern- und Arbeitsprozesse für alle relevanten Anspruchsgruppen eines Unternehmens entwickelt und realisiert werden.

2.1.1.1 Strategieintegration

Eine Strategie ist, allgemein gesprochen, sowohl ein Zielbildungsprozess als auch ein handlungsanweisender und richtungsweisender Maßnahmenplan, mit dem ein Unternehmen versucht, sich längerfristig gegenüber seinem Umfeld zu behaupten (vgl. [Arentzen/Lörcher 1998]).

Dabei dienen unterschiedliche Strategietypen innerhalb eines Unternehmens dazu, dieses Ziel zu erreichen und zu unterstützen.

Einen ersten Typus bilden die Unternehmensstrategien. Unternehmensstrategien haben die Aufgabe, ein Unternehmen im Markt zu positionieren und es durch herausragende Produkte und Dienstleistungen nachhaltig von denjenigen der Konkurrenz zu differenzieren. Unternehmensstrategien sind damit vor allem Wettbewerbsstrategien. Es gibt verschiedenste Ansätze, Unternehmensstrategien zu formulieren. Die wichtigsten sind dabei die klassischen Portfolio-Normstrategien, die Produkt-/Marktstrategien, die Synergiestrategien, die Integrationsstrategien sowie die kooperativen Strategien (vgl. für einen Überblick [Gomez/Probst 1999, 145 ff.] und [Oetinger 2000]). Zunehmend gewinnen aber auch neue Wettbewerbsstrategien an Bedeutung, die internetbasierte Geschäftsmodelle zu realisieren versuchen (vgl. dazu z.B. [Evans/Wurster 2000] und [Hoffmann/Zilch 2000]). Eine Unternehmensstrategie hat zusammengefasst die Aufgabe, eine an den «strategischen Erfolgspositionen» (SEP, vgl. [Pümpin 1999]) eines Unternehmens ausgerichtete Wettbewerbsstrategie zu entwickeln und damit die Wettbewerbs- und Innovationsfähigkeit eines Unternehmens langfristig zu sichern.

Einen zweiten Typus von Strategien bilden die Funktional- oder Prozessstrategien. Sie dienen dazu, innerhalb eines Unternehmens die Umsetzung der Unternehmensstrategie und die Erreichung der Unternehmensziele durch verschiedene Maßnahmen zu unterstützen. Jeder Funktionsbereich oder jeder zentrale Unternehmensprozess innerhalb eines Unternehmens sollte durch eine spezifische Funktional- oder Prozessstrategie ausgestattet sein. Eine E-Learning-Strategie ist eine solche Funktional- resp. Prozessstrategie für den Aus- und Weiterbildungsbereich. Sie weist zu mehreren anderen Funktional- und Prozessstrategien Schnittstellen auf. Ziel des E-Learning-Strategieprozesses ist es, sowohl eine eigenständige E-Learning-Strategie zu formulieren als auch eine Integration mit diesen anderen Funktional- und Prozessstrategien im strategischen Gefüge eines Unternehmens sicherzustellen (vgl. Abbildung 2-23).

Andere Funktional- und Prozessstrategien, mit denen eine E-Learning-Strategie Austauschbeziehungen aufbauen muss, sind die folgenden:

E-Business-Strategie:
Jedes Unternehmen – nicht nur «klassische» E-Business-Firmen wie Amazon, Dell oder Yahoo – muss sich heute überlegen, wie es seine Wert-

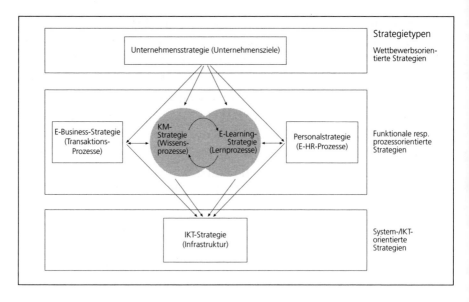

Abbildung 2-23: Beziehung der E-Learning-Strategie zu anderen Funktional- und Prozessstrategien

schöpfungsketten (engl. *value chain*) und Geschäftsmodelle den veränderten Wettbewerbsbedingungen anpasst. Eine zentrale Rolle für Unternehmen, die sich einem solchen Transformationsprozess unterziehen, spielt die E-Business-Strategie[1]. Es ist Aufgabe der E-Business-Strategie, Prozesse entlang der Wertschöpfungskette zu digitalisieren und umzugestalten (durch *business engineering* bzw. *business process redesign*) sowie entsprechende internetbasierte Geschäftsmodelle zu realisieren. Dieser Transformationsprozess erzeugt in hohem Maße neue Kompetenzanforderungen für die verschiedenen Anspruchsgruppen. Neue Prozess- und Arbeitsabläufe sowie neue Vorgehensweisen und Methoden in der Beschaffung, in der Produktion, in der Zusammenarbeit mit Kunden etc. müssen erstens verstanden, zweitens kommuniziert und drittens geschult werden. Es muss zudem sichergestellt werden, dass sowohl Mitarbeitende als auch Kunden dort unmittelbar auf Hilfe und Support zugreifen können, wo sie es benötigen. Der E-Business-Transformationsprozess ist damit ein wichtiges Anwendungsfeld für E-Learning-Maßnahmen. Die

Infrastruktur, die für die Digitalisierung der Wertschöpfungsprozesse benötigt wird, kann dabei gleichzeitig für den Zugriff auf Lern- und Informationsressourcen verwendet werden.

Personalstrategie:
Auch zur Personalstrategie besteht eine enge Wechselwirkung. E-Learning-Maßnahmen sind ein integraler Bestandteil der Human-Resources-Wertschöpfungskette (siehe Abbildung 2-30), deren Prozesse ebenfalls zunehmend digitalisiert werden. Planungs-, Recruiting- und Skill-Management-Prozesse werden mit Vorteil mit E-Learning-Maßnahmen abgestimmt, so dass von der Personalsuche über die Personalauswahl bis hin zu den Aus- und Weiterbildungsmaßnahmen ein durchgängiger Prozessfluss möglich wird.

Wissensmanagement-Strategie:
Des Weiteren besteht eine Wechselwirkung mit der Wissensmanagement-Strategie eines Unternehmens (vgl. Kapitel 1.4). Eine E-Learning-Strategie hat die Aufgabe, «Lernräume» innerhalb und zwischen Unternehmen zu gestalten, in denen Wissen nicht nur vermittelt, sondern auch neu entwickelt und Erfahrungen ausgetauscht werden können. Ein «Lernraum» besteht dabei aus einer Menge von Lernprozessen und wird durch soziale und ökonomische Faktoren sowie durch eine Ressourcen- und Bedürfnisorientierung bestimmt. Der Vorteil des Lernraumkonzepts ist, dass es nicht an organisatorische Grenzen gebunden ist, sondern organisationsübergreifend gestaltet werden kann (vgl. Kapitel 3.1.3).

Der Zugang zu den Wissensressourcen des Unternehmens (Knowledge- und Content-Pool) sollte aus allen E-Learning-Anwendungen heraus ermöglicht werden, so dass konkretes Unternehmenswissen in den verschiedenen Lernräumen praktisch genutzt werden kann.

IKT-/Systemstrategie:
Schließlich besteht auch eine enge Verbindung zur IKT-/Systemstrategie eines Unternehmens, welche die Datenhaltung und die technische Infrastruktur sicherzustellen hat. E-Learning-Systeme müssen in die allgemeine IS-Architektur integriert sein, damit Austauschbeziehungen zwischen den Funktionsbereichen und ihren Computersystemen möglich sind.

Dazu bedarf es unternehmensweiter Datenmodelle, die die Datenkompatibilität zwischen den verschiedenen Funktionsbereichen soweit wie möglich gewährleisten sollen. Im Rahmen einer E-Learning-Strategie muss darum einerseits genau spezifiziert werden können, welches die Anforderungen an die IKT-Infrastruktur sind, und andererseits müssen aus Gründen des Datentransfers die Vorgaben der unterschiedlichen E-Learning-Standardisierungsinitiativen berücksichtigt werden (vgl. Kapitel 4.4.1).

Eine solche Strategieintegration, welche die Austauschbeziehungen zwischen den einzelnen Funktional- oder Prozessstrategien systematisch vorantreibt, ist ein wesentliches Moment dafür, dass die E-Learning-Maßnahmen nicht einfach losgekoppelt von anderen Unternehmensfunktionen existieren, sondern dass ein wechselseitiger Austausch und gegenseitiger Nutzen stattfinden kann.

2.1.1.2 Strategieentwicklung

Die unternehmensweite Einführung von E-Learning-Maßnahmen sollte also durch eine E-Learning-Strategie vorbereitet und flankiert werden, bei der von der Ausrichtung an den Unternehmenszielen und den anderen Funktional- oder Prozessstrategien über die Lancierung einzelner Projekte bis hin zur Kontrolle verschiedener Implementierungsphasen alle Fäden zusammenlaufen, so dass dadurch die Leistungsfähigkeit und der Qualifizierungsbedarf eines Unternehmens optimal unterstützt und abgedeckt werden können.

In vielen Unternehmen ist dies in dieser konsequenten Form noch kaum der Fall. Oft entstehen verschiedenste E-Learning-Projekte *bottom up*, *ad hoc* und gleichzeitig in verschiedenen Unternehmensbereichen. Diese Projekte folgen unterschiedlichen didaktisch-methodischen Ansätzen, verwenden heterogene Lerntechnologien und E-Learning-Systeme und pflegen Kooperationsbeziehungen zu unterschiedlichen Produkte- und Dienstleistungsanbietern. Dahinter stehen häufig initiative Mitarbeitende oder Unternehmensbereiche, die auf veränderte Lern- und Ausbildungsbedürfnisse kreativ und pragmatisch reagiert und E-Learning-Projekte aufgebaut haben. Aus diesem Grund sind in vielen Unternehmen oft verschiedene E-Learning-Systeme parallel zueinander im Einsatz, ohne dass die Betreiber eines Systems von der Existenz der anderen Systeme wissen.

Eine unternehmensweite E-Learning-Strategie sollte solche dezentralen Bottom-up-Projekte und bereits implementierten E-Learning-Systeme berücksichtigen, weiter fördern und bündeln, da sich in ihnen konkrete Anwendungskompetenz und Beziehungsnetzwerke gebildet haben. Der Wert solcher Initiativen darf nicht unterschätzt werden. Empirische Forschungen zur Strategieumsetzung zeigen, dass es oft solche Bottom-up-Strategien (oder emergente Strategien) sind, die letztlich erfolgreich sind (vgl. [Lechner/Müller-Stewens 1999]). Rosenberg weist darauf hin, dass es von zentraler Bedeutung ist, die Erfahrungen und die Einstellungen der Mitarbeiterinnen und Mitarbeiter in Bezug auf E-Learning zu kennen, bevor neue Initiativen gestartet werden: «It's important to understand the history (good or bad) of your efforts with technology-based learning. You cannot know where to go, or how to proceed successfully, unless you know where you have been.» [Rosenberg 2001, 318].

Grundsätzlich können damit zwei unterschiedliche Formen der Strategieentwicklung unterschieden werden. Die *top down* orientierte und deduktive Strategieentwicklung führt zu in sich konsistenten, wohl abgewogenen Strategien (*deliberate strategies*, vgl. [Mintzberg 1987]). Problematisch bei solchen Strategien kann es sein, dass sie oft zu abstrakt und zu vergangenheitsorientiert sind und zuweilen schlecht akzeptiert werden. Dagegen führt die *bottom up* orientierte und induktive Strategieentwicklung zu heterogenen Strategieansätzen, die aus den Anforderungen des Alltags entstanden sind und die meistens gut akzeptiert werden (*emergent strategies*). Problematisch bei solchen Strategien kann es sein, dass sie zu stark lokal verhaftet sind – indem sie z.B. nur eine einzelne Organisationseinheit und nicht das gesamte Unternehmen im Blickfeld haben – und sich in ihrer Pragmatik schlecht auf andere Unternehmensbereiche übertragen lassen.

Um also weder dem Problem der Abstraktheit noch dem Problem des beschränkten Geltungsbereichs zu verfallen, müssen E-Learning-Strategien die Ansprüche des Unternehmens mit den Bedürfnissen der Anspruchsgruppen und einzelner Organisationseinheiten verbinden können.

Dieses Wechselspiel lässt sich nur realisieren, wenn deduktiv abgeleitete Strategien jeweils rasch und in kleinen Schritten umgesetzt werden und sich im «Alltag» bewähren müssen. Haben sich solche strategischen Teilprojekte bewährt und sind sie an spezifische Rahmenbedingungen angepasst worden, können sie zügig weiter ausgebaut werden. Damit folgen auch E-Learning-Projekte einem Leitmotiv, das sich bereits bei der Entwicklung und Umsetzungen von E-Business-Massnahmen bewährt hat: «Think big, start small, scale fast.»[2]

2.1.1.3 Eigenschaften einer E-Learning-Strategie

Eine E-Learning-Strategie geht damit weit darüber hinaus, nur konzeptionelles Rahmengerüst für elektronisch unterstützte Aus- und Weiterbildung zu sein. E-Learning ist eine strategisch bedeutsame Ressource, um die Wettbewerbsfähigkeit eines Unternehmens voranzutreiben, zu unterstützen und zu ermöglichen. Eine E-Learning-Strategie zeichnet sich durch folgende Eigenschaften aus:

– Sie ist wettbewerbswirksam, indem sie Strukturen definiert, wie Mitarbeitende und andere Anspruchsgruppen des Unternehmens wie Kunden, Partner, Lieferanten und Investoren *just-in-time* mit Informationen und Weiterqualifizierungsmöglichkeiten versorgt werden, die ihnen dabei helfen, ihre Bedürfnisse oder Aufgaben effizienter, effektiver und innovativer zu befriedigen resp. zu erfüllen.

– Sie orientiert sich an den Zielvorgaben der Unternehmensstrategie, zeichnet sich durch eine enge Wechselwirkung mit der Wissensmanagement-Strategie, der E-Business-Strategie sowie der Personalstrategie aus und formuliert ihrerseits Vorgaben für die IKT-Strategie.

– Sie muss aufgrund der schnellen Veränderungen modifizierbar und adaptierbar sein[3].

– Sie muss aus demselben Grund den technologischen Fortschritt vorwegnehmen, um von diesem nicht überholt zu werden.

– Sie legt die Grundlage für die Unterstützung einer weitgehend selbstgesteuerten *digital workforce* [Meares/Sargent 1999] und ist

integraler Bestandteil der elektronischen Human-Resources-Wertschöpfungskette (E-HR Value Chain).
- Sie stellt den Lernenden und nicht die Technologie in den Vordergrund.
- Sie orientiert sich damit am Kundenprozess und Kundennutzen, wobei mit «Kunden» in erster Linie die Mitarbeitenden eines Unternehmens gemeint sind, aber im weiteren Sinne auch alle anderen relevanten Anspruchsgruppen.
- Sie definiert die erforderlichen Change- und Kompetenzerweiterungsprozesse, die es braucht, um die Mitarbeiterinnen und Mitarbeiter dabei zu unterstützen, mit neuen Organisationsstrukturen, neuen Arbeitsformen und den emotionalen Aspekten der Unternehmenstransformation erfolgreich umzugehen.
- Sie erkennt neue Ansprüche an das Kompetenzenprofil der Mitarbeiterinnen und Mitarbeiter frühzeitig und versucht sie mit entsprechenden Massnahmen vorwegzunehmen.
- Sie baut strategische Allianzen und Partnerschaften mit Produkte- und Dienstleistungsanbietern auf[4].

2.1.1.4 Aufgaben einer E-Learning-Strategie

Die Aufgabe einer E-Learning-Strategie besteht darin, mittels Technologieunterstützung und anderer Massnahmen eine Verbindung von Lern- und Arbeitsprozessen herbeizuführen und damit neue wertschöpfende Formen des Lernens und Arbeitens für alle Anspruchsgruppen eines Unternehmens zu schaffen.

E-Learning unterstützt und ermöglicht unterschiedlichste Lernprozesse an den profitgenerierenden bzw. wettbewerbsrelevanten Stellen eines Unternehmens. Mitarbeitende sollen die Möglichkeit erhalten, in einem Umfeld, das zunehmend durch beschleunigte, digitalisierte Geschäfts- und Wertschöpfungsprozesse geprägt ist, Kompetenzen bedürfnisorientiert und kontinuierlich weiter ausbauen und vertiefen zu können. Kunden, Partner und Lieferanten sollen ihrerseits die Möglichkeit erhalten, sich über neue Produkte, Dienstleistungen und Prozesse zu informieren und an entsprechenden Lernprogrammen oder Learning Communities teilnehmen zu können. Diese Form der Kundeneinbindung in unternehmensweite Lernprogramme oder Learning Communities wird «Customer focused E-Learning» genannt (vgl. [Barron 2000b], [Aldrich 2000c]) und stellt eine wichtige Erweiterung von Lern- und Ausbildungsprozessen dar, die mit herkömmlichen Formen und Mitteln kaum realisiert und umgesetzt werden könnten.

E-Learning bietet damit das Potenzial, neue Lernräume zwischen einem Unternehmen und seinem Umfeld zu eröffnen. Die künftige Wettbewerbsfähigkeit eines Unternehmens definiert sich zu einem wesentlichen Teil über die Fähigkeit, sich mit seinem Umfeld und damit mit anderen Unternehmen, Kunden, Partnern etc. zu vernetzen. Dies geschieht z. B. in Form von sog. «Value Networks» [Lotus-Report 2000] oder durch

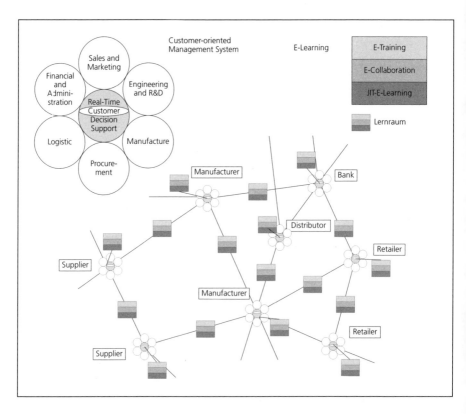

Abbildung 2-24: Value Network mit Lernräumen (Quelle: erweitert nach [Lotus-Report 2000])

den Aufbau von «Netzwerkunternehmen» [Fleisch 2001], in denen der Austausch von Ressourcen und das gegenseitige Erbringen von Dienstleistungen durch Outsourcing-Beziehungen kooperativ organisiert und geregelt sind. Jede einzelne dieser Kooperationsbeziehungen zeichnet sich dadurch aus, dass die daran Beteiligten spezifische Lernbedürfnisse haben. Die Kooperationsbeziehung zwischen einem Lieferanten und einem Produzenten erzeugt z. B. Lernbedürfnisse im Bereich der Liefer- und Logistikprozesse. Solche Lernbedürfnisse werden beispielsweise durch einen interorganisationalen Lernraum abgedeckt, der mittels unterschiedlicher Lernmethoden (E-Training), kollaborativer Settings (E-Collaboration) und individualisierter Lernangebote (Just-in-time-E-Learning) gestaltet wird (vgl. Kapitel 3). Abbildung 2-24 zeigt ein solches *value network*, in dem sich verschiedene Unternehmen zusammengeschlossen und spezifische Rollen und Aufgaben übernommen haben.

In einem «Value Network» bzw. einem Netzwerkunternehmen verlieren sich die klaren Konturen und Grenzen eines Unternehmens. Eine solche «Grenzenlose Unternehmung» [Picot/Reichwald/Wigand 2001] zeichnet sich dadurch aus, dass sie die Beziehungen mit ihrem Umfeld und damit mit ihren Anspruchsgruppen intensiviert. Internet- und Webtechnologien eröffnen dabei vielfältigste Kommunikations-, Interaktions-, Informations- und Transaktionskanäle zwischen einem Unternehmen und seinem Umfeld.

Das «Cluetrain Manifesto», ein in 95 Thesen verfasstes Manifest zur Zukunft der digitalen Wirtschaft, bezeichnet solche kommunikativen Austauschbeziehungen als das wesentliche Beschreibungsmerkmal elektronischer Märkte und fasst sie in seiner ersten These als «Markets are conversations» [Levine/Locke/Searls et al. 2000, xii] zusammen. In solchen «Gesprächen», die auf elektronischen Marktplätzen, zwischen den Mitarbeitern verschiedener kooperierender Unternehmen, aber auch innerhalb eines Unternehmens in Form von *business narratives* [5] geführt werden, sind diejenigen Informationen enthalten, die bekannt sein müssen, wenn man erfolgreich neue Produkte und Dienstleistungen entwickeln, neue Märkte erschließen oder eben neue Lernräume gestalten möchte. Werden solche «Marktgespräche» und *business narratives* verstanden, lassen sich danach Lern- und Trainingsprogramme ausrichten, in denen die Begriffe, Wörter, Geschichten und Metaphern verwendet werden, die für die entsprechenden Anspruchsgruppen gebräuchlich und verständlich sind.

Werden alle Anspruchsgruppen eines Unternehmens in einer Matrix zueinander in Beziehung gesetzt, so ergibt sich dadurch eine Übersicht über die Fülle an Beziehungs- und «Gesprächsmöglichkeiten», die innerhalb und außerhalb eines Unternehmens denkbar sind. Kommunikative Austauschbeziehungen und neue Lernräume für die verschiedenen Anspruchsgruppen eines Unternehmens können so systematisch entwickelt werden. Einige dieser Beziehungskombinationen sind bereits von Bedeutung, andere könnten in Zukunft wettbewerbsrelevant werden. Bei jeder dieser Beziehungskombinationen kann gefragt werden, durch welches Lernbedürfnis sie sich auszeichnen und wie dieses durch E-Learning-Maßnahmen befriedigt werden könnte. Tabelle 2-6 gibt einen Überblick über verschiedenste Beziehungskombinationen. Die vier wichtigsten (dunkelgrau) werden für die weitere E-Learning-Strategieentwicklung von Bedeutung sein. Diese sind:

Kombination	Employees	Customers	Investors	Competitors	Business	Public
Employees	E to E	E to C	E to I	E to Co	E to B	E to P
Customers	C to E	C to C	C to I	C to Co	C to B	C to P
Investors	I to E	I to C	I to I	*I to Co*	I to B	I to P
Competitors	*Co to E*	Co to C	Co to I	Co to Co	Co to B	Co to P
Business	B to E	B to C	B to I	B to Co	B to B	B to P
Public	P to E	P to C	P to I	P to Co	P to B	P to P

Tabelle 2-6: Beziehungskombinationen im Umfeld eines Unternehmens

– B2E (Business-to-Employee): Kommunikation zwischen dem Unternehmen und den Mitarbeitenden. Dies umfasst beispielsweise das Zurverfügungstellen von Dienstleistungen, Informationen und Lernangeboten.
– E2E (Employee-to-Employee): Kommunikation und Zusammenarbeit zwischen den Mitarbeitenden eines Unternehmens oder zwischen den Mitarbeitenden unterschiedlicher Unternehmen.

- B2C (Business-to-Customer): Kommunikation zwischen einem Unternehmen und seinen Kunden. Dies umfasst beispielsweise das Zurverfügungstellen von Transaktionsmöglichkeiten, Shoppingmöglichkeiten, Dienstleistungen, Informationen und Lernangeboten.
- B2B (Business-to-Business): Transaktionen und Zusammenarbeit zwischen zwei oder mehreren Unternehmen.

Eine solche Kombinationsmatrix mag als Spielerei angesehen werden, und viele Beziehungskombinationen werden wohl auch keine Bedeutung erlangen resp. liegen (noch) außerhalb des Einflussbereiches eines Unternehmens. Andere jedoch (hellgrau) können Grundlagen für neue Geschäftsfelder werden (z. B. E to C: Die intensivierte Zusammenarbeit zwischen Mitarbeitern und Kunden eines Unternehmens oder B to P: Neue Wege und Möglichkeiten im Bereich Public Relations und Corporate Branding durch die Nutzung neuer elektronischer Kanäle) oder zeigen an, wo auch mögliche Gefahrenfelder (kursiv) entstehen (z. B. Co to E: Wenn die Konkurrenten die Möglichkeit erhalten, gute Mitarbeiter des eigenen Unternehmens abzuwerben oder I to Co: Wenn die Investoren des eigenen Unternehmens mit der Konkurrenz zu kooperieren beginnen).

2.1.2 Das Umfeld einer E-Learning-Strategie

Nebst der Charakteristik einer E-Learning-Strategie muss auch das Umfeld untersucht und verstanden werden, in dem sich eine solche E-Learning-Strategie zu bewähren hat. Dieses Umfeld wird maßgeblich durch die gegenwärtige wirtschaftliche und gesellschaftliche Transformation geprägt. Ziel des folgenden Kapitels ist es, die Treiber dieser Entwicklung zu skizzieren, nach den Auswirkungen zu fragen, die dies für ein Unternehmen hat, den Kompetenzenbedarf zu eruieren, der sich daraus ableitet und schließlich die Anforderungen zu beschreiben, die sich damit für eine E-Learning-Strategie ergeben. Eine zusammenfassende Übersicht vermittelt dazu Abbildung 2-31. Die einzelnen Bestandteile dieser Übersichtsgrafik sind zur Illustration in die folgenden Teilkapitel integriert worden.

2.1.2.1 Treiber der wirtschaftlichen Transformation

Etwas plakativ ausgedrückt kann gesagt werden, dass das Umfeld einer E-Learning-Strategie maßgeblich durch die Digitalisierung der Wertschöpfungsprozesse und die damit zusammenhängende Transformation der Wirtschaft geprägt wird.

Die viel zitierte und weiterhin gültige Aussage, dass der Wandel die einzige Konstante in dieser Entwicklung ist, drückt pointiert aus, mit welchen Anforderungen Unternehmen und Mitarbeitende konfrontiert werden. Um diese Veränderungen zu bewältigen, genügt es nicht mehr, bewährte Methoden und Strategien lediglich zu intensivieren (im Sinne des «Mehr-Desselben-Konzeptes» [Watzlawick 1983, 27] oder der simplizistischen Problemlösungsstrategie «Work harder»); es müssen vielmehr Formen gefunden werden, wie man mit diesen Veränderungsprozessen kreativ umgeht («Work smarter, not harder»), dabei die eigene Innovationsfähigkeit steigert und Produkte und Dienstleistungen sowohl schnell als auch flexibel auf den Markt bringen kann (vgl. dazu nebst anderen [Hoffmann/Zilch 2000]).

Vor diesem Hintergrund gilt es, unabhängig von Größe, Art oder Branche eines Unternehmens, die bestehenden Aus- und Weiterbildungsprozesse zu hinterfragen und nach Möglichkeiten zu suchen, das oben skizzierte E-Learning-Potenzial nutzbringend einzusetzen.

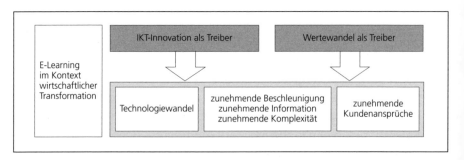

Abbildung 2-25: Die maßgeblichen Treiber der wirtschaftlichen Transformation

Die Menge der maßgeblichen Treiber (siehe Abbildung 2-25), die diese Entwicklung beeinflusst, lässt sich auf die beiden wichtigsten reduzieren.

2.1 Grundlagen einer E-Learning-Strategie

Einerseits sind es die raschen Innovationszyklen im Bereich der Informations- und Kommunikationstechnologien, die dazu führen, dass Unternehmen ständig mit neuen technischen Möglichkeiten und entsprechenden Optimierungsanforderungen konfrontiert werden. Andererseits vollzieht sich – bedingt durch diese technologischen Innovationen, aber auch beeinflusst durch andere Faktoren – ein gesellschaftlicher Wandel (vgl. z. B. [Bornschier 1998]), der für Unternehmen insofern relevant ist, als er zu einer Verschiebung der Werthaltungen und damit zu veränderten Kunden- und Mitarbeiteransprüchen führt. Egozentrismus (vgl. [Gross 1999]), Selbstbestimmung, Flexibilität, Hedonismus und größere Wahlmöglichkeiten (vgl. [Gross 1994]) umschreiben einige der zentralen Werte westlicher Wohlstandsgesellschaften, die das Kunden- und Mitarbeiterverhalten maßgeblich bestimmen[6].

Diese beiden Treiber – IKT-Innovation und Wertewandel – führen zu einer Reihe von Faktoren, die für den Unternehmenskontext und damit für die Entwicklung einer E-Learning-Strategie von zentraler Bedeutung sind:

– Technologiewandel:
  Kontinuierlich werden bestehende Technologien optimiert, neue Standards lanciert und neue Technologien entwickelt. Unterschiedliche Technologien wie Computersysteme, Mobil- und Satellitenkommunikation etc. konvergieren und erzeugen damit neue Anwendungsmöglichkeiten. Vor allem die kurzen IKT-Innovationszyklen führen zu einer Zunahme technologischer Diskontinuitäten und zu einem verschärften Wettbewerb, der sich in einer Verkürzung der Produktlebenszyklen, einer hohen Kapitalintensivität von neuen Innovationsinvestitionen und damit erhöhten Risiken manifestiert.

– Beschleunigung:
  Die verkürzten Innovations- und Produktelebenszyklen führen zu einer zunehmenden Beschleunigung, mit der neue Technologien und die damit zusammenhängenden Potenziale in Unternehmen eingesetzt und produktiv angewendet werden müssen.

- Informationsmenge:
  Eine weitere – generelle – Folgeerscheinung dieser Entwicklung ist die Zunahme der verfügbaren Informationsmenge einerseits und die damit zusammenhängende Abnahme der Halbwertszeit des Wissens andererseits.

- Komplexität:
  Die drei ersten Faktoren führen in Unternehmen, aber auch im Privatbereich zu einer Zunahme der Alltags- und Berufskomplexität, welche mit herkömmlichen Methoden, Organisationsstrukturen und Kompetenzprofilen kaum mehr bewältigt werden kann.

- Kundenansprüche:
  Bedingt durch den angesprochenen Wertwandel verändern sich auch die Ansprüche und Erwartungen der Kunden. Kunden tolerieren Lieferverzögerungen, Produktemängel, eingeschränkte Vielfalt etc. immer weniger. Entsprechen die Leistungen nicht den Vorstellungen, so sind die Produkte und Dienstleistungen der Konkurrenz «nur einen Klick weit entfernt» (vgl. [Cole/Gromball 2000]).

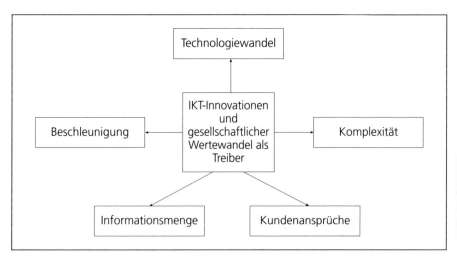

Abbildung 2-26: Auseinander strebende Treiber der wirtschaftlichen Transformation

Damit ergibt sich eine Situation, in der die verschiedenen Faktoren diametral auseinander zu driften scheinen (siehe Abbildung 2-26). Genau diese Konstellation muss aber von jedem Unternehmen bewältigt werden.

2.1.2.2 Die Auswirkungen auf ein Unternehmen

Diese fünf Faktoren, die von einem Unternehmen kaum oder nur marginal beeinflusst werden können, haben Auswirkungen, die sowohl die Wettbewerbssituation des Unternehmens als auch die Aus- und Weiterbildungsprozesse betreffen. Abbildung 2-27 fasst diese Auswirkungen mit ebenfalls fünf Begriffen zusammen. Dabei führt jeweils ein Faktor zu einer Erhöhung oder einer Veränderung der mit ihm korrespondierenden Auswirkung.

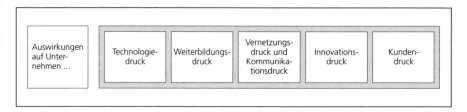

Abbildung 2-27: Auswirkungen auf Unternehmen

- Der Technologiewandel erhöht oder verändert den Technologiedruck:
  Der Technologiewandel erzeugt durch den raschen Wechsel von Produkte- und Systemgenerationen einen hohen Technologiedruck. Durch die sich ständig verändernden technischen Möglichkeiten sind Unternehmen gezwungen, ihre Geschäftsmodelle rasch und kontinuierlich den neuen Marktbedingungen anzupassen sowie ihre Geschäftsprozesse und Wertschöpfungsketten laufend weiter zu integrieren und zu digitalisieren. Dies erfordert entsprechende Infrastrukturen, Sicherheitskonzepte sowie eine permanente Überprüfung der eingesetzten Technologien.

- Die Beschleunigung erhöht oder verändert den Innovationsdruck:
  Die Beschleunigung, mit der dies zu geschehen hat, erhöht den In-

novationsdruck auf Produkte und Dienstleistungen und erfordert eine kontinuierliche Prozessoptimierung und einen ständig optimierten Ressourceneinsatz. Gleichzeitig erfordert es von den Mitarbeiterinnen und Mitarbeitern die Fähigkeit zur kontinuierlichen Veränderung und Anpassung an neue Bedingungen durch Lernprozesse, die evtl. das eigene Berufs- und Selbstverständnis in Frage stellen.

- Die Informationsmenge erhöht oder verändert den Weiterbildungsdruck:
  Auch die zunehmende Informationsmenge erhöht den Weiterbildungsdruck auf die Mitarbeiterinnen und Mitarbeiter eines Unternehmens. Einmal erlerntes Wissen hat nur noch einen begrenzten Nutzwert und muss durch neues Wissen ersetzt oder ergänzt werden. Dies erfordert nicht nur einen hohen Grad an Lernfähigkeit, sondern einen ebenso hohen Grad an Verlernfähigkeit[7].

- Komplexität erhöht den Vernetzungs- und Kommunikationsdruck:
  Die zunehmende Komplexität kann nur durch eine stärkere Vernetzung der Wissens- und Leistungsträger und durch dichtere Kommunikationsstrukturen innerhalb und außerhalb eines Unternehmens bewältigt werden, um Ressourcen gemeinsam zu nutzen, Synergien zu entwickeln und den Informationsfluss zwischen System (Unternehmen) und Umwelt (Umfeld des Unternehmens) zu intensivieren.

- Kundenansprüche erhöhen oder verändern den Kundendruck:
  Ein Bereich, in dem sich dichtere Kommunikationsstrukturen zwischen einem Unternehmen und seinen Anspruchsgruppen auszahlen könnten, ist der Bereich der Kundenbetreuung. Höhere Kundenansprüche erhöhen hier den Kundendruck und erfordern neue und differenziertere Kundenprozesse. Hier gilt es, E-Learning-Maßnahmen nach ihren Einsatzmöglichkeiten im Kundenbereich zu analysieren.

2.1.2.3 Der Lern- und Kompetenzenbedarf

Die Veränderungsfaktoren und die damit verbundenen Auswirkungen führen für alle Anspruchsgruppen eines Unternehmens zu einem erhöhten Lernbedarf und erfordern kontinuierliche Lernprozesse. Diese lassen sich nicht einfach durch eine Vermittlung von mehr Wissen und Informationen bewältigen. Vielmehr braucht es eine gezielte Vermittlung und Schulung unterschiedlicher Kompetenzen[8] (siehe Abbildung 2-28). Eine E-Learning-Strategie hat die Aufgabe, diese unterschiedlichen Kompetenzenbedürfnisse mit entsprechenden Maßnahmen zu befriedigen und zu fördern.

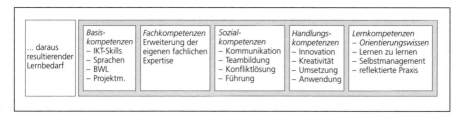

Abbildung 2-28: Vermittlung spezifischer Kompetenzen

- Basiskompetenzen:
  Die Transformation und Digitalisierung von Geschäftsprozessen, die stärkere Vernetzung mit anderen Unternehmen und Anspruchsgruppen sowie die globale Ausweitung der Geschäftstätigkeiten führen in erster Linie zu einem hohen Lernbedarf im Bereich der Basiskompetenzen. Dabei stehen die Schulung von IKT-Skills und die Einarbeitung in E-Business-Prozesse an erster Stelle, gefolgt von einer Erweiterung der Sprachkompetenzen, einer Fundierung der betriebswirtschaftlichen Grundlagenkenntnisse und des unternehmerischen Denkens sowie einer Vertiefung der Kompetenzen im Bereich des verteilten Projektmanagements.

- Fachkompetenzen:
  Im Bereich der Fachkompetenzen ist es erforderlich, dass alle Mitarbeiterinnen und Mitarbeiter die Möglichkeit erhalten, ihre fachli-

che Expertise gemäß einem individuell abgestimmten Karriere- und Entwicklungsplan kontinuierlich durch neue Lernmöglichkeiten zu erweitern. Dies erhält einerseits die Beschäftigungsfähigkeit (engl. *employability*, vgl. dazu [Sattelberger 1999]) der Mitarbeitenden und verstärkt andererseits die Bindung an das Unternehmen (engl. *retention*).

– Sozialkompetenzen:
Ein zunehmend global ausgerichtetes Tätigkeitsfeld und das Arbeiten in international zusammengesetzten Teams, die Fähigkeit zur Zusammenarbeit ohne klare hierarchische Regelungen (laterale Kooperation), die Fähigkeit, Konflikte aufzulösen, und der Anspruch, mit unterschiedlichen Anspruchsgruppen kommunizieren zu können, machen es erforderlich, dass Sozialkompetenzen im Bereich der (transkulturellen) Kommunikation, der Teambildung, der Konfliktlösestrategien und der lateralen Führung gefördert werden.

– Handlungskompetenzen:
Da nur konkrete Handlungen Ergebnisse erzeugen, gebührt der Handlungs- und Umsetzungskompetenz ein zentraler Stellenwert (vgl. [Wunderer/Bruch 2001]). Mitarbeitende müssen darin unterstützt werden, ihre Innovationskraft, ihre Kreativität und ihre Kompetenzen nicht nur als passives Wissen zu «verwalten», sondern in ergebnisorientierte Handlungen umzusetzen. Dies erfordert ein resultateorientiertes Führungsprinzip (vgl. dazu [Ulrich/Zenger/Smallwood 1999]), aber auch den Einsatz von aktions- und handlungsorientierten Lernmethoden wie *action learning* (vgl. dazu z.B. [Marquardt 1999] und [Smith 1999]) und eine durch Konzepte des *workplace learning* angeregte engere Verbindung von Lern- und Arbeitsprozessen (vgl. dazu z.B. [Boud/Garrick 1999] und [Prestoungrange/Sandelands/Teare 2000]). Aber auch der professionelle Einsatz verschiedener Office- und anderer IKT-Tools zur Optimierung alltäglicher Arbeitsprozesse und zur Unterstützung des Persönlichen Informations- und Wissensmanagements (vgl. Kapitel 3.3.2.3) muss beherrscht werden.

- Lernkompetenzen:
Schließlich gilt es, die Mitarbeiterinnen und Mitarbeiter darin zu unterstützen, den eigenen Lernstil zu verstehen und durch eine gezielte Methodik die Lernkompetenz zu professionalisieren. Dies umfasst auch die Kenntnis des eigenen Wissensprofils, die Fokussierung auf Orientierungswissen anstelle reinen Fachwissens sowie die Entwicklung eines individuellen Kompetenzenportfolios (persönlicher Entwicklungs- und Karriereplan). Dies ist nur möglich, wenn auch die Fähigkeit geschult wird, die eigenen Lern- und Arbeitsprozesse zu reflektieren und kritisch zu hinterfragen (vgl. dazu z.B. [Schön 1983] und [Imel 1992]).

2.1.2.4 Die Anforderungen an eine E-Learning-Strategie

Vor dem Hintergrund des beschriebenen wirtschaftlichen Transformationsprozesses, der damit verbundenen Auswirkungen und des entsprechenden Kompetenzen- und Lernbedarfs können nun Anforderungen an eine E-Learning-Strategie formuliert werden (siehe Abbildung 2-29). Die Nummern in der Grafik korrespondieren dabei mit den Nummern im nachfolgenden Text.

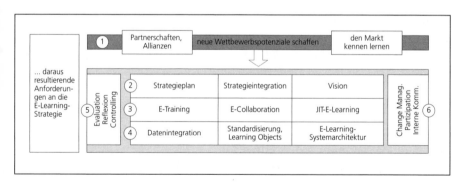

Abbildung 2-29: Anforderungen an eine E-Learning-Strategie

Die Anforderungen lassen sich in sechs Bereiche unterteilen:

1. Auftrag einer E-Learning-Strategie

a) Neue Wettbewerbspotenziale schaffen:
Es ist eine wesentliche Anforderung an eine E-Learning-Strategie, nicht nur Lernmöglichkeiten («Lernräume») innerhalb des Unternehmens zu unterstützen und mit elektronischen Mitteln zu erweitern, sondern darüber hinaus auch unternehmensübergreifende Lernmöglichkeiten zu schaffen, in die Kunden, Lieferanten, Partner und Investoren (und ggf. auch Konkurrenten) eingebunden werden können (vgl. [Barron 2000b], [Aldrich 2000c]). Dies schafft die Grundlage dafür, dass ein Unternehmen mit seiner Umwelt im Sinne des «Cluetrain Manifesto» kommuniziert (vgl. [Levine/ Locke/Searls et al 2000]). Kunden erhalten so Zugang zu Produkteschulungen und neuesten Produkteinformationen und liefern einem Unternehmen wichtige Informationen über Produkteakzeptanz, -verwendung und -verbesserungsmöglichkeiten. Lieferanten erhalten Einblick in die Anforderungen spezifischer Produktionsprozesse und können dadurch schneller auf neue Bedürfnisse reagieren. Partner nehmen teil an internen Schulungsprogrammen und bekommen Zugang zu internen Lösungen. Investoren können sich über die Entwicklung und den Geschäftsgang informieren. Konkurrenten werden dort eingebunden, wo ein kooperatives Vorgehen allen Beteiligten mehr Vorteile bringt als gegenseitige «Grabenkämpfe».

b) Partnerschaften/Allianzen:
Da es einerseits zu lange dauert und andererseits zu viel kostet, wenn E-Learning-Maßnahmen selber entwickelt und implementiert werden, müssen partnerschaftliche Beziehungen und Allianzen mit Produkte- und Dienstleistungsanbietern sowie mit anderen Unternehmen oder Universitäten aufgebaut werden. E-Learning-Systeme lassen sich evtl. sogar über eine Application-Service-Provider-Lösung (ASP) von mehreren Unternehmen gleichzeitig nutzen (vgl. Kapitel 1.3.2.3, Punkt 3).

c) Den Markt kennen:

Der Aufbau von Partnerschaften und Allianzen sowie die kontinuierliche Anpassung der E-Learning-Strategie an neue Entwicklungen erfordert eine gute Kenntnis des Anbieter- und Technologiemarkts (vgl. Kapitel 1.3).

2. Strategische Schwerpunkte:

a) Vision:
Die Umsetzung und Realisierung der Unternehmensziele durch E-Learning erfordert eine entsprechende Vision, die beschreibt, wie die Aus- und Weiterbildungsprozesse eines Unternehmens durch die Einführung von E-Learning-Maßnahmen beeinflusst und umgestaltet werden.

b) Strategieintegration:
Eine weitere Anforderung an eine E-Learning-Strategie ist, auf der Prozessebene die Integration in die E-Business- und die Personalstrategie des Unternehmens sicherzustellen (siehe Abbildung 2-23). Wie oben erwähnt, werden nicht nur Geschäftprozesse, sondern auch Personalprozesse zu-

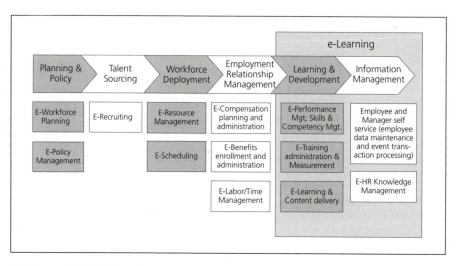

Abbildung 2-30: Digitale Human-Resources-Wertschöpfungskette (Quelle: PricewaterhouseCoopers 2000)

nehmend digitalisiert. Die elektronische Human-Resources-Wertschöpfungskette (E-HR Value Chain) umfasst dabei alle Prozesse von der Mitarbeiterrekrutierung, -einarbeitung und Personalentwicklung bis hin zu Aus- und Weiterbildung sowie Wissensmanagement. E-Learning deckt in dieser digitalen Human-Resources-Wertschöpfungskette einen maßgeblichen Teil ab (siehe als Beispiel Abbildung 2-30).

c) Strategieplan:
Für die Umsetzung der E-Learning-Maßnahmen ist ein strategischer Umsetzungsplan erforderlich, der, umfassend angelegt (*«think big»*), mit kleinen, begrenzten Pilotprojekten startet (*«start small»*) und die Erfahrungen schnell im größeren Maßstab umsetzt (*«scale fast»*).

3. Prozess- und methodenorientierte Schwerpunkte:

a) E-Training:
Eine E-Learning-Strategie muss in der Lage sein, Strukturen aufzubauen, die die Mitarbeitenden darin unterstützen, die Komplexität und die Anforderungen des beruflichen Alltags zu handhaben. Dazu sind strukturierte Lern- und Informationsangebote erforderlich, die Fach- und Orientierungswissen vermitteln und die die Reflexion von Lern- und Arbeitsprozessen unterstützen.

b) E-Collaboration:
Eine E-Learning-Strategie muss Strukturen schaffen, die die Kommunikations- und Vernetzungsmöglichkeiten des Unternehmens und des einzelnen Mitarbeitenden erhöhen. Um dies zu leisten, braucht es Maßnahmen, die kollaboratives Lernen und Arbeiten zwischen Mitarbeitenden, aber auch mit Kunden ermöglichen. E-Learning-Maßnahmen fokussieren darum nicht ausschließlich auf den individuellen Lernenden (wie im CBT-Paradigma), sondern auch auf die Lerngemeinschaft (erweitertes E-Learning-Paradigma).

c) Just-in-time-E-Learning:
Eine E-Learning-Strategie muss Strukturen schaffen, die den Mitarbeiten-

den größtmögliche Flexibilität bezüglich Zugang und Nutzung von E-Learning-Angeboten und Unternehmensressourcen bieten. Mobile Mitarbeiterinnen und Mitarbeiter müssen die Möglichkeit erhalten, auf mobile E-Learning-Ressourcen zugreifen zu können. Zudem sollen E-Learning-Maßnahmen dazu beitragen, Mitarbeitende am Arbeitsplatz kontext- und aufgabenspezifisch zu unterstützen, indem sie Technologien für «Performance Support» kennen und nutzen und Tools für das Persönliche Wissens- und Informationsmanagement beherrschen.

4. Technische Schwerpunkte:

a) Datenintegration:
Auf der IKT- und Systemebene ist es die zentrale Aufgabe, einen möglichst nahtlosen Datenfluss sicherzustellen. E-Learning-Systeme weisen z.B. Schnittstellen zu Skill-Management-Systemen, Content-Management-Systemen, Personal-Resource-Planning-Systemen sowie zu Enterprise-Resource-Planning-Systemen auf. Um diese Datenflüsse administrieren und nutzen zu können, ist eine größtmögliche Datenintegration durch die Verwendung einheitlicher Datenstandards anzustreben.

b) Standardisierung, Lernobjekte und Wissensobjekte:
Eine effiziente Produktion und Bereitstellung von aktuellen und qualitativ gut aufbereiteten Lerninhalten ist nur möglich, wenn sowohl die Produktionsprozesse als auch die dazu erforderlichen Lern- und Wissensobjekte weitgehend standardisiert und modularisierbar sind. Verschiedene Initiativen versuchen derzeit, sich auf entsprechende Standards zu einigen (vgl. Kapitel 4.4.1). Die Kompatibilität zu solchen Initiativen ist ein wichtiges Auswahlkriterium bei der Auswahl von Lerntechnologien.

c) E-Learning-Systemarchitektur aufbauen:
Eine E-Learning-Systemarchitektur legt fest, welche Infrastruktur und welche Lerntechnologien erforderlich sind, um die Mitarbeitenden mit Lern- und Informationsangeboten zu versorgen. Dazu gehören auch entsprechende Produktionsprozesse, die bestimmen, in welcher Weise Inhalte geliefert, erstellt und aktualisiert werden, so dass sie einerseits dem Anspruch

nach Aktualität und Qualität genügen, andererseits aber auch der Verhältnismäßigkeit der dafür aufgewendeten Mittel entsprechen.

5. Kontrollaspekte:

a) Evaluation:
Schließlich muss eine E-Learning-Strategie auch Angaben darüber machen können, wie E-Learning-Maßnahmen evaluiert und gemessen werden. Dies erfordert die Definition von Evaluations- und Messkriterien und die Festlegung entsprechender Evaluationsmethoden.

b) Controlling:
Projekt-Controlling-Maßnahmen überwachen die Kennzahlen und Meilensteine einzelner Projekte oder eines ganzen Projektportfolios.

c) Reflexion:
Ein letzter Kontrollaspekt umfasst Methoden zur Reflexion und kontinuierlichen Verbesserung von E-Learning-Maßnahmen, in die einerseits subjektive und kollektive Erfahrungen einfließen und die andererseits Evaluationsergebnisse und Kennzahlen berücksichtigen.

6. Change-Aspekte:

a) Change Management:
Da es sich bei der Umsetzung einer E-Learning-Strategie um einen Change-Prozess handelt (siehe Kapitel 2.2), muss eine E-Learning-Strategie auch entsprechende Change-Management-Maßnahmen umfassen.

b) Interne Kommunikation:
Ein wichtiger Faktor, um den Change-Prozess erfolgreich zu gestalten, ist ein transparenter Kommunikationsprozess, der gewährleistet, dass alle Beteiligten Zugang zu den Informationen über den Prozessverlauf der E-Learning-Maßnahmen erhalten und Möglichkeiten kennen, wo sie persönliche Fragen stellen und Informationen abrufen können.

2.1 Grundlagen einer E-Learning-Strategie

c) Partizipation:
Ein weiterer wichtiger Faktor, um den Change-Prozess erfolgreich zu gestalten und die Akzeptanz zu erhöhen, ist die Eröffnung von Partizipationsmöglichkeiten, die es interessierten Beteiligten erlauben, an der Gestaltung der E-Learning-Maßnahmen mitzuwirken.

Abbildung 2-31 fasst abschließend den Zusammenhang zwischen der wirtschaftlichen Transformation, den damit verbundenen Auswirkungen, dem Kompetenzen- und Lernbedarf sowie den daraus resultierenden Anforderungen an eine E-Learning-Strategie noch einmal grafisch zusammen.

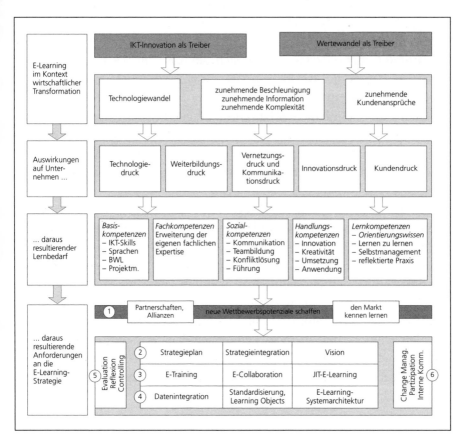

Abbildung 2-31: Zusammenfassung: Anforderungen an eine E-Learning-Strategie

2.2 E-Learning-Strategie als Change-Prozess

Die Entwicklung einer E-Learning-Strategie und die Einführung von E-Learning-Maßnahmen sind in erster Linie als ein Change-Prozess zu verstehen und müssen als solcher gestaltet und geführt werden (vgl. dazu [Doppler/Lauterburg 1997], [Jost 1998], [Kotter 1997]). Die Einführung von E-Learning bringt es mit sich, dass sich die Aus- und Weiterbildungsprozesse, aber auch die Arbeitsprozesse graduell oder massiv verändern, je nachdem, ob E-Learning nur als Ergänzung zu bestehenden Maßnahmen gesehen wird oder ob mit der Einführung von E-Learning Aus- und Weiterbildungsprozesse sowie Arbeitsprozesse grundlegend reorganisiert werden. Vor allem im letzteren Fall, der das eigentliche Potenzial von E-Learning freisetzen kann, sind eine sorgfältige Planung und kleine Schritte angezeigt (vgl. Kapitel 2.3.3, Strategieplan).

Im folgenden Kapitel wird es darum gehen, auf diejenigen Bereiche hinzuweisen, die durch die Einführung von E-Learning vor allem einer Veränderung unterworfen werden (Kapitel 2.2.1). Dabei stehen nicht – wie vielleicht erwartet – die Veränderungen von Organisationsstrukturen und Lernformen im Mittelpunkt, sondern vor allem die Veränderung und Transformation der Selbstverständnisse. Was unter Lernen, einem Kurs oder der Lernkultur des Unternehmens zu verstehen ist, muss neu definiert werden, und es muss gefragt werden, was dies für die eigene professionelle Identität bedeutet. In einem weiteren Teil sollen dann Hinweise gegeben werden, wie ein solcher Change-Prozess gestaltet werden könnte (Kapitel 2.2.2).

2.2.1 Transformation von Selbstverständnissen

Die Einführung von E-Learning-Maßnahmen führt dazu, dass bestehende Organisationsstrukturen und -abläufe sowie die damit verbundenen Funktions- und Wissensträger (z. B. Trainer und Experten) in Frage gestellt werden. Bewährte und eingespielte Verhaltensweisen in der Aus- und Weiterbildung, aber auch in den täglichen Arbeitsabläufen müssen unter Umständen verabschiedet werden, um neuen «Platz» zu machen. Es muss geklärt werden, was von den bestehenden Strukturen übernommen wird, wie neue Rollen und Positionen definiert werden und wer sich damit eher zu den «Gewinnern» resp. eher zu den «Verlierern» zählt. Von den Mitarbeitenden wird dabei verlangt, dass sie sich auf Neues einlassen, Unsicherheit ertragen und sich neue Kompetenzen und Verhaltensweisen aneignen. Dies erfordert einerseits einen hohen Grad an Ambiguitätstoleranz (vgl. [Keupp 1992, 178]), um mit unfertigen Situationen oder Problemen umgehen zu können, und andererseits – nebst der Fähigkeit Neues zu lernen – auch die Fähigkeit zum «Entlernen» ([Jost 1998, 154 f.] und [Simon 1997]). Dabei werden vor allem unterschiedliche Selbstverständnisse tangiert, die in Abbildung 2-32 zusammengefasst und im Folgenden beleuchtet werden sollen.

2.2.1.1 Lernverständnis

Durch die Einführung von E-Learning wird das Selbstverständnis davon, was Lernen und Weiterbildung bedeuten, in Frage gestellt. Dadurch, dass sowohl E-Learning-Maßnahmen als auch andere Formen des arbeitsplatzbezogenen Lernens wie *action learning* direkt am Arbeitsplatz selber stattfinden und nicht in externen Seminarhotels oder Schulungsräumen, konvergieren Lern- und Arbeitsprozesse zunehmend. Die klassischen Ausbildungskurse oder das Training von Skills bei einem internen oder externen Schulungsanbieter werden durch E-Learning-Kurse und -Angebote ergänzt oder ersetzt, die selbständig oder in einer Lerngemeinschaft direkt am Arbeitsplatz absolviert werden können.

102　2. Teil　Strategien: Die strategische Vernetzung von Lernen und Arbeiten im Unternehmen

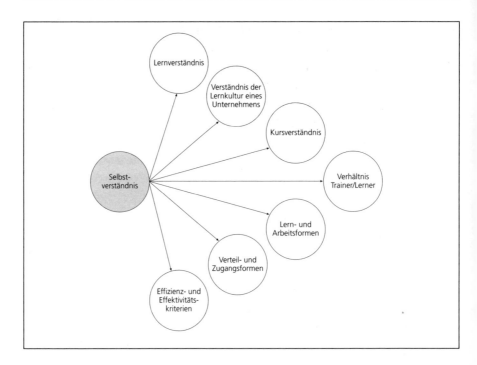

Abbildung 2-32: Transformation von Selbstverständnissen

Der unternehmensweite Kurskatalog, aus dem man sich «bedienen» konnte, wird durch individuelle Lernmaßnahmen ergänzt oder ersetzt, die stärker auf die spezifischen Bedürfnisse von Mitarbeitenden oder Arbeitsteams zugeschnitten sind und von der Personalentwicklung selber oder von externen Bildungsdienstleistern speziell für die Bewältigung eines spezifischen Arbeitsplatzproblems oder das Schließen einer Kompetenzenlücke entwickelt und angeboten werden. Lernprozesse finden damit immer weniger periodisch über das Jahr verteilt und ausgeklammert von der normalen Arbeitszeit statt, sondern *just-in-time* und eingebettet in die Arbeitszeit.

　　Der Einsatz von E-Learning-Maßnahmen darf aber nicht dazu führen, dass die Mitarbeitenden ihre Lernzeiten in die Freizeit verschieben müssen, nur weil es ihnen nicht möglich ist, sich während der Arbeitszeit «auszuklinken». Parallel zur Einführung von E-Learning-Maßnahmen muss auch das Verhältnis von Lern- und Arbeitszeiten neu geregelt und organisiert werden. Diese Neuregelung und Reorganisation kann durch Konzepte des *workplace learning* (vgl. [Teare/Davies/Sandelands 1999], [Boud/Garrick 1999]) angegangen werden. Wenn jedes Lernangebot einen Bezug zu den Anforderungen und Aufgabenstellungen des Arbeitsplatzes aufweist, dann fällt auch die wechselseitige Integration einfacher. Lernangebote, die keinen direkten Bezug zum Arbeitsplatz aufweisen, da sie z. B. Grundausbildung, Aufbaukurse oder Ähnliches umfassen, werden mit Vorteil nach wie vor *off-the-job* durchgeführt. Diese Neuregelung von Lern- und Arbeitszeiten ist ein komplexes Problem. Es erfordert nicht nur entsprechende Arbeits- und Organisationsstrukturen, sondern verlangt auch von den Mitarbeitenden, dass sie ihre Lernbedürfnisse kennen, diese nachfragen können und fähig sind, ihre Arbeits- und Lernzeiten optimal aufeinander abzustimmen. Die Rede vom *life long learning* oder von der *learning organisation* findet hier ihren konkreten und komplizierten Niederschlag.

2.2.1.2 Lernkultur

Mit dieser Veränderung der Lern- und Arbeitsformen muss auch eine entsprechende Veränderung der Lernkultur einhergehen[9].

Rosenberg weist auf die zentrale Bedeutung der Lernkultur hin, wenn es darum geht, E-Learning-Maßnahmen neu einzuführen (vgl. [Rosenberg 2001, 180 ff.]). Grundsätzlich kann gesagt werden, dass mit der Einführung von E-Learning-Maßnahmen die Selbstverantwortung für die Erhaltung und Erweiterung des eigenen Kompetenzenprofils steigt. Aus- und Weiterbildung wird zunehmend zu einer «Hol-Schuld».

Mit der Einführung von E-Learning-Systemen steigen aber auch die Kontrollmöglichkeiten. Die Akzeptanz seitens der Mitarbeitenden hängt davon ab, wie dieses Verhältnis von Selbstverantwortung und Kontrolle kommuniziert wird und wie die Mitarbeitenden ihrerseits die E-Learning-Maßnahmen bewerten. Wenn die E-Learning-Maßnahmen in der Wahrnehmung der Mitarbeitenden vor allem dazu führen, die Arbeitsbelastung und die Kontrolle am Arbeitsplatz zu erhöhen, dann ist die Akzeptanzwahrscheinlichkeit relativ gering. Mehr Selbstverantwortung für die eigenen Aus- und Weiterbildungsprozesse muss einhergehen mit mehr Möglichkeiten zur Selbstorganisation und Selbststeuerung der Lern- und Arbeitszeiten. Gleichzeitig muss ein solches initiatives Lernverhalten gefördert, unterstützt, angeleitet und wertgeschätzt werden. Die Mitarbeitenden müssen im Sinne einer «Ermöglichungsdidaktik» [Arnold 1996] dazu befähigt werden, in verstärktem Maße selbständige Lernende zu werden, die mit der Vielzahl der Möglichkeiten, die sich durch die Einführung von E-Learning-Maßnahmen bieten, professionell umzugehen wissen.

Damit eine solche Lernkultur, die ein selbstgesteuertes Lernverhalten ins Zentrum stellt, glaubwürdig ist, muss sie die Lernenden durch eine Reihe von Maßnahmen entsprechend unterstützen. Dies umfasst z. B. individuelle Beratungsangebote für Aus- und Weiterbildungsprozesse, Orientierungshilfen in Form von Leitlinien, Lern- und Karrierepfaden, Kursangebote für selbstgesteuertes Lernen sowie entsprechende Mentoring- und Coaching-Angebote.

2.2.1.3 Kursverständnis

In einem klassischen Lernumfeld hat ein Kurs einen klar definierten Anfang und einen ebensolchen Abschluss. Kurse werden zu Programmen zusammengefasst, zu denen man sich über einen Kurskatalog anmelden kann. Hat man sie absolviert, so können sie innerlich «abgehakt» werden, und man kann wieder zum Tagesgeschäft übergehen. Im Umfeld von E-Learning erhält das, was man unter einem Kurs versteht, dagegen ein völlig anderes Gesicht. Klar definierte Kurse werden zwar auch im Rahmen von E-Learning-Maßnahmen angeboten, aber gleichzeitig werden auch Lernräume gestaltet, die keine zeitliche Begrenzung aufweisen und einer Lerngemeinschaft als Lern- und Wissensumschlagsplatz dienen.

Durch E-Learning-Maßnahmen wird es möglich, dass Lernmöglichkeiten in alle Arbeitsprozesse diffundieren und damit das klassische Kursdenken in Frage stellen. Lernangebote und Kurse können – bei entsprechender Berechtigung – je nach Bedürfnis im Baukastensystem selber zusammengestellt und absolviert werden. Konzepte der *mass customization* (vgl. [Pine/Davis 1999]) erlauben dabei die Konfiguration und Skalierung maßgeschneiderter Lernangebote für einzelne Mitarbeitende, ausgewählte Arbeitsteams oder das ganze Unternehmen.

2.2 E-Learning-Strategie als Change-Prozess

2.2.1.4 Verhältnis zwischen Trainer und Lernenden

Durch die Einführung von E-Learning verändern sich die Rollen aller Beteiligten. Die Trainer oder Experten, die in einem Präsenzseminar durch ihre Expertise, ihr Auftreten und ihre Erfahrung überzeugten, sehen sich im virtuellen Raum mit ganz anderen Voraussetzungen konfrontiert. Die Einführung von E-Learning-Maßnahmen erfordert aus diesem Grund auch spezifische Schulungsmassnahmen für Trainer und Experten. Die computervermittelte Kommunikation verlangt ein anderes Kommunikationsverhalten und einen anderen Umgang mit Lernprozessen. Viele implizit geteilte Verhaltensformen aus dem Klassenzimmerumfeld können nicht auf den virtuellen Raum übertragen werden. Dies kann bei den Beteiligten Unsicherheit erzeugen, eröffnet aber auch Möglichkeiten, um die Aufgaben- und Rollenverteilung zwischen Lernenden sowie Trainern und Experten neu zu gestalten (vgl. dazu ausführlicher [Bursian/Bendel/Isler et al. 2001]).

2.2.1.5 Lern- und Arbeitsformen

Durch einen zunehmend digitalisierten Arbeitsplatz wird es allen Mitarbeitenden ermöglicht, unabhängig von Zeit und Ort zu arbeiten, zu lernen, auf Unternehmensressourcen zuzugreifen, sich für neue Projekte in virtuellen Teamnetzwerken zusammenzuschliessen sowie Arbeits-, Lern- und Freizeit vermehrt selber zu gestalten und zu verwalten. Damit etablieren sich zunehmend neue Arbeitsformen und -regelungen wie:
– Arbeiten in virtuellen, organisationsübergreifenden Teams
– Arbeiten und Lernen von zu Hause aus
– Arbeiten und Lernen während Geschäftsreisen
– Neuverteilung der Arbeitszeit durch flexible Arbeitszeitmodelle wie z. B. eine Lebensarbeitszeitregelung

Die Integration dieser Möglichkeiten und die Freisetzung des darin enthaltenen Potenzials bezüglich neuer Lern- und Arbeitsformen ist ein Innovationsprozess, dem viel Experimentier- und Erfahrungsraum eingeräumt werden sollte.

2.2.1.6 Verteil- und Zugangsformen

Durch die Einführung von E-Learning werden auch Verteil- und Zugangsformen zu Lernangeboten verändert. Ein großer Vorteil der elektronischen Datenhaltung und -verteilung ist die Möglichkeit, Daten ständig auf dem neuesten Stand zu halten. Damit kommt E-Learning dem Anspruch nach aktueller und authentischer Weiterbildungs- und Informationsmöglichkeit entgegen. Lernangebote können gebündelt über Lernportale (siehe Kapitel 4.3) angeboten und auf unterschiedliche Devices wie PDAs, Mobiltelefone und Pocket-PCs übertragen werden. Dies zieht ganz andere Formen der Inhaltsproduktion nach sich. Inhalte werden z. B. erst zur Laufzeit generiert, wenn auf ein Lern- oder Informationsangebot zugegriffen wird, sie werden periodisch aktualisiert oder vom Lernenden selbständig erzeugt, indem z. B. Suchabfragen in einem Retrieval-System gestartet werden.

Ein weiterer damit zusammenhängender Aspekt betrifft das Thema Modularisierung und Standardisierung. Durch die voranschreitenden Standardisierungsbemühungen (siehe Kapitel 4.4.1) wird es künftig einfacher, spezifische Lern- und Informationsprogramme aus bestehenden Modulen aufzubauen und diese – bei Bedarf – wieder in anderen Angeboten zu verwenden.

2.2.1.7 Effizienz- und Effektivitätskriterien

Die Einführung von E-Learning geschieht häufig in erster Linie aus Effektivitäts-, Effizienz- sowie aus Wettbewerbsgründen. Dadurch, dass in einem E-Learning-System alle Daten über Nutzungszeit, Nutzungsmuster etc. digital vorliegen, sind bessere und exaktere Formen der Effektivitäts- und Effizienzmessung möglich. Der Umgang mit diesen Daten hat aber sehr sorgsam zu geschehen. Dienen sie hauptsächlich der Kontrolle und Überwachung, werden rasch Wege gefunden, um diese Daten entsprechend zu manipulieren. Vielmehr sollen diese Daten dazu verwendet werden, Investitionen sinnvoll zu planen, Ergebnisse zu messen, Lernprogramme sowie didaktisch-methodische Prozesse zu verbessern und Fehler und Unzulänglichkeiten schnell zu erkennen und zu beheben.

2.2.2 Gestaltung des Change-Prozesses

Diese breite Transformation von Selbstverständnissen macht deutlich, dass die Einführung von E-Learning-Maßnahmen nicht ein technisches Implementierungsprojekt ist, sondern in erster Linie ein sozialer Prozess, der bei allen Beteiligten Unsicherheit und Befürchtungen, aber auch übertriebene Erwartungen und unrealistische Idealvorstellungen erzeugen kann. Dies manifestiert sich in einer Reihe typischer Fragen, die mit der Einführung von E-Learning-Maßnahmen aufgeworfen werden:
- Was ist E-Learning?
- Warum brauche ich persönlich E-Learning? Was bringt mir das?
- Was ändert sich durch die Einführung von E-Learning für mich?
- Werde ich künftig stärker kontrolliert? Welche Daten können aufgezeichnet werden und werden aufgezeichnet?
- Welche neuen Anforderungen werden an mich gestellt?
- Welche neuen Qualifikationen brauche ich?
- Wie verbessert oder erleichtert sich dadurch meine Arbeitssituation?
- Bin ich dazu fähig, die neuen Angebote zu nutzen? Wo erhalte ich Hilfe und Unterstützung?
- Wie nutze ich die Angebote am besten und wie integriere ich sie in meine täglichen Arbeitsprozesse?
- Fallen durch E-Learning die Seminare und anderen Möglichkeiten weg, in denen ich meine Berufskollegen und -kolleginnen *face-to-face* treffen konnte?

Solche Fragen müssen bei der Einführung von E-Learning-Maßnahmen durch das Management und die Projektleitung schlüssig beantwortet sowie durch entsprechende Maßnahmen glaubwürdig flankiert werden. Werden die Fragen bereits in einer frühen Phase beantwortet, entschärfen sie damit mögliches Widerstandspotenzial. Werden sie nicht beantwortet, so drohen sie sich in latenten Widerstand zu verwandeln und führen dazu, dass die E-Learning-Angebote nicht genutzt werden und die E-Learning-Maßnahmen damit längerfristig scheitern.

Weitere Aspekte, die dazu beitragen, den Einführungsprozess erfolgreich zu gestalten, lassen sich in drei Bereiche einteilen (Abbildung 2-33):

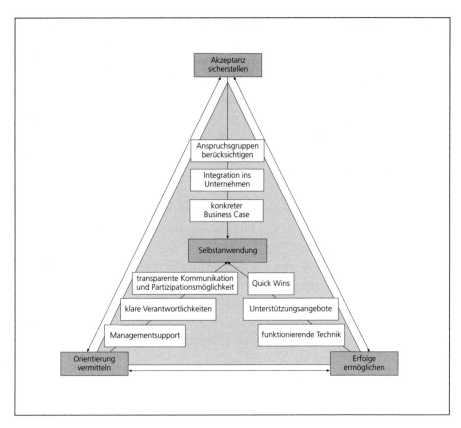

Abbildung 2-33: Gestaltungselemente des Change-Prozesses

Akzeptanz sicherstellen:
1. Anspruchsgruppen mit einbeziehen: Es ist wichtig, dass das Strategieteam, welches für den Strategieprozess verantwortlich zeichnet, sich aus Vertreterinnen und Vertretern aller Anspruchsgruppen zusammensetzt, die von den einzuführenden E-Learning-Maßnahmen betroffen sind. Nur so kann gewährleistet werden, dass von Anfang an entsprechende Akzeptanz durch die Berücksichtigung unterschiedlicher Anliegen geschaffen wird. Dazu gehören auch die Anliegen und Ansichten der «Pioniere», die in Eigeninitiative Projekte aufgebaut, Systeme implementiert und Erfahrungen gesammelt haben. Ein solches interorganisationales Strategieteam wird mit Vor-

2.2 E-Learning-Strategie als Change-Prozess

teil durch weitere Vertreter externer Anspruchsgruppen ergänzt, wenn E-Learning-Angebote auch von Kunden, Partnern, Lieferanten und Investoren genutzt und akzeptiert werden sollen. Ein dergestalt heterogen zusammengesetztes Strategieteam ist eine gute Ausgangsbasis für die Gestaltung von Lernräumen und das Generieren von «Gesprächsmöglichkeiten» (im Sinne des «Cluetrain Manifesto») zwischen den verschiedenen Anspruchsgruppen eines Unternehmens.

2. Integration ins Unternehmen: Ebenso wichtig ist die Integration der E-Learning-Maßnahmen in die bestehenden Strukturen eines Unternehmens, die entsprechend modifiziert werden müssen. Viele E-Learning-Maßnahmen scheitern daran, dass sie zu wenig in die bestehenden Unternehmensprozesse und Strukturen eines Unternehmens eingebunden sind und es ihnen darum an Unternehmensbezug und Verbindlichkeit mangelt.

3. Business Case: E-Learning-Maßnahmen werden dann akzeptiert, wenn sie die Lösung für ein aktuelles Problem oder Bedürfnis sind. Aus diesem Grund sollten E-Learning-Maßnahmen mit einem konkreten Business Case verbunden werden, der auch Schlussfolgerungen darüber zulässt, welcher Beitrag an der Problemlösung den eingesetzten E-Learning-Maßnahmen zufällt.

Orientierung vermitteln:

1. Managementsupport: Jeder wichtige Change-Prozess in einem Unternehmen muss vom Management unterstützt und geführt werden (vgl. dazu [Kotter 1997]). Das Strategieteam braucht darum einen entsprechenden Sponsor aus dem Top-Management, der die nötige Verfügungsmacht besitzt, Strukturen zu verändern und Investitionen zu tätigen sowie die Notwendigkeit von Change-Prozessen einsieht und diese auch vertreten kann.

2. Klare Verantwortlichkeiten: Damit die Turbulenzen eines Change-Prozesses überschaubar bleiben, müssen klare Verantwortlichkeiten verteilt werden, so dass festgelegt ist, wer für welche Aufgaben zuständig ist.

3. Transparente Kommunikation: Die Beantwortung der oben angeführten Fragen ist Teil einer umfassenden Kommunikationskam-

pagne, die parallel zur Entwicklung und Umsetzung einer E-Learning-Strategie durchgeführt wird. Mitarbeitende sollten laufend die Möglichkeit haben, sich über die Vorgänge und Projektmaßnahmen zu informieren und positive wie negative Erfahrungen an das Strategieteam rückmelden zu können. Dies betrifft vor allem Mitarbeitende, deren Selbstverständnis maßgeblich durch die Einführung von E-Learning betroffen ist, wie Trainer, Kursentwickler und Lernplanentwickler. Entsprechende Schulungen sind bereits in diesem Stadium einzuplanen (vgl. zur Bedeutung von Kommunikations- und Feedbacksystemen in Change-Prozessen [Doppler/Lauterburg 1997, 124 f.]).

Erfolge ermöglichen:
1. Quick Wins: Die E-Learning-Maßnahmen müssen so eingeführt werden, dass schnell erste Erfolgserlebnisse gemacht und kommuniziert werden können. Ebenso muss aber auch die Möglichkeit gegeben sein, Schwierigkeiten schnell zu artikulieren und zu beheben. Durch ein solches Vorgehen, das sich durch klare Kommunikation, schnelle Verbesserungen und den Ausweis von Erfolgen auszeichnet, wird eine Vertrauensbasis geschaffen, die eine Skalierung der Maßnahmen in größerem Maßstab zuläßt (vgl. dazu [Doppler/Lauterburg 1997, 89 ff.]).
2. Unterstützungsangebote: Des Weiteren müssen die Mitarbeiterinnen und Mitarbeiter darin unterstützt werden, die E-Learning-Angebote so zu nutzen, dass sie dazu beitragen, die individuelle Lern- und Arbeitsleistung zu verbessern. Dies erfordert Schulungsmaßnahmen, in denen aufgezeigt wird, wie E-Learning-Maßnahmen in die Arbeitsprozesse integriert werden, sowie entsprechende Coaching- und Supportmaßnahmen.
3. Funktionierende Technik: Schließlich beruht der Erfolg auf einer funktionierenden Technik. Alle Bemühungen nutzen nichts, wenn technische Probleme und Mängel auftreten, die eine effiziente und effektive Nutzung der E-Learning-Angebote verhindern.

Selbstanwendung:
Diese drei Bereiche konvergieren im Anspruch der «Selbstanwendung». Oft ist es so, dass diejenigen Personen, die über E-Learning-Maßnahmen und über die Auswahl und den Einsatz von Lerntechnologien entscheiden, selbst nur wenig konkrete Erfahrungen damit haben. Die Professionalität eines E-Learning-Angebots, die Tauglichkeit einer Lerntechnologie, die Anwendungsmöglichkeiten eines E-Learning-Systems oder die Coaching-Bedürfnisse einer virtuellen Lerngemeinschaft können vom Strategieteam nur abgeschätzt werden, wenn seine Mitglieder selber über umfassende praktische Erfahrungen verfügen und dadurch beurteilen können, mit welchen neuen Anforderungen Mitarbeitende durch die Einführung von E-Learning-Maßnahmen konfrontiert werden. Diese Erfahrungsgrundlage kann nur durch die praktische Nutzung von E-Learning-Angeboten, die Durchführung umfangreicher Useability-Tests sowie die Auswertung von Pilotprojekten aufgebaut werden. Auf diese Weise zeigt sich auch – lange bevor der große Roll-out stattfindet –, ob die E-Learning-Maßnahmen auf einen konkreten Business Case passen und damit in der Lage sind, ein spezifisches Problem oder ein konkretes Bedürfnis zu lösen bzw. zu befriedigen.

2.3 E-Learning-Strategieprozess

Grundsätzlich wird ein E-Learning-Strategieprozess in jedem Unternehmen anders aussehen. Ein idealtypischer Strategieprozess, wie er hier entfaltet wird, kann eine spezifische Ausformulierung nicht ersetzen, möchte aber dazu beitragen, den jeweiligen individuellen Strategieprozess eines Unternehmens zu strukturieren und zu unterstützen. Der hier vorgestellte E-Learning-Strategieprozess setzt sich aus sechs Komponenten zusammen, denen die folgenden Teilkapitel entsprechen (siehe Abbildung 2-34):

- Ausgangslage (Kapitel 2.3.1)
- Vision (Kapitel 2.3.2)
- Strategieplan (Kapitel 2.3.3)
- Strategieumsetzung (Kapitel 2.3.4)
- Kommunikationsprozess (Kapitel 2.3.5)
- Controlling und Evaluation (Kapitel 2.3.6)

Die Entwicklung und Umsetzung eines E-Learning-Strategieprozesses wird von einem Sponsor aus dem Top-Management getragen und von einem Strategieteam gestaltet und geführt. Die Qualität jeder Strategie-Komponente und der Übergang zur nächsten wird jeweils von einem Auditteam überprüft. Dieses Auditteam setzt sich ebenfalls aus Vertreterinnen und Vertretern der unterschiedlichen Anspruchsgruppen sowie aus externen Expertinnen und Experten zusammen.

Als Referenzrahmen für eine E-Learning-Strategie gelten sowohl die Unternehmensstrategie und damit die Markt- und die Wettbewerbssituation des Unternehmens (Referenzrahmen 1) als auch die mit der E-Learning-Strategie in Beziehung stehenden anderen Funktionalstrategien (Referenzrahmen 2).

2.3 E-Learning-Strategieprozess

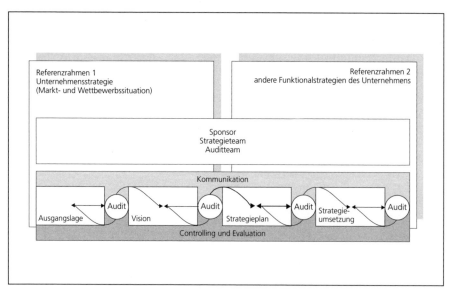

Abbildung 2-34: Überblick über den Strategieprozess

2.3.1 Ausgangslage

Die erste Phase des Strategieprozesses umfasst eine ausführliche Datenerhebung. Diese muss sowohl die Ausgangslage innerhalb des Unternehmens erfassen als auch eine Umfeldanalyse zur Situation außerhalb des Unternehmens durchführen. Ziel dieser Datenerhebung ist es, die Ausgangspositionen zu kennen und eine Datengrundlage zu schaffen, die später Auskunft über Erfolge und Misserfolge sowie über veränderte Umfeldbedingungen geben kann. Auf der Basis dieser Datengrundlage kann ein «E-Learning-Radar» (Abbildung 2-35) aufgebaut werden, der sowohl Steuerungsfunktionen übernimmt («Erreichen wir mit unseren E-Learning-Maßnahmen die Ziele, die wir uns gesetzt haben?») als auch neue «schwache Signale» [Krystek/Müller-Stevens 1993] anzeigt, die von Bedeutung sein könnten («Zeichnen sich Marktveränderungen ab, die in Zukunft andere Kompetenzprofile erfordern?», «Gibt es Marktentwicklungen, die uns veranlassen, die E-Learning-Strategie zu ändern?»).

Dabei gilt es zwischen retrospektiven und prospektiven Daten zu unterscheiden. Retrospektive Daten fokussieren auf Erfahrungen und Daten der Vergangenheit, die mit entsprechender Vorsicht extrapoliert werden können, um Entwicklungen in der Zukunft zu beschreiben. Prospektive Daten dagegen fokussieren ihrerseits auf Entwicklungen in der Zukunft, die auf die Gegenwart antizipiert werden, um Entscheidungen wie Kostenentwicklung, Personalplanung oder die Entscheidung für eine Lerntechnologie besser abzustützen.

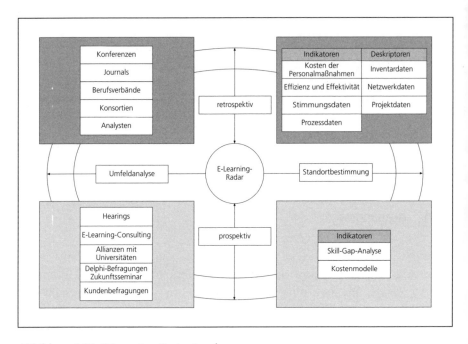

Abbildung 2-35: E-Learning-Strategieradar

2.3.1.1 Ausgangslage innerhalb eines Unternehmens: Standortbestimmung

Die Standortbestimmung dient dazu, sowohl retrospektive als auch prospektive Daten über die Situation innerhalb des Unternehmens bezüglich technologiebasierten Lern- und Arbeitsformen zu erheben.

Die generelle Fragestellung der retrospektiven Standortbestimmung lautet: «Wie werden unsere Mitarbeiterinnen und Mitarbeiter heute aus- und weitergebildet? Was geschieht bereits in Bezug auf E-Learning?

2.3 E-Learning-Strategieprozess 115

Welche Grundlagen stehen dazu zur Verfügung?» Die retrospektive Datenerhebung ist kein trivialer Prozess. Um Aufwand und Ertrag optimal aufeinander abzustimmen, muss festgelegt werden, welche Daten mit welchen Mitteln erhoben werden. Dazu muss zwischen den Daten unterschieden werden, die als Indikatoren für das Strategiecontrolling und die Audit-Verfahren verwendet werden sollen, und den Daten, die der einmaligen Deskription der Ausgangslage dienen (siehe Abbildung 2-36).

Indikatoren	Deskriptoren
Kosten der Personalmaßnahmen	Inventardaten
Effizienz und Effektivität	Netzwerkdaten
Stimmungsdaten	Projektdaten
Prozessdaten	

Abbildung 2-36: Retrospektive Datenerhebung innerhalb eines Unternehmens

Daten, die auch künftig eine Indikatorenfunktion übernehmen sollen, müssen dabei sorgfältiger erhoben werden als Daten, die mehr einem einmaligen deskriptiven Zweck dienen. Um aussagekräftige Daten über künftige E-Learning-Maßnahmen zu erhalten, müssen die Personalmaßnahmen erfasst werden, die durch E-Learning-Maßnahmen ergänzt oder ersetzt werden sollen. Vor allem die Daten mit Indikatorfunktion sollten – wenn möglich – in einer messbaren Form erfasst werden. Dies können quantitative oder qualitative Messgrößen sein. Damit wird eine Datenbasis geschaffen, mit der später die Auswirkungen aller Maßnahmen – Erfolge wie Misserfolge – gemessen, beurteilt und optimiert werden können.

Diese Messgrößen fließen zusammengefasst in den «Return on Education» ein (vgl. Kapitel 2.3.7), der darüber Auskunft zu geben vermag, in welcher Weise E-Learning-Investitionen zum Geschäftserfolg beitragen.

Bei der retrospektiven Datenerhebung im Unternehmen lassen sich folgende Typen von Daten unterscheiden:

Daten mit Indikatorenfunktion (werden wiederverwendet)
- Die Kosten der Bildungsmaßnahmen werden durch eine Gesamtkostenrechnung erhoben:
  «Was kosten unsere Bildungsmaßnahmen in dem Bereich, in dem E-Learning-Maßnahmen künftig eingesetzt werden sollen? Welche Bereiche davon sollen durch E-Learning-Maßnahmen ersetzt oder ergänzt werden? Welche Kosten werden dadurch wegfallen (z. B. Reduktion der Reisekosten und des Arbeitszeitausfalls etc.), welche werden voraussichtlich dazukommen (z. B. Lizenzkosten, Umschulungskosten, Produktionskosten etc.)?»
- Die Effizienz- und Effektivitätsdaten werden durch die Auswertung der Bildungsmaßnahmen ermittelt:
  «Wie lange dauern durchschnittlich unsere Bildungsmaßnahmen in dem für die künftigen E-Learning-Maßnahmen relevanten Bereich? Wie effizient und effektiv sind diese Bildungsmaßnahmen? Wie werden sie zurzeit gemessen und ausgewiesen? Welche dieser Daten und Messmethoden lassen sich auf E-Learning-Maßnahmen übertragen?»
- Die Stimmungs- und Einschätzungsdaten werden durch eine Mitarbeiterbefragung erhoben:
  «Wie beurteilen unsere Mitarbeiter die bestehenden Bildungsmaßnahmen? Welche Einstellungen haben sie gegenüber E-Learning-Maßnahmen? Welche Erfahrungen haben sie damit schon gemacht? Welche Einstellung hat die Trainerorganisation gegenüber E-Learning?»
- Prozessdaten werden durch eine Prozessmodellierung ermittelt:
  «Wie erneuern wir zurzeit unsere Kompetenzenbasis? Welche Möglichkeiten haben unsere Mitarbeiter, ihr Kompetenzprofil weiterzuentwickeln? Durch welche Prozesse werden sie darin unterstützt?»

2.3 E-Learning-Strategieprozess

Daten mit Deskriptionsfunktion (werden einmalig verwendet)
- Inventardaten
«Welche Systeme und Produkte für technologiebasiertes Lernen werden zurzeit eingesetzt? Wie sehen unsere Infrastruktur und die Arbeitsplatzausstattung der Mitarbeiter aus? Wie viele ‹Dateninseln› bestehen im Personalbereich? Wie gut funktioniert der Datenaustausch mit Unternehmensapplikationen (z.B. die Anbindung bestehender E-Learning-Systeme an Personalplanungs- oder ERP-Systeme)?»
- Netzwerkdaten
«Mit welchen Produkte- und Dienstleistungsanbietern bestehen bereits Beziehungen? Welche Abhängigkeiten haben sich daraus ergeben? Welche Erfahrungen sind damit gemacht worden?»
- Projektdaten
«Welche E-Learning-Projekte gibt es in unserem Unternehmen schon? In welchem Status befinden sich diese? Welches sind dabei die maßgeblichen Wissensträger und Initianten? Über welche Kostenstellen sind die existierenden Projekte abgerechnet worden? Welche Erfahrungen sind in diesen Projekten gemacht worden? Was lässt sich von diesen Projekten übernehmen?»

Die generelle Fragestellung der prospektiven Standortbestimmung lautet: «Über welche Kompetenzen müssen unsere Mitarbeiterinnen und Mitarbeiter in Zukunft verfügen? Welche Rolle spielt dabei E-Learning, und welche Kosten werden dabei entstehen?»

Bei der prospektiven Datenerhebung im Unternehmen lassen sich folgende Datenquellen unterscheiden (siehe Abbildung 2-37):

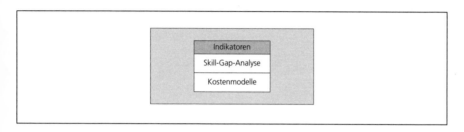

Abbildung 2-37: Prospektive Datenerhebung innerhalb eines Unternehmens

- Skill-Gap-Analyse oder Bildungsbedarfsanalyse
 Die Erhebung der künftig wichtigen Kompetenzen muss ebenfalls von einem E-Learning-Radar erfasst werden. Dazu müssen die aktuellen Kompetenzen der Mitarbeiterinnen und Mitarbeiter und der Kompetenzenbedarf des Unternehmens eruiert werden, so dass die beiden Bereiche aufeinander bezogen werden können. Damit soll deutlich gemacht werden, in welchen Bereichen Kompetenzlücken bestehen und durch welche Maßnahme diese geschlossen werden können. Auch hier geht es darum, nicht eine einmalige Erhebung durchzuführen, sondern Strukturen zu schaffen, die neue Kompetenzanforderungen und Kompetenzlücken auch künftig erkennen lassen und innerhalb derer entsprechende Maßnahmen eingeleitet werden können (z. B. durch ein Skill-Management-System oder entsprechende *competency models*[10]).

- Kostenmodelle
 Die zu erwartenden Kosten, die durch die E-Learning-Maßnahmen verursacht werden, müssen in einem eigenen Kostenmodell erfasst werden. Dabei können bereits durchgeführte E-Learning-Projekte als Maßstab dienen. Vorschläge für allgemeine Kostenmodelle und -berechnungen haben auch [Bates 1999, 122 ff.], [Bates 1995, 37 ff.], [Kerres 2001, 116 ff.] u. a. vorgelegt (siehe dazu auch Kapitel 2.3.3).

2.3.1.2 Ausgangslage außerhalb eines Unternehmens: Umfeldanalyse

Die Umfeldanalyse dient dazu, sowohl retrospektive als auch prospektive Daten über die Situation im Umfeld eines Unternehmens bezüglich technologiebasierten Lern- und Arbeitsformen zu erheben (siehe Abbildung 2-38).

2.3 E-Learning-Strategieprozess

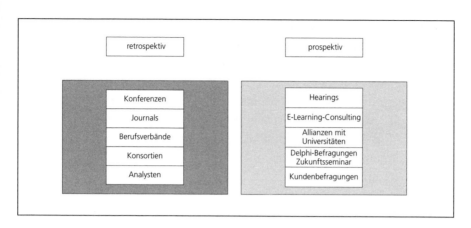

Abbildung 2-38: Retrospektive und prospektive Datenerhebung außerhalb eines Unternehmens

Die zentralen Fragestellungen einer solchen Umfeldanalyse lauten dabei:
- Welches sind die möglichen Produkte- und Dienstleistungsanbieter?
- Welches sind relevante Technologie- und Marktentwicklungen?
- Welche Firmen praktizieren *best practices* und können als Benchmarking- oder Sparring-Partner dienen?
- Was machen unsere Partner und Konkurrenten im Bereich E-Learning?
- Welche Strategien und Konzepte setzen sie um? Mit wem arbeiten sie zusammen?
- Welche Erfahrungen haben sie gemacht?
- Gibt es Möglichkeiten für einen Austausch von Konzepten und Erfahrungen?
- Welche Konsequenzen lassen sich aus der Umfeldanalyse für die eigene E-Learning-Strategie ableiten?

Auch für diese Fragestellungen lassen sich retrospektive und prospektive Datenquellen unterscheiden.

Als retrospektive Datenquellen, die einen guten Überblick über Produkte, Technologien und *best practices* geben, bieten sich Fachkonferenzen, Journals sowie die Angebote von Berufsverbänden an. Eine sehr wichtige Informationsquelle ist auch die Teilnahme an Konsortien oder – speziell für den E-Learning-Bereich – die Teilnahme an Standardisierungsinitiativen. Einen guten Überblick bieten auch verschiedene Analystenreports wie Gartner Group oder IDC sowie die Marktanalysen von spezialisierten E-Learning-Consultants wie MASIE Center, Brandon Hall, Hamprecht oder EduVentures (vgl. Kapitel 1.4). Des Weiteren gibt es eine Reihe kostenloser Informationsmöglichkeiten[11], die einen guten und ständig aktualisierten Überblick über Trends und Entwicklungen im E-Learning-Bereich vermitteln.

Prospektive Datenquellen, die über den *state-of-the-art* hinausweisen, können sich durch die Zusammenarbeit mit Universitäten erschließen, die den Zugang zu Forschungsprojekten und theoretischen Ansätzen eröffnen. Auch die Organisation von Hearings, zu denen Fachexpertinnen und -experten eingeladen werden, eröffnen Datenquellen. Weitere Zugänge zu künftigen Entwicklungen erschliessen sich durch die Durchführung von Delphi-Befragungen, eine Methode, bei der eine Runde von Expertinnen und Experten in einem iterativen Prozess künftige Szenarien entwirft, oder durch die Durchführung von Zukunftsseminaren (engl. *future workshops*), in denen zusammen mit Vertreterinnen und Vertretern aller Anspruchsgruppen mögliche Szenarien entwickelt werden (vgl. dazu [Schlange/Sütterlin 1997]). Schließlich können auch die E-Learning-Dienstleistungen etablierter Beratungsunternehmen oder diejenigen spezialisierter E-Learning-Consultants in Anspruch genommen werden.

2.3.2 Vision

Das Strategieteam hat als nächsten Schritt im Prozess der Strategieentwicklung die Aufgabe, eine E-Learning-Vision zu entwickeln. Eine E-Learning-Vision dient dazu, das Big Picture zu malen, welches aufzeigt, in welcher Art und Weise E-Learning-Maßnahmen dazu beitragen sollen, die Erreichung der Unternehmensziele resp. der individuellen und persönlichen Ziele zu unterstützen. Eine E-Learning-Vision setzt sich dabei aus verschiedenen Komponenten zusammen, die im Folgenden erläutert werden (siehe Abbildung 2-39).

2.3 E-Learning-Strategieprozess

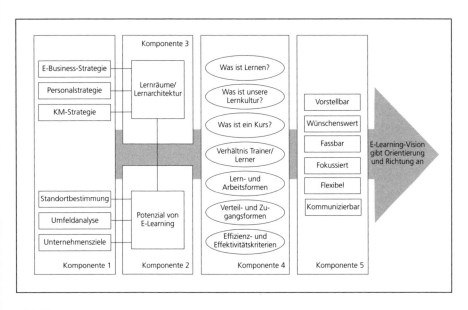

Abbildung 2-39: Komponenten einer E-Learning-Vision

Komponente 1: Kontext
Eine E-Learning-Vision muss so formuliert sein, dass sie sich an den Unternehmenszielen orientiert, gleichzeitig die Anforderungen und Bedürfnisse der Personal-, der E-Business- und der Wissensmanagement-Strategie berücksichtigt und die erhobenen Daten aus der Standortbestimmung sowie der Umfeldanalyse mit einbezieht. Dies umfasst auch die Berücksichtigung der bereits bestehenden E-Learning-Initiativen in einem Unternehmen. Der Bezug zu diesen Strategien und Daten legt sowohl den Kontext als auch die Legitimationsgrundlage einer E-Learning-Vision fest.

Komponente 2: Potenzial von E-Learning
Als zweite Komponente muss eine E-Learning-Vision das Potenzial von E-Learning kennen und zu entfalten wissen. Als wichtigste E-Learning-Potenziale gelten dabei:
– die Vernetzungsmöglichkeiten: Durch die Implementierung von E-Learning-Systemen oder die Nutzung einer ASP-Lösung ist es möglich, die verschiedensten Anspruchsgruppen eines Unternehmens in Lernräumen miteinander in Verbindung zu bringen.

- die Zugriffsmöglichkeiten: Durch die rund um die Uhr verfügbare E-Learning-Infrastruktur ist es möglich, den verschiedenen Anspruchsgruppen ständig aktualisierte lern- und informationsbezogene Dienstleistungen anzubieten.
- die Möglichkeiten der Personalisierung: Durch die Erfassung detaillierter Anwenderprofile können Lernangebote an individuelle Bedürfnisse angepasst werden.
- die vereinfachten Aktualisierungsmöglichkeiten: Durch die digitale Datenhaltung ist es möglich, neue Informationen oder Änderungen *just-in-time* anzubieten.
- die Modularisierung: Durch die Standardisierung von Lerninhalten ist es möglich, diese in unterschiedlichen Modulen zu kombinieren und dem spezifischen Lernbedürfnis einer Anspruchsgruppe anzupassen.
- die Kostenverschiebung: Durch E-Learning-Maßnahmen reduzieren sich gewisse Kosten wie Reisekosten, Arbeitszeitausfallkosten, Druckkosten etc. Diese Kosten können für effektivere und effizientere Lernangebote eingesetzt werden.
- die Eröffnung neuer Handlungsfelder: Schließlich wird es durch E-Learning-Maßnahmen erstmals möglich, relativ einfach Kunden, Partner, Lieferanten, Investoren und evtl. auch Konkurrenten unternehmensspezifische Lernangebote anzubieten.

Diese Potenziale, die sich mit der Einführung von E-Learning-Maßnahmen eröffnen, müssen in einer E-Learning-Vision entsprechend repräsentiert sein, um damit strategische Vorteile realisieren zu können.

Komponente 3: Lernräume/Lernarchitektur
Als dritte Komponente werden die E-Learning-Potenziale dafür verwendet, Lernräume zu definieren, in denen eine bestimmte Anspruchsgruppe ihre spezifischen Lern- und Informationsbedürfnisse abdecken kann. Lernräume lassen sich ihrerseits zu einer unternehmensweiten Lernarchitektur zusammenfassen. Dieser zentrale Aspekt wird in Kapitel 3 ausführlicher erläutert.

2.3 E-Learning-Strategieprozess

Komponente 4: Change-Aspekte
Eine E-Learning-Vision sollte die in Kapitel 2.2 aufgeworfenen Fragestellungen wenigstens zum Teil beantworten können, um das Informations- und Orientierungsbedürfnis aller durch die Einführung von E-Learning-Maßnahmen Betroffener zu befriedigen.

Komponenten 5: Eigenschaften
Schließlich muss eine E-Learning-Vision so formuliert und kommuniziert werden, dass sie akzeptiert und verstanden wird. Gemäß Kotter lässt sich eine Vision folgendermaßen charakterisieren: «Eine Vision besitzt die Kraft, ein Bild der Zukunft mit einer deutlichen oder subtilen Botschaft zu verknüpfen, warum Menschen sich um die Gestaltung dieser Zukunft bemühen sollten. Eine plausible Vision dient drei wichtigen Zwecken. Erstens stellt sie die generelle Richtung des Wandels klar, und indem sie etwas unternehmensspezifisch Vergleichbares wie das Folgende vermittelt: ‹In wenigen Jahren müssen wir uns südlicher von dem Punkt befinden, an dem wir jetzt stehen›, vereinfacht sie Abertausende von detaillierteren Entscheidungen. Zweitens motiviert sie Menschen dazu, Schritte in die richtige Richtung zu tun, auch wenn die ersten für jeden schmerzvoll sind. Drittens hilft sie dabei, die Handlungen tausender unterschiedlichster Menschen bemerkenswert schnell und effizient zu koordinieren.» [Kotter 1997, 99]

Eine E-Learning-Vision hat also einen hohen Anspruch zu erfüllen. Sie muss sowohl Start, Richtung und Ziel vorgeben als auch einen Zeitraum definieren, in welchem dieses Ziel erreicht sein sollte. Sie muss alle Beteiligten dazu motivieren, die Richtung, das Ziel sowie die Mittel für diese Zielerreichung zu bejahen, und sie hat schließlich die Aufgabe, unterschiedlichste Handlungen so zu koordinieren, dass sie sich auf die gemeinsame Zielerreichung ausrichten.

Dies gelingt nur, wenn die E-Learning-Vision Eigenschaften aufweist, die allgemein für erfolgreiche Visionen gelten. Eine solche Vision ist nach Kotter:
– «Vorstellbar: Vermittelt ein Bild, wie die Zukunft aussieht.
– Wünschenswert: Berücksichtigt die langfristigen Interessen der Mitarbeiter, Kunden, Aktionäre und anderer, die am Leistungsprozess beteiligt sind.

- Fassbar: Umfasst realistische, erreichbare Ziele.
- Fokussiert: Ist deutlich genug, um bei der Entscheidungsfindung Hilfestellung zu geben.
- Flexibel: Ist allgemein genug, um unter dem Aspekt veränderlicher Bedingungen individuelle Initiativen und alternative Reaktionen zuzulassen.
- Kommunizierbar: Ist einfach zu kommunizieren; kann innerhalb von fünf Minuten erfolgreich erklärt werden.» [Kotter 1997, 103]

2.3.3 Strategieplan

Die Vision bildet den Orientierungsrahmen für die Konkretisierung einzelner Projekte oder ganzer Programme. Welche E-Learning-Maßnahmen in welchen Zeiträumen umgesetzt werden sollen, ist Aufgabe eines Strategieplans.

Die Vision kann dabei weit umfassender sein als das, was mit einem Strategieplan konkret realisiert wird. Aber durch den Bezug zur E-Learning-Vision sind auch kleinere Projekte in einen größeren Zusammenhang gestellt. Damit können unterschiedliche Teilprojekte kohärent zueinander in Bezug gesetzt werden, da sie sich alle an der übergeordneten Strategie ausrichten. Mit jedem Teilprojekt können weitere Aspekte der Vision realisiert werden und an die Erfahrungen und Ergebnisse anderer Teilprojekte anknüpfen.

Für die Umsetzung von Projekten oder Teilprojekten muss ein Strategieplan folgende Komponenten umfassen (siehe Abbildung 2-40):

1. Einen zeitlichen Rahmenplan (Projektmanagement), der festlegt, welche Projektschritte in welchen Zeiträumen realisiert werden sollen.
2. Einen finanziellen Rahmenplan, der festlegt, welches Gesamtbudget für ein Projekt resp. ein Teilprojekt zur Verfügung steht und für welche Bereiche dieses verwendet werden soll.
3. Die Spezifikation von einem oder mehreren Lernräumen (vgl. Kapitel 3), in denen ein Projekt umgesetzt werden soll. Je nach didaktischer Ausrichtung eines Lernraums ist ein entsprechendes Curriculum und eine didaktische Inszenierung (bei einem Fokus

auf E-Training), eine Dramaturgie bzw. ein Community-Entwicklungskonzept (bei einem Fokus auf E-Collaboration) oder ein Konzept für das «Empowerment» der Anwender durch die Entwicklung der Kompetenz, Technologien und Tools des Performance Support und Persönlichen Informations- und Wissensmanagements nützen zu können (bei einem Fokus auf Just-in-time-E-Learning), erforderlich.

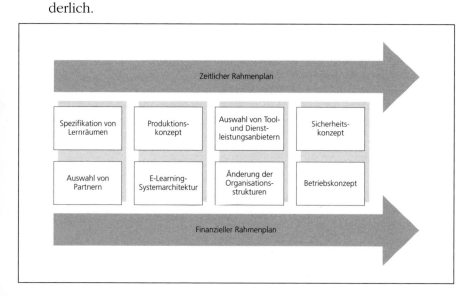

Abbildung 2-40: Übersicht über die Komponenten des Strategieplans

4. Kriterien für den Aufbau möglicher Partnerschaften mit anderen Unternehmen, die ebenfalls E-Learning-Maßnahmen planen und realisieren und die als Benchmarking- oder Sparring-Partner für den Austausch von *best practices* dienen könnten.
5. Ein Produktionskonzept, das festlegt, wie die Produktion bzw. die Verteilung und die Aktualisierung von Inhalten (u.a. Lern- und Wissensobjekten) organisiert sind.
6. Eine Übersicht über die E-Learning-Systemarchitektur, die aufzeigt, in welcher Weise E-Learning-Systeme mit anderen Systemen aus dem Personalbereich (Personalplanungssysteme, Skill-Management-Systeme), dem Wissensmanagement-Bereich (Dokumentenma-

nagementsysteme, Knowledge Communities) und dem E-Business-Bereich (E-Commerce-Applikationen, Customer-Relationship Management-Systeme) vernetzt sind und wie der Datenfluss sowie die Datenintegration zwischen diesen Systemen geregelt werden.
7. Kriterien für die Auswahl von Produkte- und Dienstleistungsanbietern für die Bereiche Lerntechnologien, Inhalte (*content provider*), Methodik und Didaktik sowie Beratung.
8. Angaben über notwendige Änderungen oder Umstellungen der Arbeits- und Organisationsstrukturen.
9. Ein Sicherheitskonzept, das die Rechte und Verantwortlichkeiten rund um die einzusetzenden E-Learning-Angebote regelt sowie die Datenzugriffe von E-Learning-Systemen auf andere Unternehmensressourcen kontrolliert. Ein Sicherheitskonzept umfasst des Weiteren auch Überlegungen zum Thema Daten- und Persönlichkeitsschutz.
10. Ein Betriebskonzept, das die Verfügbarkeit der E-Learning-Systeme im 7x24-Stunden-Betrieb gewährleistet.

1. Zeitlicher Rahmenplan:
Der zeitliche Rahmenplan legt fest, welche Projekte in welchen Zeiträumen realisiert werden sollen. Da es sich bei der Einführung von E-Learning-Maßnahmen um einen Lernprozess mit vielen unbekannten Variablen handelt, bewährt sich ein iteratives Vorgehen in kleinen Schritten, in denen es möglich ist, Teilaspekte eines Projekts schnell umzusetzen und damit Erfahrungen zu sammeln, die dann in die weitere Projektrealisierung einfließen können. Da es sich bei E-Learning-Projekten auch um IKT-orientierte Projekte handelt, sollte jedes Teilprojekt von der Konzeption über die Realisierung bis zur Auswertung einen Zeitraum von ungefähr drei bis sechs Monaten umfassen. Dieser Zeitrahmen hat sich beispielsweise auch im Bereich von E-Business-orientierten Projekten bewährt. Die Projektrealisierung soll in erster Linie dazu dienen, möglichst rasch konkrete Erfahrungen zu sammeln, die dann kontinuierlich in die weitere Planung mit einbezogen werden können.

2. Finanzieller Rahmenplan:

Eine weitere Komponente des Strategieplans ist der finanzielle Rahmenplan. Der finanzielle Rahmenplan legt die zu erwartenden Kosten fest. Um ein umfassendes Kostenmodell zu entwickeln, sind folgende Kostenfaktoren zu berücksichtigen (Abbildung 2-41):

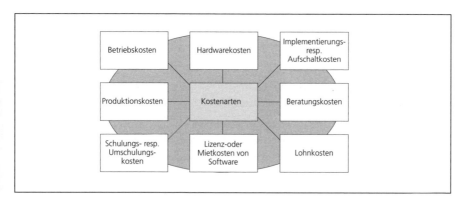

Abbildung 2-41: Kostenfaktoren

a) Die Kosten für die Software:
- Der Kauf von Software: Hier fallen Lizenzkosten an, die sich meistens in eine Grundgebühr und eine Nutzungsgebühr pro Anwender aufteilen. Dabei wird zwischen einer *concurrent licence* oder einer *named licence* unterschieden. Erstere bestimmt, wie viele Anwender gleichzeitig das System nutzen dürfen, letztere dagegen legt namentlich fest, welche Personen ein E-Learning-System nutzen dürfen. Oft erweist sich eine *concurrent licence* als flexibler einsetzbar.
- Die Miete von Software: Hier fallen Mietkosten an, die jährlich oder monatlich entrichtet werden müssen. Dabei spielt es keine Rolle, welche Personen oder wie viele Anwender das E-Learning-System nutzen.
- Die Herstellung eigener Software resp. von Softwarekomponenten: Hier fallen Entwicklungs- und Produktionskosten an. Da diese fast immer höher sind als die Kauf- oder Mietkosten, wird diese Lösung nur dann gewählt, wenn bereits selbst entwickelte E-Learning-Sys-

teme bestehen oder wenn z. B. eine Datenschnittstelle zwischen einem E-Learning-System und einer unternehmensspezifischen Applikation zu entwickeln ist.
- Die Miete der gesamten Serviceleistung über einen Education Service Provider (ESP): Hier handelt es sich um die Anwendung des ASP-Modells (engl. *application service provider*) auf den Lern- und Ausbildungsbereich (vgl. Kapitel 1.3.2.3, Punkt 3). Obwohl zurzeit ASP-Lösungen eher kritisch beurteilt werden, scheint gerade der E-Learning-Bereich für einen solchen Lösungsansatz gut geeignet zu sein. Das Outsourcing von E-Learning-Systemen ist nicht ganz so kritisch wie dasjenige von ERP-Systemen. E-Learning-Systeme können auch verteilt implementiert werden, so dass sich kritische Daten im Intranet befinden, der Zugang zum E-Learning-System aber via Internet, Extranet oder Virtual Private Network erfolgt. Softwareinstallation, Wartung, Betrieb und Sicherheit können auf diese Weise outgesourcet werden. Als Kunde fokussiert man sich auf die direkte und schnelle Nutzung einer E-Learning-Dienstleistung, ohne sich um technische Konzepte, Implementierung und Wartung kümmern zu müssen.

b) Die Kosten für die Hardware:
Hier fallen je nach Softwarevariante Kosten für Server und Serverwartung sowie Kosten für die Ausstattung der Computerarbeitsplätze der Mitarbeiter an.
- Werden die Dienste eines ESP-Anbieters in Anspruch genommen, fallen Serverbeschaffungs- und Serverwartungskosten meistens weg, es sei denn, die Server müssen aus sicherheitspolitischen Überlegungen im Intranet des Unternehmens betrieben werden.
- Die Kosten für die Ausstattung der Computerarbeitsplätze orientieren sich am Ressourcenbedarf der E-Learning-Systeme. Künftig werden Mitarbeiter über voll multimediataugliche Computerarbeitsplätze verfügen müssen, die zudem an schnelle Netzwerke angeschlossen sind, wenn sie z. B. synchrone Lerntechnologien nutzen wollen.
- Netzwerkkosten: Kosten für die Erweiterung und den Betrieb der Netzwerkinfrastruktur inklusive der dazu benötigten Software und

Netzwerkkarten und der entsprechenden Implementations- und Konfigurationskosten.

c) Implementierungs- und Aufschaltkosten:
Bei der Implementierung eines E-Learning-Systems im unternehmenseigenen Intranet oder Extranet fallen zusätzlich die Kosten für die Installation, die Konfiguration und den Testbetrieb an.

d) Die Kosten für die Inhaltsproduktion:
Die unternehmenseigene Produktion von Inhalten kann – wie die Produktion eigener Software – sehr viele Kosten verursachen. Aus diesem Grund gilt es hier besonders abzuwägen, wann sich das Produzieren eigener Inhalte rechtfertigen lässt und wann auch hier auf die Dienstleistungen von professionellen Inhaltsanbietern (engl. *content provider*) zurückgegriffen wird (siehe «Produktionskonzept»). Je spezifischer oder sensibler die Lerninhalte jedoch sind, desto eher wird man sich dazu entschließen müssen, sie selber zu produzieren bzw. sie in Kooperation mit einem Content Provider produzieren zu lassen. Für viele Grundbedürfnisse wie IKT-Training, BWL-Grundlagen, Einführung in Projektmanagement, elementare Trainings im Bereich der Sozialkompetenzen etc. können dagegen Standardinhalte betriebsbereit eingekauft werden.

e) Schulungs- oder Umschulungskosten:
Anwenderinnen und Anwender müssen in der Verwendung und Nutzung der E-Learning-Angebote geschult und unterstützt werden. Ebenso müssen Trainer und Experten auf ihre Tätigkeiten in einer virtuellen Lernumgebung vorbereitet werden. Trainer und Experten, die in einem Online-Umfeld arbeiten, brauchen Kenntnisse und konkrete Erfahrungen bezüglich Instructional Design, Teaching, Coaching, Community Building und Community-Betreuung sowie bezüglich Aktualisierung, Anpassung und Wartung von E-Learning-Systemen. Unterschiedliche private wie öffentliche Dienstleistungsunternehmen bieten bereits Schulungen und Zertifikatskurse für angehende Online-Trainer und -Tutoren an[12].

f) Betriebskosten
Als Betriebskosten gelten alle Kosten, die aufgewendet werden müssen,

um die Verfügbarkeit eines E-Learning-Systems im 7x24-Stunden-Betrieb sicherstellen zu können. Darunter fallen auch die Kosten für Backups, Sicherheit sowie für Fall-Back-Systeme, die bei Bedarf aktiviert werden können.

g) Lohnkosten:
Den wohl größten Anteil betreffen die Lohnkosten. Überall, wo Personen eingesetzt werden, fallen hohe Kosten an. Aus diesem Grund gilt es abzuwägen, in welchen Bereichen *self-paced-training* eingesetzt werden kann und wo, wann und in welcher Weise die Unterstützung durch Experten, Trainer, Coaches oder einen technischen Support notwendig und erforderlich ist.

h) Beratungskosten:
Schließlich sind auch die Beratungskosten einzuberechnen, die aufgewendet werden müssen, um externe Beratungsdienstleistungen von E-Learning-Consultants resp. E-Learning-Integrators einzukaufen.

3. Spezifikation von Lernräumen:
Nebst den Kosten, die bei der Realisierung von E-Learning-Maßnahmen eine wichtige Rolle spielen, geht es in einem Strategieplan vor allem darum, die Lernräume zu spezifizieren, in denen die E-Learning-Maßnahmen stattfinden sollen. Da dieses Thema in Kapitel 3 ausführlicher diskutiert wird, sollen hier nur einführende Gedanken erwähnt werden.

Jede E-Learning-Maßnahme hat einen spezifischen didaktisch-methodischen Schwerpunkt. Je nach Schwerpunkt ergeben sich daraus unterschiedlich strukturierte Lernräume:

– Lernräume, die vor allem dazu dienen, Lerninhalte zu vermitteln. Dies sind klassische Trainingsbereiche, die ein Curriculum sowie strukturierte Anleitungen erfordern (vgl. Kapitel 3.3.2.1, E-Training).
– Lernräume, die stärker auf kollaborative Lern- und Arbeitsformen ausgerichtet sind. Diese erfordern Konzepte zum Aufbau von Lern- und Arbeitsgemeinschaften sowie – wenn es sich um Events und E-Konferenzen handelt – die Erstellung einer Event-Dramaturgie oder eines *event storyboard* (vgl. Kapitel 3.3.2.2, E-Collaboration).
– Lernräume, die vor allem auf die Unterstützung des Mitarbeiters am

Arbeitsplatz ausgerichtet sind. Dies erfordert eventuell eine Analyse der Lern- und Arbeitsprozesse, um die Mitarbeitenden mit entsprechenden technischen und methodischen Mitteln unterstützen zu können (vgl. Kapitel 3.3.2.3, Just-in-time-E-Learning).

4. Auswahl von Partnern:
E-Learning-Maßnahmen lassen sich unter Umständen leichter zusammen mit einem Partnerunternehmen realisieren, da dadurch Kosten geteilt und Erfahrungen ausgetauscht werden können. Als ideale Partner bieten sich solche an, die in keinem Konkurrenzverhältnis zum eigenen Unternehmen stehen, ebenfalls daran sind, E-Learning-Maßnahmen zu konzipieren bzw. zu realisieren und über Fachkenntnisse verfügen, die im eigenen Unternehmen nicht vorhanden sind.

5. Auswahl und Produktion von Inhalten:
Bei der Auswahl und der Produktion von Inhalten muss einerseits entschieden werden, welche Inhalte für die Umsetzung eines E-Learning-Projekts benötigt werden, und andererseits, woher und in welcher Art diese Inhalte bezogen werden können.

Wichtig ist auch, auf die Trennung der generischen Struktur eines E-Learning-Angebots und des eigentlichen Inhalts zu achten. Dies ermöglicht es, Kursstrukturen relativ einfach und damit kostengünstig auf neue Themen zu übertragen. Z.B. kann die generische Struktur eines E-Learning-Kurses, der sich mit den Grundlagen im Bereich Finanzdienstleistungen befasst, in relativ kurzer Zeit auf andere Grundlagenthemen übertragen werden. Da die E-Learning-Angebote teilweise Lerninhalte betreffen werden, die zuvor durch klassische Trainings abgedeckt wurden, können bestehende Inhalte zum Teil auch übernommen werden. Diese müssen aber entsprechend modifiziert und medial aufbereitet werden, damit sie in einem E-Learning-System verwendet werden können.

Für die Auswahl und die Aufbereitung oder die Produktion von Inhalten spielen also folgende Faktoren eine entscheidende Rolle (siehe Abbildung 2-42):
– Finanzielle Mittel: Wie groß sind die finanziellen Mittel?
  Zuerst ist festzulegen, welche finanziellen Mittel spezifisch für die Inhaltsproduktion und -aufbereitung zur Verfügung stehen.

– Zeitfaktor: Wie schnell muss ein Inhalt verfügbar sein?
Steht nur sehr wenig Zeit für die Inhaltsproduktion und -aufbereitung zur Verfügung, so müssen Inhalte meist eingekauft oder können nur marginal angepasst und aufbereitet werden.

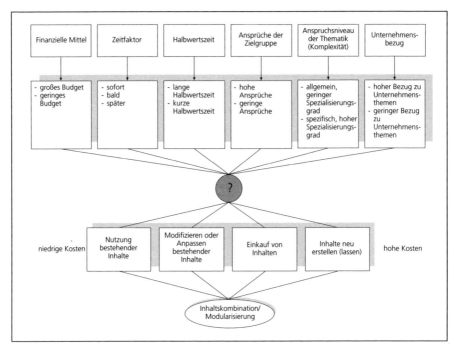

Abbildung 2-42: Entscheidungshilfe für die Produktion und Aufbereitung von Inhalten

– Halbwertszeit: Wie lang ist die Halbwertszeit eines Inhalts?
Je länger die Halbwertszeit eines Lerninhalts ist, desto mehr lässt sich eine aufwändige Produktion rechtfertigen. Kurze Halbwertszeiten erfordern dagegen auch kurze und kostengünstige Produktionsverfahren. Hier bieten sich z.B. einfache Courseware-Werkzeuge (z.B. Easy Generator) an, mit denen Trainer, Experten oder Mitarbeitende nach didaktischen und gestalterischen Leitlinien Inhalte selber produzieren können. Eine andere Möglichkeit, schnell und kostengünstig Inhalte mit hoher Authentizität zu erstellen, ist die Aufzeichnung von synchronen Lerneinheiten (mit synchronen

2.3 E-Learning-Strategieprozess

Lerntechnologien wie Centra, Interwise, Placeware etc.). Diese können nach Beendigung einer Lektion digital «geschnitten», nachvertont und zu neuen Lernmodulen zusammengesetzt werden.
- Ansprüche der Zielgruppe: Wie hoch sind die Ansprüche der Zielgruppe bezüglich multimedialer Aufbereitung?
Für jede Zielgruppe muss entschieden werden, welches die angemessenen Kosten sowie die adäquaten Stilmittel und Umsetzungsformen sind. E-Learning-Angebote für Lehrlinge erfordern eine andere didaktische und mediale Gestaltung als E-Learning-Angebote für das Top-Management. Auch hier muss gefragt werden, inwieweit die Lernenden in der Lage sind, ihre Lerninhalte selber zu bestimmen bzw. sogar selber herzustellen. Damit erhöht sich der Grad an Authentizität und Identifikation mit dem Lerninhalt und der Lernsituation und führt zu einer höheren Akzeptanz.
- Anspruchsniveau der Thematik: Wie viel Expertise erfordert die Thematik? Handelt es sich um ein allgemeines oder ein sehr spezifisches Thema?
Komplexe Themen verlangen einen höheren didaktischen und medialen Aufwand. Die finanziellen Mittel sollten dabei nicht einfach für teure Simulationen verwendet werden, sondern in die Suche und Umsetzung der effektivsten Darstellungs- und Präsentationsform investiert werden.
- Unternehmensbezug: Wie stark ist die Thematik auf unternehmensspezifische Details ausgerichtet?
Je stärker ein Inhalt auf ganz spezifische Unternehmensthemen ausgerichtet sein muss, desto höher wird der Aufwand für Produktion und Adaption sein. Gleichzeitig erhöht sich aber auch seine Authentizität, sein Arbeitsplatzbezug sowie sein Identifikations- und Einsatzpotenzial.

6. E-Learning-Systemarchitektur:
Unabhängig davon, welche Lerntechnologien und E-Learning-Systeme gekauft oder gemietet werden, muss vor allem darauf geachtet werden, dass sie in die IT-Systemarchitektur resp. die Applikationslandschaft des Unternehmens passen und den Datenaustausch zwischen den unterschiedlichen Systemen ermöglichen.

7. Auswahl von Tool- und Dienstleistungsanbietern:
Grundsätzlich kann gesagt werden, dass sich die Entwicklung einer eigenen Lerntechnologie für den Aufbau eines eigenen E-Learning-Systems kaum lohnt, da der dafür erforderliche Aufwand für die Wartung und die Weiterentwicklung zu hohe Kosten verursacht. Aus diesem Grund greifen die meisten Unternehmen auf die Lerntechnologien und Tools bekannter Hersteller zurück. Auch bei der Konzipierung, Umsetzung, Durchführung und Evaluation von E-Learning-Maßnahmen ist es oft sinnvoll, die Dienstleistungen eines dafür spezialisierten E-Learning-Consultants in Anspruch zu nehmen.

Kriterien und Fragestellungen für die Auswahl von Tools und Lerntechnologien sind:
– Wie komfortabel und mächtig sind die Administrationsmöglichkeiten (Benutzer- und Inhaltsverwaltung)?
– Welche Auswertungsmöglichkeiten gibt es (Reports)?
– Welche Ausbaumöglichkeiten sind realisierbar (Skalierung)?
– Werden die Vorschläge der verschiedenen Standardisierungsinitiativen berücksichtigt?
– Auf welchen Systemplattformen kann ein Tool oder ein System betrieben werden (Systemunabhängigkeit)?
– Wie umfassend und konfigurierbar sind die Sicherheitskonzepte?
– Gibt es mobile Zugriffsmöglichkeiten, um ein E-Learning-System auch auf mobilen Endgeräten zu nutzen?
– Welches sind die Hard- und Softwareanforderungen?
– Wie benutzungsfreundlich sind die User-Interfaces?

Kriterien und Fragestellungen für die Auswahl von Dienstleistungsanbietern sind:
– Was ist die Kernkompetenz des Anbieters?
– Was ist das Kernprodukt resp. die Kerndienstleistung des Anbieters?
– Über welche Referenzkunden verfügt der Anbieter?
– Ist es möglich, eine Testphase zu fahren, ein Testprodukt kennen zu lernen oder eine Testdienstleistung zu beanspruchen?
– Welches ist der Angebotsumfang?

- Wie lange ist der Anbieter schon auf dem Markt?
- Welche Allianzen pflegt der Anbieter selber?
- Wie flexibel und konkurrenzfähig sind seine Kostenmodelle?
- Wie flexibel und konkurrenzfähig sind seine Produkte und Dienstleistungen?
- Wie sieht der After-Sales-Service aus?
- Wird eine Education-Service-Provider-Lösung angeboten?

8. Änderungen der Organisationsstrukturen:
Eine große Herausforderung bei der Einführung von E-Learning-Maßnahmen ist die damit verbundene Veränderung und Anpassung der Organisationsstrukturen sowie der Lern- und Arbeitsformen. Viele E-Learning-Maßnahmen scheitern daran, dass sie nicht in die Arbeitsprozesse integriert werden. Weder besteht ein Konzept, wie E-Learning am Arbeitsplatz stattfinden soll, noch werden die Mitarbeitenden auf diese Problematik aufmerksam gemacht. Dies geschieht entweder aus Unwissen oder aus der Absicht heraus, Lernprozesse kostengünstig in die Freizeit der Mitarbeitenden abzuschieben.

E-Learning kann nur erfolgreich sein, wenn hier konkrete Lösungen gefunden werden, wie sich Arbeits- und Lernprozesse wechselseitig ergänzen. Aus Sicht des *workplace learning* gibt es verschiedene Varianten, wie Lern- und Arbeitsprozesse miteinander verknüpft werden können:
- In einer ersten Variante werden die Lernprozesse so strukturiert und auf den jeweiligen Arbeitsplatz zugeschnitten, dass sie sich nahtlos in den Arbeitsalltag eingliedern lassen. Lernen und Arbeiten sind dann weitgehend deckungsgleich. Ein E-Learning-Angebot wird in diesem Falle erst zusammengestellt oder kann erst absolviert werden, wenn Mitarbeitende einen konkreten Bedarf anmelden, der eine Verbindung zu den Alltagsarbeiten aufweist. Lernen wird dann auch immer weniger in Kursen, sondern vielmehr in selbstgesteuerter Form oder in moderierten Expertengemeinschaften stattfinden, in denen Lernprozesse dazu beitragen, ein konkretes Arbeitsplatzbedürfnis oder Arbeitsplatzproblem zu befriedigen oder zu lösen. Was in einem solchen Umfeld als «Lernen» im klassischen Sinne wahrgenommen wird, sind dann nur noch die expliziten Reflexionsphasen, in denen Lernprozesse und Lernergebnisse analysiert

und die *lessons learned* für das Unternehmen zusammengestellt werden.
– In einer zweiten Variante erhalten die Mitarbeitenden die Freiheit, ihre Arbeitszeit selber zu planen, so dass Lernzeiten dort positioniert werden können, wo sie am besten passen. Die Mitarbeitenden werden damit für die Planung und Strukturierung ihrer Weiterbildung weitgehend selber zuständig.

Weder die eine noch die andere Variante wird in Reinform vorkommen. Es wird sich vielmehr eine Mischform dieser beiden Varianten durchsetzen. Damit zeichnen sich auch zwei Trends ab. Mit der Einführung von E-Learning wird der Arbeitsplatzbezug der Weiterbildung stärker betont, und die Selbstverantwortung der Mitarbeitenden für ihre Weiterbildung wird zunehmen.

Für Lernprozesse, die sich nur schlecht in den Arbeitsalltag integrieren lassen, weil sie klassische Lerner-Lehrer-Prozesse erfordern oder weil sie zur Grundausbildung gehören, gibt es zwei andere Lösungsansätze:
– Seminarlösung: Mitarbeiter «klinken» sich aus dem Arbeitsprozess aus und gehen in ein klassisches Seminar oder Training, das sowohl aus Präsenz- als auch aus E-Learning-Modulen bestehen kann. Es wird also auch während der Seminarzeit an E-Learning-Modulen gearbeitet, einerseits da dies in Ruhe geschehen kann, andererseits um Erfahrungen damit zu sammeln, damit dann zu einem späteren Zeitpunkt – in der Freizeit oder während der Arbeitszeit – wieder darauf zurückgegriffen werden kann.
– Freizeitlösung: Mitarbeitende absolvieren ihre Lernprogramme explizit in der Freizeit und erhalten dafür vom Unternehmen eine Entschädigung in Form von kostenlosen Weiterbildungsmöglichkeiten, zeitlicher Freistellung oder anderen Entschädigungsformen für die privat aufgewendete Lernzeit.

Werden diese Möglichkeiten miteinander kombiniert, führt dies dazu, dass sich eine Aus- oder Weiterbildungsmaßnahme über Arbeitszeit, Seminarzeit und Freizeit verteilen kann (Abbildung 2-43):

2.3 E-Learning-Strategieprozess

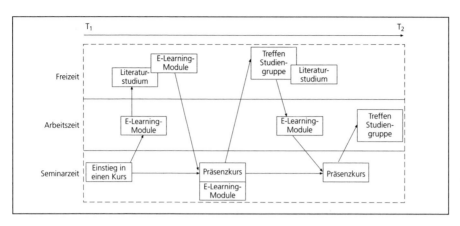

Abbildung 2-43: Kombination von Arbeits-, Seminar- und Freizeit

9. Sicherheits- und Qualitätskonzept:
Eine weitere Komponente des Strategieplans ist das Sicherheits- und Qualitätskonzept. Dieses muss Folgendes regeln:
- Sicherstellung der Zugriffsrechte auf die E-Learning-Systeme und die unternehmenseigenen Datenressourcen:
  Der Zugriff aus einem E-Learning-System auf eine externe Unternehmensdatenbank darf z.B. nicht dazu führen, dass dabei bestehende Zugriffsrechte unterlaufen werden können.
- Korrekte Zuordnung von Inhalten und Kursen zu den dafür berechtigten Personen:
  Es muss sichergestellt werden, dass keine Person unberechtigt auf die Daten, Kurse oder Tests einer anderen Person zugreifen kann.
- Regeln für die Freischaltung von Inhalten und Tests:
  Vor allem bei Trainingseinheiten, die zu einem Abschluss oder einem Zertifikat führen, muss sichergestellt werden, dass ein Anwender oder eine Anwenderin die Anforderungen aller dafür erforderlichen Module korrekt erfüllt hat, bevor er oder sie den Abschluss bzw. das Zertifikat erwerben kann.
- Kontrolle der Datenübertragung:
  Vor allem beim Datenaustausch zwischen einem Education Service Provider und einem Unternehmen dürfen keine bestehenden Firewall-Konzepte umgangen oder aufgehoben werden.

- Gewährleistung von Datenschutz und Persönlichkeitsrechten:
  Es muss klar erfasst sein, welche Personendaten erfasst und wofür diese verwendet werden.
- Datensicherung und Backup-Lösung sowie effiziente und schnelle Recovery-Lösungen:
  Es muss ein entsprechendes Konzept vorliegen, das festlegt, welche Daten gesichert werden, wie das Erstellen von Backups organisiert ist und wie groß der Datenverlust nach der Wiederherstellung verlorener Daten maximal sein wird.
- Qualität und Aktualität der Inhalte sicherstellen:
  Es muss schließlich auch ein Konzept oder ein Kriterienkatalog vorliegen, mit dem die Güte und die Qualität von Inhalten beurteilt wird und mit dem die Aktualität von Lerninhalten sichergestellt werden kann (z. B. mit entsprechenden Workflow-, Reviewer- und Content-Management-Konzepten).

10. Betriebskonzept:
Das Betriebskonzept eines E-Learning-Systems ist eng mit dem Sicherheitskonzept desselben verbunden. Die Aufgabe des Betriebskonzepts lautet: Wie kann sichergestellt werden, dass ein E-Learning-System den Mitarbeitenden im 7x24-Stunden-Betrieb zur Verfügung steht? Was geschieht, wenn der zuständige Betriebsserver ausfällt? Nebst der Beantwortung dieser technischen Fragen muss aber auch sichergestellt werden, dass immer genügend Personen für die diversen Moderations-, Coaching- und Support-Aufgaben zur Verfügung stehen, so dass sich die Mitarbeitenden darauf verlassen können, dass ihnen ihr Coach z. B. innerhalb der versprochenen 24 Stunden antwortet oder der technische Support ein Hardwareproblem innerhalb nützlicher Frist beheben kann.

2.3.4 Umsetzungsplan

Sind die verschiedenen Komponenten des Strategieplans ausformuliert und miteinander in Bezug gesetzt, geht es darum, die E-Learning-Maßnahmen umzusetzen. Dazu ist ein Umsetzungsplan erforderlich, der sich aus zwei Hauptkomponenten zusammensetzt (siehe Abbildung 2-44):

- Vorbereitung der Einführung
- Begleitung der Einführung

Der Kommunikationsprozess, der als dritte Komponente erwähnt werden müsste und parallel zum ganzen Strategieprozess verläuft, wird anschließend beschrieben (Kapitel 2.3.5).

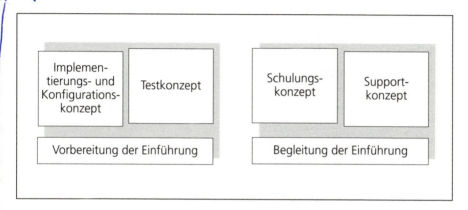

Abbildung 2-44: Übersicht über die Komponenten des Umsetzungsplans

Vorbereitung der Einführung:
Die Vorbereitung der Einführung einer E-Learning-Maßnahme umfasst zwei Bereiche:

a) das Implementierungs- und Konfigurationskonzept:
Die Aufgabe des Implementierungs- und Konfigurationskonzeptes ist es, alle technischen Details zu regeln, die anschließend den sicheren Betrieb der E-Learning-Systeme gewährleisten können.

b) ein Testkonzept:
Ein zweiter Bereich der Einführungsvorbereitungen ist das Testkonzept, welches die Art und Weise sowie die Testgruppen festlegt, mit denen die implementierten Systeme getestet werden. Auch das Strategieteam sollte – gemäß dem Prinzip der Selbstanwendung – persönlich und aktiv an dieser Testphase teilnehmen.

Begleitung der Einführung:
Die Begleitung der Einführung einer E-Learning-Maßnahme umfasst ebenfalls zwei Bereiche:

a) ein Schulungskonzept:
Pro Anspruchsgruppe muss festgelegt werden, welcher Schulungsbedarf mit der Einführung neuer E-Learning-Systeme entsteht. Das Schulungskonzept hat den Mitarbeitenden vor allem aufzuzeigen, wie sie mit den neuen E-Learning-Systemen effizienter und effektiver werden und wie künftig Arbeiten und Lernen miteinander vernetzt werden. Dies umfasst z. B.:
– Die Vermittlung von Kenntnissen über neue Produktionsabläufe bei der Erstellung, Aktualisierung und Pflege von Kursen.
– Die Einführung neuer Methoden zur Vermittlung von Lerninhalten, z. B. durch Online-Coaching, Community Building etc.
– Die Unterstützung eigenverantwortlicher Weiterbildung. Z. B. wird Mitarbeitern aufgezeigt, wie sie ein eigenes Kompetenzenportfolio erstellen können und wie sie dieses eigenverantwortlich durch das Buchen und Absolvieren von Kursen weiter ausbauen können.

b) ein Supportkonzept:
Gerade in der ersten Phase der Einführung neuer E-Learning-Systeme müssen technische Schwierigkeiten, inhaltliche Mängel, Unklarheiten, Orientierungslosigkeit, Mißstimmungen etc. schnell aufgefangen und behoben werden können. Dies erfordert die Erarbeitung eines differenzierten Supportkonzepts, welches entsprechende Anlaufstellen und Unterstützungsangebote aufbaut. Erkenntnisse und Erfahrungen aus den Supportaktivitäten werden von einem Kommunikationsprozess systematisch erfasst und verbreitet, so dass rasch über Erfolge berichtet werden kann, Missverständnisse aufgelöst und Verbesserungen angekündigt werden können.

2.3.5 Kommunikationsprozess

Der Kommunikationsprozess, als letztgenannte, aber nicht abschließende Komponente, bildet gewissermaßen das horizontale Kontinuum, das zu den anderen Komponenten des E-Learning-Strategieprozesses parallel verläuft. Die Aufgabe des Kommunikationsprozesses ist es, die Akzeptanz und die produktive Aneignung der einzuführenden E-Learning-Maßnahmen und E-Learning-Systeme durch eine transparente Kommunikations- und Informationspolitik zu unterstützen. Dazu ist es erforderlich, dass allen Beteiligten die Vision, die Veränderung der Lernkultur, die neuen Anforderungen an das eigene Lernverhalten sowie neue Rollendefinitionen früh und offen kommuniziert und dass Möglichkeiten zur Mitgestaltung während der Strategieumsetzung eröffnet werden. Entsprechende Feedback-Prozesse sollen dazu beitragen, dass es sich bei diesem Kommunikationsprozess nicht um eine Einweg-, sondern um eine Mehrwegkommunikation handelt. Den Beteiligten muss zurückgemeldet werden, in welcher Weise ihre Anfragen, Anliegen, Vorschläge etc. aufgenommen und verwendet werden.

Mit Vorteil werden für diesen Kommunikationsprozess die Informationskanäle verwendet, die auch in Zukunft diese Rolle übernehmen werden. Daneben sind aber auch bewährte Formen und Mittel der internen Kommunikation einzusetzen (vgl. dazu [Klöfer 1999]). Nebst der Informierung und Partizipierung der Beteiligten soll ihnen aber vor allem auch aufgezeigt werden, wie sie mit den neuen E-Learning-Maßnahmen ihre persönlichen und die strategischen Ziele des Unternehmens besser erreichen können und damit persönlich erfolgreicher werden.

Wichtige Grundprinzipien eines solchen Kommunikationsprozesses sind:

- Ziele und Visionen transparent machen: Alle Beteiligten müssen die Ziele und Visionen verstehen, die durch eine E-Learning-Strategie realisiert werden sollen.
- Quick Wins kommunizieren: Erste Erfolge, *best practices* und gute Anwendungsszenarien sollen schnell und breit kommuniziert werden.
- Testimonials beiziehen: Anwenderinnen und Anwender berichten darüber, welche positiven Erfahrungen sie mit den neuen E-Learning-Angeboten gemacht haben.
- Probleme und Kritik entgegennehmen: Die Beteiligten erhalten die Möglichkeit, ihre Probleme und ihre Kritik zu kommunizieren, und werden darüber informiert, wann und in welcher Weise Gegenmaßnahmen eingeleitet werden.

Der Kommunikationsprozess ist in erster Linie Aufgabe des Strategieteams und des Top-Management-Sponsors und kann nicht delegiert werden.

2.3.6 Audits, Controlling und Evaluation

Um den Erfolg von E-Learning-Projekten zu gewährleisten und um Aussagen über den Return on Education (ROE) machen zu können, braucht es sowohl kontrollierende als auch evaluierende Maßnahmen. Kontrollierende Maßnahmen dienen dazu, die strategische Ausrichtung (Strategiekontrolle), die Einhaltung des Kostenrahmens eines E-Learning-Projekts (Kostenkontrolle) und die Qualität des Projektverlaufs (Projektkontrolle) sicherzustellen. Diese drei Kontrollaspekte können unter dem Begriff des Investitionscontrollings zusammengefasst werden. Evaluierende Maßnahmen werten dagegen die Verwendung eines E-Learning-Angebots aus (Nutzungsmuster), analysieren Probleme und Schwierigkeiten (Konfliktanalyse) und messen die individuelle Leistungssteigerung eines Lernenden vor, während und am Ende eines E-Learning-Projekts (Lernresultate). Diese drei Evaluationsaspekte können unter dem Begriff der Investitionsevaluation zusammengefasst werden. Für beide Bereiche – Investitionscontrolling wie Investitionsevaluation – können Daten aus den verschiedenen Phasen des Strategieprozesses verwendet werden (siehe Abbildung 2-45).

Sowohl Controlling als auch Evaluation finden parallel zum Projektverlauf statt, so dass kontinuierlich Verbesserungen und Anpassungen an einem laufenden E-Learning-Projekt vorgenommen werden können.

GKWIGA: Retrospektive (s. D4)

2.3 E-Learning-Strategieprozess

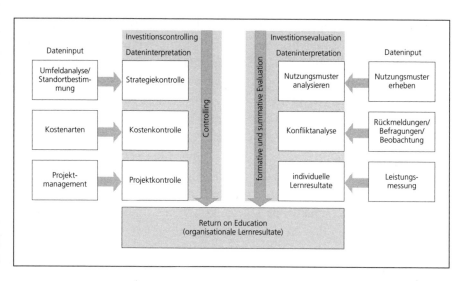

Abbildung 2-45: Investitionscontrolling und Investitionsevaluation

Audits:

Eine spezielle Form des Controllings können Audits bilden. Audits dienen dazu, die Qualität entlang des Strategieprozesses sicherzustellen. Was ein Audit ist, lässt sich anhand des folgenden Zitates, das sich auf den Umweltbereich bezieht, illustrieren: «Der Begriff Audit kommt ursprünglich aus den Vereinigten Staaten und stellte als reines ‹legal compliance audit› die Einhaltung der Gesetze sicher. Er wurde dann auf Management-Audits ausgeweitet. In der Grundidee ist es ein Kontrollinstrument, bei dem ein Bereichsexterner nach einer Art Checkliste einen bestimmten Bereich untersucht, Ziele prüft und Lücken zwischen Ist- und Sollzustand feststellt. Das hat sich im Verlauf der Zeit verändert. Erstens wurden mehr Anwendungsbereiche gesucht, also z.B. *social oder environmental audits*. Zweitens wurde das Audit mehr und mehr zu einem Beratungsprozess ausgeweitet. Ein Öko-Audit nach dem System der EU ist daher viel weitgehender als der traditionelle Begriff. Die Organisation soll nach bestimmten Kriterien ein Umweltmanagementsystem aufbauen, bzw. bestehende Umweltmanagementsysteme sollen bestimmte Kriterien erfüllen. Ein unternehmensexterner, speziell ausgebildeter Umweltgutachter prüft anschließend, ob die aufgestellten Kriterien tatsächlich eingehalten werden. Das Öko-

Audit ist damit ein formalisierter Prozess der Selbstüberprüfung und eine Anregung, sich im Umweltbereich zu verbessern.»[13] Für einen E-Learning-Audit gelten die gleichen Grundsätze, nur dass sich die Kontroll- und Beratungsmaßnahmen auf ein E-Learning-Projekt im Speziellen und auf den Aus- und Weiterbildungsbereich im Allgemeinen beziehen. Ein Auditteam setzt sich aus Vertretern der verschiedenen Anspruchsgruppen und Experten zusammen, deren Aufgabe es ist, die einzelnen Komponenten eines E-Learning-Strategieprozesses bezüglich einer Liste von vorher festgelegten Kriterien auf Qualität und die Einhaltung von Kennzahlen zu kontrollieren. Wie dies konkret vonstatten geht, ist dabei weniger von Bedeutung, als dass es geschieht, da solche Reflexions- und Kontrollmomente in den Turbulenzen des Projektablaufs oft «vergessen» werden.

Controlling:
Das Investitionscontrolling, das vom Strategieteam selber oder zu Teilen vom Auditteam durchgeführt wird, hat die Aufgabe, die Qualität der Strategie an sich, die Kostenrahmen sowie den Verlauf und die Qualität des Strategieprozesses zu kontrollieren:

1. Die Strategiekontrolle ist dafür zuständig, dass die E-Learning-Strategie kompatibel zu ihrem internen und externen Umfeld bleibt. Verändert sich dieses Umfeld, so muss auch die E-Learning-Strategie angepasst werden. Um die Strategiekontrolle zu vereinfachen, kann der E-Learning-Radar genutzt werden, sofern ein solcher aufgebaut wurde. Die Strategiekontrolle hat folgende Aufgaben:
   – die Grundlagen und Rahmenbedingungen der strategischen Ausgangsprämissen sowie der strategischen Erfolgspositionen überwachen,
   – die Strategieveränderungen der Konkurrenz analysieren,
   – die Handlungen der «Keyplayer» (führende Firmen oder Meinungsführer) auf dem E-Learning-Markt beobachten und
   – neue Trends und Technologien frühzeitig erkennen.

2. Die Kostenkontrolle dient der Überwachung des Kostenrahmens und der wichtigen Kennzahlen eines E-Learning-Projekts. Die Kostenkontrolle hat folgende Aufgaben:

- Kostenrahmen mit entsprechenden Kennzahlen aufstellen,
- Kostenüberschreitung in den kritischen Projektbereichen wie Inhaltsproduktion, Design und Programmierung überwachen und
- bei Kostenüberschreitungen entsprechende Gegenmaßnahmen einleiten.

3. Die Projektkontrolle umfasst die klassischen Aufgaben des Projektcontrollings[14]. Dazu gehören nebst der schon genannten Kostenkontrolle z. B. folgende Aufgaben:
- die Festlegung aller Projekteckdaten (Ziele, Budget, Meilensteine, Audits, Personalressourcen, Sachressourcen, Zeitrahmen etc.),
- die Festlegung von Rollen und Verantwortlichkeiten und
- die Durchführung regelmäßiger Statusmeetings mit den Produkt- und Dienstleistungspartnern, in denen der Projektverlauf kontrolliert wird.

Evaluationskonzept:
Neben dem Investitionscontrolling, das die strategische Ausrichtung und den Projektverlauf eines E-Learning-Projekts kontrolliert, ist es die Aufgabe der Investitionsevaluation, die Nutzungsmuster, die Probleme und Konflikte sowie die individuellen Lernresultate, die mit einem E-Learning-Angebot erzielt wurden, zu analysieren. Dabei gilt es, die Evaluationsmethoden und -prozesse selber an grundlegenden Qualitätskriterien – wie beispielsweise den «Standards for Educational Evaluation» – zu orientieren (vgl. dazu [Beywl 2000]). Ein Evaluationskonzept hat die Aufgabe, Daten aus den drei genannten Bereichen – Nutzungsmuster, Probleme und Konflikte sowie individuelle Lernresultate – zu erheben und umfassend auszuwerten:

1. Zentrale Fragen bei der Auswertung der Nutzungsmuster sind beispielsweise:
- Wie werden die E-Learning-Systeme von den verschiedenen Anspruchsgruppen genutzt?
- Welche Nutzungsmuster lassen sich daraus ableiten?
- Wer verwendet die E-Learning-Systeme nicht oder nur selten? Was sind die Gründe dafür?

2. Zentrale Fragen bei der Auswertung der Probleme und Konflikte sind beispielsweise:
- Gibt es Ablehnung und Missstimmung bei den unterschiedlichen Anspruchsgruppen?
- Wie funktioniert die Integration am Arbeitsplatz?
- Wo zeichnet sich zusätzlicher Unterstützungsbedarf ab?
- Welche Konflikte, Schwierigkeiten und Unstimmigkeiten ergeben sich während des Projektverlaufs?
- Welche Probleme und Konflikte entstehen auf individueller und auf Teamebene? Wie können diese gelöst werden?

3. Zentrale Fragen bei der Auswertung der individuellen Lernresultate sind beispielsweise:
- Welche Lernresultate erbringen die Mitglieder der unterschiedlichen Anspruchsgruppen?
- Können arbeitsplatzbezogene Performanceverbesserungen durch die Nutzung der E-Learning-Angebote verzeichnet werden?
- Wird über das eigene Lernverhalten reflektiert?

Der Return on Education:
Der durch die E-Learning-Maßnahmen erzielte Return on Investment (ROI) – oft auch «Return on Education» (ROE) genannt – ergibt sich durch einen Vergleich der bisherigen Aus- und Weiterbildung mit den neu eingeführten E-Learning-Maßnahmen (siehe Abbildung 2-46). Ein solcher Vergleich dient dazu, das Anwendungspotenzial und die Investitionsgewinne der E-Learning-Maßnahmen ausweisen zu können[15].

2.3 E-Learning-Strategieprozess

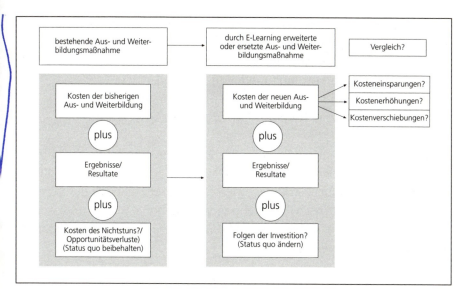

Abbildung 2-46: Bisherige Aus- und Weiterbildung vs. E-Learning-Maßnahmen

Ein Vergleich der Kosten der bisherigen Aus- und Weiterbildung mit den Kosten der E-Learning-Maßnahmen soll ausweisen können, wo:
1. Kosteneinsparungen
2. Kostenerhöhungen
3. Kostenverschiebungen

auftreten. Ein solcher Vergleich muss auch die Opportunitätsverluste in Betracht ziehen, die entstehen, wenn E-Learning-Maßnahmen nicht eingeführt werden und der Status quo beibehalten wird.

1. Offensichtliche Kosteneinsparungen, die durch die Einführung von E-Learning-Maßnahmen erzielt werden, ergeben sich beispielsweise durch:
- weniger Arbeitszeitausfall,
- weniger Reisekosten,
- weniger Druckkosten und weniger Versandkosten,
- einfachere Mehrfachverwendung von Inhalten, Methoden, Tests etc. und
- einfachere Anpassung und Änderung von Inhalten.

2. Offensichtliche Kostenerhöhungen, die durch die Einführung von E-Learning-Maßnahmen auftreten, ergeben sich beispielsweise durch:
- den Aufbau oder Ausbau der IT-Infrastruktur,
- die Produktion von multimedialen Inhalten,
- den Betrieb und den Support von E-Learning-Systemen,
- die Schulung von Trainern, Experten und Anwendern.

3. Oft handelt es sich weder um eine Kosteneinsparung noch um eine Kostenerhöhung, sondern um eine Kostenverschiebung. Kosten, die an einer Stelle eingespart werden, werden an anderer Stelle wieder verwendet. Tragen solche Kostenverschiebungen dazu bei, die Aus- und Weiterbildungsangebote zu verbessern, so können diese zu den Investitionsgewinnen gerechnet werden.

Als weitere Investitionsgewinne, die sich durch die Einführung von E-Learning-Maßnahmen ergeben, können genannt werden:
- eine größere Wettbewerbsfähigkeit durch eine moderne Aus- und Weiterbildungsinfrastruktur,
- eine größere Zufriedenheit bei den Anspruchsgruppen durch Zugang zu neuen Lern- und Informationsangeboten,
- besser ausgebildete Mitarbeiter durch personalisierte und *just-in-time* gelieferte Lernangebote,
- längere Verbleibzeit von Mitarbeitern im Unternehmen durch Erhalt und Erweiterung des eigenen Kompetenzenprofils,
- mehr Bewerbungsanfragen von «Top Talents»,
- positive Rückmeldungen aus Presse und Öffentlichkeit,
- offizielle Anerkennungen in Form von Auszeichnungen,
- mehr Kommunikations- und «Gesprächsmöglichkeiten» zwischen einem Unternehmen und seinem Umfeld,
- mehr Wissen über die Lern- und Kommunikationsprozesse aller Beteiligter,
- größere Wiederverwendbarkeit von Lerninhalten und Lernmethoden durch Standardisierung.

2.4 Ausblick

Das Ziel dieses Kapitels war es, sowohl die verschiedenen Komponenten eines E-Learning-Strategieprozesses als auch die Zusammenhänge zwischen diesen Komponenten aufzuzeigen und damit die strategische Bedeutung von E-Learning bewusst zu machen. Damit sollte auch deutlich werden, dass E-Learning mehr ist als nur eine elektronisch unterstützte Form der Aus- und Weiterbildung. Mit E-Learning eröffnet sich ein Gestaltungsraum, in welchem formelle und informelle Lern- und Arbeitsprozesse innerhalb eines Unternehmens neu gestaltet und über die Unternehmensgrenzen hinaus ausgeweitet werden können. E-Learning-Angebote können überall dort *just-in-time* eingesetzt werden, wo ein konkretes Lern- oder Unterstützungsbedürfnis entsteht. Besonders Unternehmen, die sich in einem Transformationsprozess befinden und ihre Geschäftsprozesse neu gestalten, können von diesem Potenzial profitieren, da Lernbedürfnisse arbeitsplatzbezogen und damit schnell und effizient befriedigt werden können. Vor allem beim Aufbau dezentraler und partiell virtueller Netzwerkunternehmen [Fleisch 2001] spielt E-Learning bei der Qualifizierung und Unterstützung der verschiedenen Anspruchsgruppen eine zentrale Rolle.

Diese strategische und visionäre Ausrichtung von E-Learning ist in erster Linie die Aufgabe des Strategieteams. Die daraus abgeleiteten Umsetzungsschritte können dann durchaus sehr pragmatisch, bescheiden und einfach sein. Für die Anwender stehen nämlich die einfache, intuitive Verwendung und der konkrete Nutzen eines E-Learning-Angebots an erster Stelle. Ist das nicht erfüllt, wird es nicht genutzt. Für das Strategieteam dagegen muss die visionäre und strategische Ausrichtung von E-Learning als strategische Ressource im Vordergrund stehen.

Ein solchermaßen verstandener E-Learning-Strategieprozess kann nur erfolgreich sein, wenn eine breite und transparente Kommunikation zwischen allen Beteiligten stattfindet und wenn die Einführung von E-Learning als eigentlicher Change-Prozess verstanden und entsprechend gemanagt wird.

In vielen Unternehmen wird E-Learning noch kaum als strategische Ressource eingesetzt. Vergegenwärtigt man sich aber die bis hierhin ausgeführten Facetten des Themas, so wird klar, dass es sich bei E-Learning um ein Top-Management-Thema handeln muss, das entsprechende Führung verlangt. In vielen Firmen sind dafür Chief Learning Officers oder spezielle E-Learning-Verantwortliche eingesetzt worden, die aber oft damit kämpfen, dass bereits viele E-Learning-Initiativen und E-Learning-Systeme im Unternehmen ein Eigenleben führen und es erschweren, eine einigermaßen einheitliche Strategie durchzusetzen. Ohne eine klare Top-Management-Unterstützung wird dies kaum möglich sein.

Ein weiterer Vorteil einer klaren E-Learning-Strategie liegt darin, dass damit auch die Zusammenarbeit mit Produkte- und Dienstleistungsanbietern einfacher und produktiver ausfällt. Zurzeit ist es noch oft so, dass E-Learning-Dienstleister die eigentliche E-Learning-Strategie für ein Unternehmen erst erarbeiten oder das Bewusstsein dafür erst schaffen müssen, bevor sie entsprechende Produkte oder Dienstleistungen anbieten können. Wie schon an verschiedenen Stellen angesprochen, steigt die E-Learning-Kompetenz in einem Strategieteam, wenn die E-Learning-Verantwortlichen selber über konkrete E-Learning-Erfahrungen verfügen und den Markt und die technologischen Veränderungen kennen.

Es stellt sich auch die Frage, wie lange E-Learning noch Projektstatus hat und wann E-Learning etwa mit Aus- und Weiterbildung gleichgesetzt wird. Rosenberg meint dazu: «E-Learning, like e-business, will soon become commonplace. There will no longer be a need to differentiate ‹e› from ‹non-e›. A new generation of computer-savvy workers will see to that. But although the ‹e› may be gone (and e-learning will be transparent), learning will still be as important as ever. Today, the convenience and availability of e-learning is what attracts people. Eventually they will be as discriminating about quality as well. Thus, the ultimate challenge is not taking our eyes off the ball. Learning and performance improvement is what's important as far into the future as anyone can see.» [Rosenberg 2001, 311]

2.4 Ausblick

Im nächsten Kapitel wird ein Gestaltungsansatz vorgestellt, wie E-Learning-Maßnahmen methodisch gestaltet und gleichzeitig strategisch ausgerichtet werden können.

[1] Vgl. zu den grundlegenden E-Business-Konzepten [Kalakota/Robinson 1999] und [Weiber 2001], zur Entwicklung von E-Business-Strategien [Hoffmann/Zilch 2000], [Boulton/Libert/Samek 2001], [Aldrich/Sonnenschein 2001] und zu E-Business-Fallstudien aus der Schweiz [Meyer/Toedtli 2001] und [Schubert/Wölfle 2000].

[2] Dieses Zitat, das gerne als Faustregel für die Realisierung von E-Business-Projekten verwendet wird, stammt ursprünglich wohl von Andersen Consulting (jetzt Accenture).

[3] Außerdem ist die Strategie heute nicht mehr etwas, was regelmäßig wiederkehrt, sondern ein kontinuierlicher adaptiver Prozess, der ständig auf neue Chancen und Konkurrenzsituationen reagieren muss. Innovatoren (die ersten E-Business-Unternehmen) haben sich dazu aggressive Ziele gesetzt, z.B. Fedex mit der Strategie ‹Change your business every nine months›, um den Wettbewerbern immer einen Schritt voraus zu sein (vgl. [Hoffmann/Zilch 2000, 79]).

[4] Rosenberg und andere Quellen weisen darauf hin, dass es sinnvoll ist, möglichst viel von externen Dienstleistungsanbietern zu beziehen (Kauf von Standardprodukten und Outsourcing von Dienstleistungen) und nur sehr unternehmensspezifische Produkte und Dienstleistungen selber zu erstellen (vgl. [Rosenberg 2001, 286 ff.]).

[5] *business narratives* sind die Geschichten und Sichtweisen, die sich Mitarbeiterinnen und Mitarbeiter über das eigene oder über andere Unternehmen erzählen. Diese Geschichten und Sichtweisen sind reich an Erfahrungen, Einstellungen, Metaphern und Anekdoten, die in keinem Geschäftsbericht genannt werden.

[6] Vgl. dazu auch das «Psychologische Klima der Schweiz» (PKS New Generation) der Firma DemoSCOPE (Adligenswil), eine Datenbank zum sozialen Wandel, die unter anderem Aussagen zum Wandel der Werthaltungen in der Schweiz zulässt.

[7] Die Bedeutung des Verlernens wird oft ausgeblendet. Lernfähigkeit hängt aber auch in hohem Maße davon ab, bewährte Konzepte und Konstrukte loslassen zu können und durch neue zu ersetzen. Wer beispielsweise mit prozeduralen Programmiersprachen das Programmieren erlernt hat, muss diese teilweise «vergessen», wenn er oder sie objektorientierte Programmierkonzepte erlernen möchte (vgl. dazu z.B. [Simon 1997]).

[8] Für einen allgemeinen Überblick über kompetenzenorientiertes Lernen siehe [Evers/Rush/Berdrow 1998] oder [McCombs/Whisler 1997].

[9] Eine vertiefte Auseinandersetzung mit Ansätzen und Konzepten zu einer neuen Lernkultur finden sich bei [Pätzold/Lang 1999], [Arnold/Schüssler 1998] und [Krapf 1995].

[10] Vgl. zum Thema *competency models*: [Lucia/Lepsinger 1999], [Tuso/Longmire 2000], [Cooper 2000] und [Dubois 1998].

[11] Siehe dazu die Website zu diesem Buch unter http://www.learningcenter.unisg.ch.

[12] Um nur einige zu nennen: British Open University (Master in Open and Distance

Education), Teleakademie Furtwangen («Ausbildung zum Experten für Neue Lerntechnologien»), Telecol Online (WBTeacher® und WBTModerator).

13 Dr. Stefan Schaltegger, Lehrstuhl für BWL, insb. Umweltmanagement, Uni Lüneburg http://www.nane.de/pages/agenda/veroeff/campus03/artikel/artik09.html.
Eine weitere Definition von Audit findet sich unter http://www.talessin.de/scripte/qm/audit.html.

14 Weitere Anregungen zum Projektcontrolling finden sich bei [Fiedler 2001], [Pinto/Trailer 1999], [Devaux 1999] und unter http://www.projektcontroller.de.

15 Zum Thema e-ROI vgl. [Hoffmann/Zilch 2000]).

«Auch E-Learning ist ein sozialer Prozess, der sich nicht zwangsläufig und selbstverständlich entwickelt, sondern der gestaltet werden muss.»
Peter Schenkel

3. Teil

Methoden

| 3.1
Lernräume
und Lern-
architektur | 3.2
Methodische
Grundsätze | 3.3
Basismethoden | 3.4
Ausblick |

Nachdem im zweiten Kapitel aufgezeigt wurde, wie eine E-Learning-Strategie entwickelt und bezüglich der Umsetzung geplant und strukturiert werden kann, geht es in diesem Kapitel darum, wie die Projekte oder Teilprojekte einer E-Learning-Strategie methodisch gestaltet werden können. Der Zusammenhang zwischen Strategie (Kapitel 2), Methoden (Kapitel 3) und Technologie (Kapitel 4) ergibt sich daraus, dass die in der E-Learning-Strategie formulierte Vision und die daraus abgeleiteten E-Learning-Maßnahmen in einzelnen Projekten sowohl methodisch als auch technologisch umgesetzt werden müssen. Für die methodische Umsetzung wird in diesem Kapitel ein Gestaltungsansatz mit drei Gestaltungsebenen eingeführt.

Die oberste Ebene dieses Gestaltungsansatzes wird «Lernarchitektur» genannt. Eine Lernarchitektur setzt die Bildungs- und E-Learning-Maßnahmen eines Unternehmens miteinander in Beziehung und positioniert sie strategisch. Das maßgebende Konzept, um Bildungs- und E-Learning-Maßnahmen zusammenzufassen, ist dabei nicht mehr der «Kurs», sondern der «Lernraum». Die mittlere Ebene wird darum «Lernräume» genannt. Ein Lernraum ist ein sozial und ökonomisch strukturiertes sowie ressourcen- und bedürfnisorientiertes Setting, in das Bildungs- und E-Learning-Maßnahmen eingebettet werden. Die unterste Ebene des Gestaltungsansatzes wird schließlich «Lernprozesse» genannt. Lernprozesse setzen Bildungs- und E-Learning-Maßnahmen unter Verwendung unterschiedlicher Lernmethoden, kollaborativer Settings sowie Angebote für Just-in-time-E-Learning (JIT-E-Learning) um.

Das Kapitel ist damit wie folgt aufgebaut: In Kapitel 3.1 werden die drei methodischen Gestaltungsebenen vorgestellt und miteinander in Beziehung gesetzt. Kapitel 3.2 führt allgemeine Gestaltungsgrundsätze ein, die zur erfolgreichen Gestaltung von Lernräumen und Lernprozessen beitragen können. Kapitel 3.3 zeigt auf, wie Lernräume und Lernprozesse konkret durch Lernmethoden, kollaborative Settings und JIT-E-Learning-

Angebote gestaltet sowie durch sequenzielle oder offene Zeitstrukturen inszeniert und arrangiert werden können. Kapitel 3.4 gibt schließlich einen Ausblick auf künftige Entwicklungen. Abbildung 3-47 zeigt, welche Aspekte des E-Learning-Modells mit den folgenden Teilkapiteln abgedeckt werden. Im daran anschließenden Kapitel 4 wird es dann darum gehen, wie ein Lernraum und die damit zusammenhängenden Lernprozesse technologisch umgesetzt werden können.

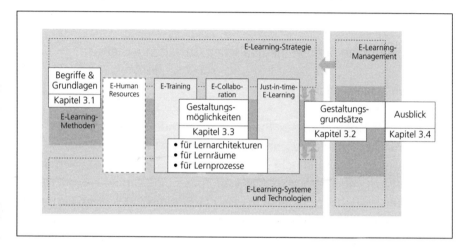

Abbildung 3-47: Übersicht und Positionierung von Kapitel 3 im E-Learning-Modell

3.1 Begriffe und Grundlagen

3.1.1 Einführung der drei methodischen Gestaltungsebenen

3.1.1.1 Vorbemerkungen

Was wird im Kontext dieses Buchs als «Methode» verstanden? Der vom spätlateinischen *méthodos* entlehnte Begriff «Methode» bedeutet so viel wie ein «nach festen Regeln oder Grundsätzen geordnetes Verfahren» [Drosdowski/Grebe 1963, 438]. Wenn im folgenden Kapitel von «Methode» gesprochen wird, dann ist damit in erster Linie ein solches «nach Grundsätzen geordnetes» Verfahren zur Gestaltung von E-Learning-Projekten gemeint. Dieses «Verfahren» wird anhand eines Gestaltungsansatzes erläutert, der aus drei Gestaltungsebenen besteht.

Von diesem für die Umsetzung eines E-Learning-Projekts einsetzbaren methodischen Verfahren sind die eigentlichen Lernmethoden zu unterscheiden, die dazu dienen, die Lernprozesse in einem E-Learning-Projekt optimal zu gestalten. Damit erhält der Methodenbegriff eine doppelte Bedeutung. Einerseits ist der gesamte Ansatz zur Gestaltung von E-Learning-Projekten eine Methode für sich, andererseits sind darunter die spezifischen Lernmethoden zur Umsetzung von Lernprozessen zu verstehen. Da es sich bei diesem Buch um kein explizit didaktisches Werk handelt, muss darauf hingewiesen werden, dass es im folgenden Kapitel nicht darum geht, bis auf die curriculare Struktur und mediale Gestaltung eines E-Learning-Projekts hinunterzusteigen. Themen wie Curriculumentwicklung, Instructional Design, multimediale Gestaltungsansätze etc. werden an anderen Stellen ausführlich behandelt[1]. Das hier vorgestellte methodische Verfahren soll vielmehr Hilfestellung für die Gestaltung von E-Learning-Projekten bieten und bildet damit ein neues methodisches Werkzeug für das unternehmensweite Bildungsmanagement[2]. Klassische Bildungsmaßnahmen sollen mit neuen, technologiebasierten Lern- und Arbeitsformen kombiniert werden. Diese Kombination wird vor allem in Kapitel 4 ausführlicher unter dem Begriff «Blended Learning» diskutiert.

3.1.1.2 Der Gestaltungsansatz

Wie werden E-Learning-Projekte methodisch konkret umgesetzt? In der Regel werden E-Learning-Projekte nicht vom Strategieteam, sondern von einem Projektteam umgesetzt. Ein Projektteam setzt sich aus internen und externen Experten sowie aus Vertretern der Anspruchsgruppen zusammen. Als interne Experten gelten die Projektleiter, die Curriculumentwickler (Didaktiker oder Instructional Designer), die Communitybuilder, die Fachexperten, die Multimedia-Designer, die technischen E-Learning-Experten sowie die IT-Spezialisten. Als externe Experten gelten die Vertreter der beigezogenen Produkte- und Dienstleistungspartner sowie andere E-Learning-Consultants. Vertreter der Anspruchsgruppen sind die Anwenderinnen und Anwender, die die E-Learning-Maßnahmen nutzen werden.

Ein solches Projektteam hat die Aufgabe, E-Learning-Maßnahmen gemäß den Vorgaben und Rahmenbedingungen der E-Learning-Strategie zu gestalten. Wie soll es dabei vorgehen? Es braucht ein methodisches Verfahren, wie E-Learning-Kurse gestaltet werden können, entweder, um sie anschließend selber zu produzieren, oder um sie von einem externen Bildungsdienstleister produzieren zu lassen. Um die Komplexität der Gestaltung zu reduzieren, wird der Gestaltungsvorgang auf drei Ebenen aufgeteilt:

- Die Lernarchitektur – als oberste Ebene – fasst alle Bildungsmaßnahmen, inklusive der E-Learning-Maßnahmen, eines Unternehmens kohärent zusammen, setzt sie zueinander in Bezug, richtet sie an der E-Learning-, Personal- und Unternehmensstrategie aus und positioniert sie strategisch.
- Der Lernraum – als mittlere Ebene – umfasst alle Bildungs- und E-

Learning-Maßnahmen in Bezug auf eine klar spezifizierte Anspruchsgruppe oder in Bezug auf eine klar spezifizierte Thematik. Ein Lernraum ist das Gefäß, in dem Lernprozesse stattfinden. Ein Lernraum kann ein oder mehrere E-Learning-Projekte umfassen. Lernräume sind nicht an organisatorische Grenzen gebunden, sondern können bereichs- und organisationsübergreifend definiert werden. Mehrere Lernräume können in Lernraum-Clustern zusammengefasst werden und als solche in die Lernarchitektur eines Unternehmens integriert werden.

– Die Lernprozesse – als unterste Ebene – beschreiben den Ablauf aller Lernvorgänge, die in einem klassischen Bildungsprojekt resp. einem E-Learning-Projekt realisiert werden sollen, und bilden in der Prozessarchitektur eines Unternehmens eine eigene Prozesskategorie nebst den Produktionsprozessen, den Marketingprozessen, den Entwicklungsprozessen etc. Die Lernprozesse werden mittels verschiedener Lernmethoden, kollaborativer Settings und «Just-in-time-E-Learning-Angebote» gestaltet. Eine weitere wichtige Prozess-

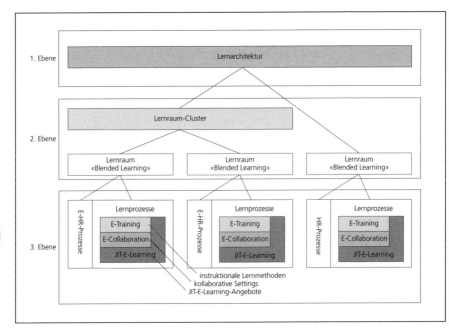

Abbildung 3-48: Die drei Gestaltungsebenen

kategorie, auf die nicht weiter eingegangen wird, die aber gleichwohl bei jeder Bildungs- oder E-Learning-Maßnahme eine Rolle spielt, umfasst die klassischen HR-Prozesse. Beide Prozesskategorien – HR-Prozesse wie Lernprozesse – decken einen je eigenen Bereich der digitalen Human-Resources-Wertschöpfungskette ab (vgl. Kapitel 2.1, Abbildung 2-30).

Wie diese drei Gestaltungsebenen miteinander in Beziehung stehen, zeigt Abbildung 3-48. Im Folgenden sollen diese Ebenen ausführlicher erläutert werden.

3.1.2 Die Ebene der Lernarchitektur

Oft stehen Bildungsmaßnahmen in einem Unternehmen zusammenhangslos nebeneinander, und es ist schwer, einen Überblick über alle Aktivitäten zu erhalten. Dem Bildungsmanagement kommt die Aufgabe zu, die verschiedenen Bildungsmaßnahmen zu bündeln, sie zu managen, sie zu organisieren, sie zu inszenieren und zu arrangieren sowie sie miteinander in Bezug zu setzen (vgl. [Decker 2000] und [Grüner 2000]). Um dies zu leisten, kann eine Lernarchitektur ein nützliches Hilfsmittel sein. Eine Lernarchitektur dient der systematischen Erfassung aller Bildungsmaßnahmen. Die Bildungsmaßnahmen werden in Lernräumen zusammengefasst. Jeder Lernraum wird seinerseits durch verschiedene Faktoren spezifiziert (siehe Kapitel 3.1.3). Eine Lernarchitektur ist damit ein «Portfolio von Lernräumen» (Abbildung 3-49), das sich an der Unternehmensstrategie und der E-Learning-Strategie ausrichtet.

Eine Lernarchitektur leistet aber nebst der Systematisierung auch einen Beitrag zur Vernetzung der Lernräume untereinander. Durch eine Lernarchitektur wird versucht, Lernräume, die sich mit einer ähnlichen Thematik oder Anspruchsgruppe befassen, miteinander zu vernetzen. Auch der Wissens- und Erfahrungsaustausch zwischen den Lernräumen soll unterstützt werden. Darum hat jeder Lernraum in einer Lernarchitektur einen spezifizierten Zugang zum unternehmensweiten Knowledge- und Content-Pool (Abbildung 3-50). Über diesen erfolgt der Zugriff auf Lern- und

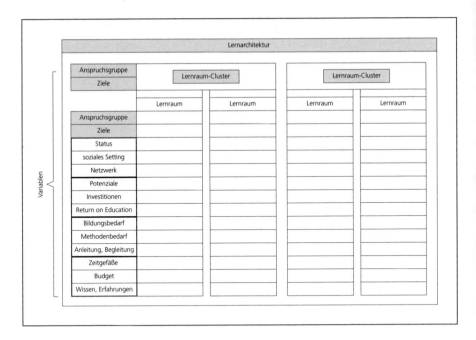

Abbildung 3-49: Lernarchitektur: Systematische Erfassung von Lernräumen

Wissensinhalte, Lessons Learned, Expertenprofile, Case Studies etc. In diesen werden aber auch die in einem Lernraum gemachten Erfahrungen und Ressourcen wieder eingespiesen. Die Lernarchitektur zeigt auch auf, wo ein Lernraum positioniert ist. Dies kann innerhalb, an der Grenze oder außerhalb des Unternehmens sein. Die Vernetzung und die Positionierung der Lernräume leisten einen Beitrag dazu, dass «Gespräche» im Sinne des Cluetrain Manifestos zwischen den Anspruchsgruppen der verschiedenen Lernräume – sowohl innerhalb als auch außerhalb des Unternehmens – angeregt werden und stattfinden können.

In der Abbildung 3-50 werden diese Zusammenhänge dargestellt. Die dünnen Linien stehen für die Vernetzungen und «Gesprächsmöglichkeiten» zwischen den Lernräumen, die vollen Doppelpfeile bedeuten einen uneingeschränkten Zugriff auf den unternehmensweiten Knowledge und Content Pool, und der gestrichelte Doppelpfeil repräsentiert einen eingeschränkten Zugang auf denselben.

3.1 Begriffe und Grundlagen 161

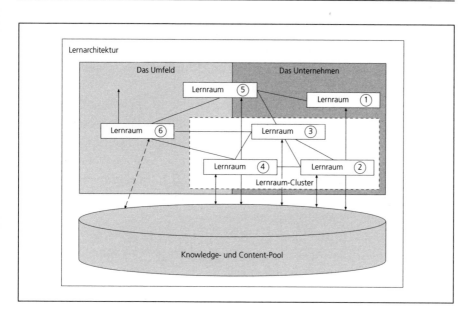

Abbildung 3-50: Lernarchitektur: Strategische Vernetzung von Lernräumen innerhalb und außerhalb eines Unternehmens

Die Nummern in der Grafik korrespondieren mit den folgenden nummerierten Beispielen. Jedes Beispiel beschreibt kurz einen Lernraum innerhalb, an der Grenze oder außerhalb eines Unternehmens:

- Nr. 1 ist ein Lernraum, der die Grundausbildung für Mitarbeiterinnen und Mitarbeiter abdeckt, die neu in ein Unternehmen eintreten. In einem solchen Lernraum wird z.B. das Versicherungsgrundwissen für Berufseinsteiger einer Versicherungsgesellschaft vermittelt.
- Nr. 2 ist ein Lernraum, in dem Sachbearbeiterinnen und Sachbearbeiter bei der Einführung eines neuen Dokumentenmanagementsystems angeleitet werden.
- Nr. 3 ist ein Lernraum für die fachspezifische Weiterbildung von Spezialisten. In einem solchen Lernraum wird z.B. die Weiterbildung von Schadensexperten bei einer Versicherungsgesellschaft betrieben.

- Nr. 4 ist ein Lernraum, der die Weiterbildung von Außendienstmitarbeitenden umfasst. In einem solchen Lernraum wird z. B. die Einführung eines neuen Versicherungsprodukts in einer Versicherungsgesellschaft durchgeführt.
  Beispiele 2, 3 und 4 werden in der Grafik als Lernraum-Cluster zusammengefasst, da z. B. das Dokumentenmanagementsystem, die Spezialistenweiterbildung sowie die Produkteeinführung zu einem Knowledge-Management-Projekt zusammengefasst werden sollen.
- Nr. 5 ist ein Lernraum, der die Lern- und Informationsbedürfnisse von Kunden zu einem bestimmten Produkt, einer Produktfamilie oder einer Dienstleistung abdeckt.
- Nr. 6 ist ein Lernraum, der den Aufbau einer Expertengemeinschaft unterstützt, die rund um eine Fragestellung oder eine spezifische Thematik aufgebaut werden soll.

3.1.3 Die Ebene der Lernräume

Wie es sich bei der Beschreibung einer Lernarchitektur gezeigt hat, ist das maßgebliche Konzept zur Gestaltung von E-Learning-Projekten der «Lernraum». Da das Konzept «Lernraum» umfassender und flexibler verwendet werden kann als das Konzept «Kurs», wird hier dafür plädiert, dass damit der «Kurs» als bisheriges dominantes Konzept abgelöst resp. dem Lernraumkonzept subsumiert wird. Durch die Verwendung des Lernraumkonzepts wird der Fokus von einer instruktionalen stärker auf eine ökologische und situative Pädagogik gelegt, wie sie von Bronfenbrenner eingeführt wurde (vgl. [Bronfenbrenner 1981]). Eine ökologisch orientierte Pädagogik befasst sich stärker mit den sozialen Räumen, in denen Lernprozesse stattfinden. Damit besteht mit dem Lernraumkonzept auch eine Nähe zu Ansätzen des situierten Lernens (z. B. [Lave/Wenger 1991]) sowie zum «Community-of-Practice-Ansatz» [Wenger 1998].

Als Lernraum werden allgemein Situationen verstanden, in denen in einem Unternehmen Lernprozesse und damit Aneignungshandeln und Kompetenzerwerb, aber auch alltägliche Arbeitsprozesse stattfinden. Diese Lern- und Arbeitsprozesse können innerhalb, an der Grenze oder auch außerhalb des Unternehmens stattfinden und alle für ein Unternehmen relevante Anspruchsgruppen betreffen. Der Vorteil eines Lernraums ist, dass er nicht an organisatorische Grenzen gebunden ist, sondern organisationsübergreifend gestaltet werden kann. Ein Lernraum kann mit einem E-Learning-Projekt kongruent sein, er kann aber auch mehrere klei-

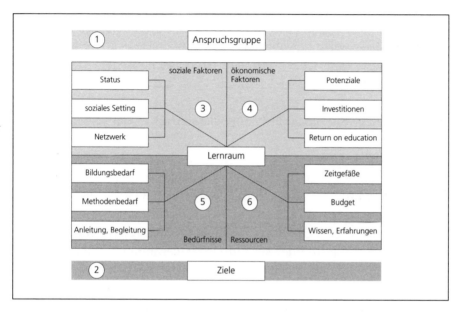

Abbildung 3-51: Spezifikation eines Lernraums

nere E-Learning-Projekte umfassen. Jeder Lernraum wird durch eine Reihe von Faktoren spezifiziert, die in Abbildung 3-51 veranschaulicht sind. Die Spezifikation dieser Faktoren hilft mit, die Rahmenbedingungen für einen Lernraum zu kennen und ein daran angepasstes Bildungs- und E-Learning-Angebot zu gestalten. Die Nummern in der Grafik korrespondieren mit den Nummern im nachfolgenden Text.

Die beiden zentralen Spezifikationsfaktoren sind:

1. Anspruchsgruppe: Welche Anspruchsgruppe ist für einen spezifischen Lernraum maßgebend? Handelt es sich um langjährige Mit-

arbeiter, um Berufseinsteiger, um eine bedeutende Kundengruppe oder um die Außendienstmitarbeiter eines neuen Handelspartners? Durch welche Merkmale zeichnet sich eine solche Anspruchsgruppe aus (Erfahrungshintergrund, Wissenshintergrund, Rollen, Positionen, Status etc.)?

2. Ziele: Welche Ziele sind für die Anspruchsgruppe maßgebend? Sind diese Ziele selbst gewählt oder von außen vorgegeben? Wie lassen sich diese Ziele weiter aufteilen (strategische Ziele, ökonomische Ziele, pädagogische Ziele, soziale Ziele etc.).

Weitere wichtige Spezifikationsfaktoren lassen sich in vier Felder einteilen:

3. Soziale Faktoren:
– Der «Status» eines Lernraums: Wie lange besteht der Lernraum schon? Wurde er eben «eröffnet», oder gibt es bereits eine eigentliche «Lernraum-Historie» (im Sinne einer Lernraum-Biografie)? Wie setzen sich die Beteiligten zusammen? Gehören sie alle zur gleichen «Generation» oder sind in einem Lernraum Teilnehmerinnen und Teilnehmer aus verschiedenen «Lern-Generationen» vertreten?
– Soziales Setting: Wie sehen die sozialen «Innenbeziehungen» eines Lernraums aus? Wie stehen die Beteiligten zueinander? Welche offenen oder verdeckten Machtverhältnisse bestimmen das soziale Setting eines Lernraums?
– Netzwerk: Nebst den «Innenbeziehungen» interessieren auch die «Außenbeziehungen». Die sozialen Beziehungen, die durch die Teilnehmerinnen und Teilnehmer in einen Lernraum eingebracht werden, können als soziale Ressource betrachtet werden und vernetzen den Lernraum mit seinem Umfeld. Dadurch ist jeder Lernraum in ein spezifisches soziales Netzwerk eingebunden.

4. Ökonomische Faktoren:
– Potenziale: Welche ökonomischen und strategischen Potenziale können durch den Aufbau eines Lernraums freigesetzt werden? Wo werden Kosten eingespart und wo entstehen neue Kosten? Welche strategischen Vorteile eröffnen sich einerseits durch einen spezifi-

schen Lernraum? Welche Risiken werden damit andererseits eingegangen?
- Investitionen: Welche Investitionen müssen getätigt werden und welches Budget steht zur Verfügung, um einen Lernraum zu gestalten?
- Return on Education: Welche «Ergebnisse» werden erwartet? Was bringt es dem Unternehmen, in einen konkreten Lernraum zu investieren? Was bringt es den Beteiligten? Wie werden die «Ergebnisse» gemessen?

5. Bedürfnisse:
- Bildungsbedarf: Welches sind die individuellen und die gemeinsamen Bildungsbedürfnisse der Teilnehmerinnen und Teilnehmer? Lassen sich diese vereinen oder zeigen sich unvereinbare Gegensätze auf?
- Methodenbedarf: Welche Lernmethoden sind für den spezifischen Lernraum die richtigen? Braucht es stark fremdgesteuerte und curricular strukturierte Methoden oder eher selbstgesteuerte und offene Methoden?
- Anleitung, Begleitung: Welcher Bedarf besteht nach instruktionaler Anleitung und Unterstützung sowie nach pädagogisch-beratender Begleitung und externer Betreuung?

6. Ressourcen:
- Zeitgefäße: Welche Zeitgefäße stehen zur Verfügung? Handelt es sich um einen Lernraum mit einer sequenziellen oder einer offenen Zeitstruktur?
- Inhalte/Themen: Welche inhaltlichen und thematischen Ressourcen stehen bereits zur Verfügung? Können unternehmenseigene Daten und Ressourcen genutzt werden oder müssen alle Inhalte bei einem externen Content-Provider eingekauft werden?
- Wissen, Erfahrungen: Welches Wissen und welche Erfahrungen bringen die Beteiligten mit? Welches Wissen und welche Erfahrungen wollen sie in den Lernraum einbringen?

3.1.4 Die Ebene der Lernprozesse

Lernprozesse können einerseits aus kognitionspsychologischer Sicht, andererseits als didaktisch und methodisch geplanter Ablauf von Lernvorgängen verstanden werden.

1. Lernprozesse als kognitionspsychologischer Vorgang:
Unter Lernprozessen werden individuelle Vorgänge verstanden, die dazu führen, dass ein Individuum etwas lernt. Dabei reduziert sich Lernen nicht auf den Erwerb eines Lerninhalts. Unter Lernen wird allgemeiner jede Veränderung der kognitiven Konzepte und Strukturen sowie eine Änderung des Verhaltens eines Individuums verstanden. Seel weist darauf hin, dass der Begriff «Lernprozess» in seiner Definition umstritten ist. Einigkeit zwischen unterschiedlichen Lerntheorien herrscht lediglich in zwei Punkten: «Lernen wird definiert als Veränderung von ‹Verhalten› in spezifischen Situationen, wobei ein Vergleich zwischen dem Verhalten zu einem Zeitpunkt t_1 (=Anfangszustand) und dem Verhalten zu einem Zeitpunkt t_2 (=angezielter Endzustand) vorgenommen wird. Zweitens wird bezüglich dieses ‹Verhaltens› – wie schon bei [Hilgard/Bower 1971] – eine Unterscheidung zwischen elementaren Formen des Lernens im Sinne der Reiz-Reaktions-Theorien und höheren Formen der kognitiven Verarbeitung zugrunde gelegt.» [Seel 2000, 29]

Lernprozesse finden oft in einem Lehr-Lern-Setting statt, in dem eine Person mit einem höheren Kenntnis- und Erfahrungsstand einer anderen Person etwas vermittelt. Dies gilt selbst in partnerschaftlichen Lernsituationen von Lernenden, da es kaum der Fall sein wird, dass dabei alle beteiligten Personen über einen identischen Wissens- und Erfahrungsstand verfügen. Lernen und Lehren gehören damit oft zusammen: «Tatsächlich wird Lehren und Lernen seit der Antike als das gemeinsame i.d.R. methodische Handeln zweier (oder mehrerer) Partner verstanden, durch das wenigstens einer von ihnen sich Lerngegenstände (praktische oder theoretische Fertigkeiten) aneignet. *Lehren* zielt auf die Vermittlung dieser Fertigkeiten mit Hilfe geeigneter Zeichenhandlungen, durch deren Vollzug oder Ergebnis der Lernende zur oder bei der Aneignung der Fertigkeiten angeleitet wird, was dann als Lernen bezeichnet wird. Lehren intendiert Lernen, das wiederum den Zweck von Lehren konstituiert, ihm

3.1 Begriffe und Grundlagen

also ‹vorgeschaltet› ist und von kognitiven, motivationalen, affektiven und sozialkulturellen Bedingungen bestimmt wird.» [Seel 2000, 24.]

2. Lernprozesse als geplanter Ablauf von Lernvorgängen:
Jedes E-Learning-Projekt bedarf einer geplanten und strukturierten Abfolge von Lernprozessen. Lernprozesse haben aus dieser Sicht Ähnlichkeiten mit Workflows. Lernprozesse lassen sich durch drei Aspekte definieren:
– durch den Lerninhalt
– durch die Anspruchsgruppe
– durch die Lehrenden

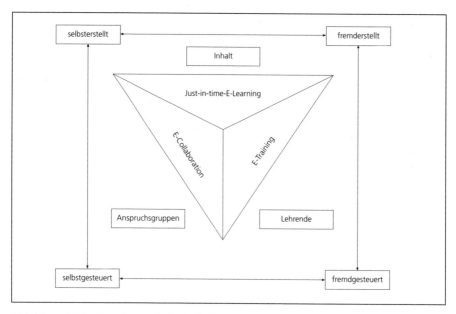

Abbildung 3-52: Gestaltungsdreieck für Lernprozesse

Mit diesen drei Aspekten lässt sich in Anlehnung an [Hopmann 2001] ein Gestaltungsdreieck aufspannen (vgl. Abbildung 3-52). Jeder Seite dieses Gestaltungsdreiecks kann ein methodisches Gestaltungselement zugeordnet werden:
– Gestaltungselement «E-Training»: Darunter fallen alle Lernmethoden, die überwiegend von Lehr- oder Coachingpersonen ausgehen und instruktionsorientiert sind.

- Gestaltungselement «E-Collaboration»: Darunter fällt die Gestaltung eines kollaborativen Settings, in dem die Kommunikation, die Interaktion und die Zusammenarbeit zwischen den Lernenden oder den Mitarbeitenden im Mittelpunkt stehen.
- Gestaltungselement «JIT-E-Learning»: Darunter fallen alle Angebote, die auf die Unterstützung beim Umgang mit Lern- oder Arbeitsinhalten ausgerichtet sind.

In das Gestaltungsdreieck – bestehend aus E-Training, E-Collaboration und JIT-E-Learning – lässt sich zusätzlich die Unterscheidung zwischen selbstgesteuertem und fremdgesteuertem Lernen sowie zwischen selbsterstellten und fremderstellten Inhalten aufnehmen. Während die Vermittlung von Wissen (E-Training) eher fremdgesteuertes Lernen durch Lehren erfordert, unterstützen kollaborative Settings (E-Collaboration) stärker die Selbststeuerung von Lernprozessen. Auch die Erstellung von Inhalten lässt sich in der Spannung von Fremderstellung und Selbsterstellung sehen. Inhalte müssen nicht immer fertig bereitgestellt werden. Oft kann es den Lernprozess stark unterstützen und die Identifikation mit dem Lerninhalt erhöhen, wenn den Teilnehmenden die Möglichkeit gegeben wird, die Lerninhalte selber zusammenzustellen und zu gestalten.

3.2 Gestaltungsgrundsätze

Oft scheitern E-Learning-Projekte, weil auf gewisse kleine Details zu wenig Wert gelegt oder weil davon ausgegangen wird, dass sie bekannt und beherrscht werden. Es sind aber gerade solche «Offensichtlichkeiten», die einer speziellen Aufmerksamkeit bedürfen. Es gibt darum eine Reihe von Gestaltungsgrundsätzen, die für jeden Lernraum gelten (Abbildung 3–53). Diese werden im Folgenden erläutert.

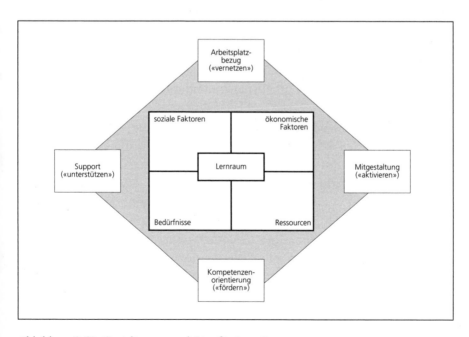

Abbildung 3-53: Gestaltungsgrundsätze für Lernräume

3.2.1 Kompetenzenorientiertes Lernen

Ein wichtiger Gestaltungsgrundsatz ist die Ausrichtung eines Lernraums auf den Erwerb und die Anwendung von konkreten Kompetenzen. Jeder Lernraum soll kompetenzenorientiertes Lernen «fördern». Dabei können – wie Abbildung 3-54 zeigt – verschiedene Kompetenzen gefördert werden. Jeder Kompetenzentyp erfordert eine spezifische Gestaltung des entsprechenden Lernraums. So verlangen beispielsweise Basiskompetenzen mehr instruktionale Lernformen, während Sozial- oder Handlungskompetenzen mehr soziale und kollaborative Lernformen erfordern.

Abbildung 3-54: Kompetenzentypen

3.2.2 Anwendungs- und arbeitsplatzorientiertes Lernen

Ein weiterer wichtiger Gestaltungsgrundsatz ist die Ausrichtung eines Lernraums an den konkreten Problemen und Bedürfnissen des Arbeitsalltags (Anwendungsbezug). Lernen findet immer weniger in Seminaren, sondern immer mehr direkt am Arbeitsplatz statt (Arbeitsplatzorientierung). E-Learning-Angebote setzen bei den Fragestellungen des Arbeitsplatzes an. Kurse sind nicht mehr abgeschlossene Gefäße, sondern haben Schnittstellen zu Realtime-Informationen, externen Personen und zu unterschiedlichsten Wissens- und Unternehmensressourcen. Lernen und Arbeiten, Theorie und Praxis sowie Lernende und Experten müssen miteinander vernetzt werden. Insofern kommt einem Lernraum die Aufgabe zu, Gegensätze miteinander zu «vernetzen».

3.2.3 Supportorientiertes Lernen

Jeder Lernraum muss so gestaltet sein, dass er die Anwenderinnen und Anwender bei der Nutzung der E-Learning-Angebote optimal unterstützt. Deshalb müssen effiziente Nutzungsmuster und -kombinationen aufgezeigt werden, die die Lernleistung und die Arbeitsleistung sichtbar verbessern und optimieren. Ein Lernraum muss also so gestaltet sein, dass er die Lern- und Arbeitsprozesse der Beteiligten optimal «unterstützt». Oft ist dafür ein eigentlicher Faciliator erforderlich, der die Anwenderinnen und Anwender bei der Nutzung der E-Learning-Angebote unterstützt. Ein guter Facilitator regt an, ermutigt, ermahnt, lobt, stellt etwas richtig und aktiviert (vgl. [Schwarz 1994]).

Oft werden E-Learning-Angebote auch nicht genutzt, weil es den Anwenderinnen und Anwendern an Basis-Kenntnissen fehlt. So kann man heute noch nicht davon ausgehen, dass Computer-Literacy-Skills wie z. B. der Umgang mit dem Internet oder die Nutzung einer Office-Suite-Software bei allen Lehrenden und Lernenden vorausgesetzt werden können. Auch das Wissen und die Erfahrung, wie man sich in einer elektronischen Lernumgebung bewegt und verhält oder die Kenntnis, wie man persönliche Informations- und Wissensmanagement-Tools beim Lernen einsetzt, können nicht vorausgesetzt werden. In einem Lernraum oder über einen Facilitator müssen Anwenderinnen und Anwender darum Antworten und Unterstützung zu folgenden Fragen finden:

- Wo finde ich was?
- Wo bekomme ich Hilfe?
- Wo kann ich Verbesserungsvorschläge deponieren?
- Wie nutze ich die E-Learning-Angebote am effektivsten für meine Bedürfnisse?

Schließlich ist auch der Umgang mit der Zeit ein Problem, das nicht vergessen werden darf. Lernen und Arbeiten miteinander zu kombinieren, ist keine triviale Angelegenheit. Auch hier brauchen die Anwenderinnen und Anwender Unterstützung bei der Gestaltung des eigenen Zeitmanagements.

3.2.4 Mitgestaltungsorientiertes Lernen

Lernräume sollten so gestaltet sein, dass sie eine möglichst hohe Mitgestaltungsmöglichkeit seitens der Anwenderinnen und Anwender ermöglichen. Einerseits nimmt damit die Identifikation mit dem Lerngegenstand und dem Lernprozess zu, andererseits verbessern sich durch die Mitgestaltung auch die Lernprozesse an sich. Mitgestaltung bedeutet, dass die Anwenderinnen und Anwender viele Variablen des Lernraums selber bestimmen und gestalten. So können die Lernenden beispielsweise selber Anwendungsbeispiele einbringen, die Gegenstand einer Fallbearbeitung werden, oder sie erhalten die Möglichkeit, ein bestimmtes Budget selber zu verwalten, mit dem externe Fachexperten eingeladen werden können, oder die Lernenden übernehmen via vordefinierter Rollen die Steuerung «ihres» Lernraums. Die Gestaltung des Lernraums hat somit auch die Aufgabe, die Beteiligten zu «aktivieren».

3.3 Gestaltungsmöglichkeiten

Sind ein Lernraum und die mit ihm zusammenhängenden Lern- und Arbeitsprozesse nach diesen grundlegenden Gestaltungsansätzen gestaltet, so lässt sich weiter die zeitliche Strukturierung eines Lernraums sowie die Gestaltung von Lern- und Arbeitsprozessen verfeinern. Im folgenden Kapitel werden dazu sowohl verschiedene zeitliche Strukturierungsmöglichkeiten für Lernräume als auch Gestaltungselemente für die Gestaltung von Lernprozessen aufgezeigt. Lernarchitekturen entziehen sich einer solchen Ausgestaltung und werden darum im Folgenden nicht weiter untersucht.

3.3.1 Gestaltungsmöglichkeiten für Lernräume

In der traditionellen Aus- und Weiterbildung sind Lern- und Arbeitsformen relativ klar voneinander getrennt. Kurse werden entweder in Seminaren durchgeführt oder direkt am Arbeitsplatz des Mitarbeitenden. In beiden Fällen besteht eine deutliche Zäsur zwischen Lern- und Arbeitsphasen. Mit der Einführung von E-Learning-Maßnahmen beginnen sich diese und andere Trennungen aufzulösen. Es eröffnen sich eine Fülle methodischer Kombinationsmöglichkeiten, die sowohl das Potenzial als auch die Schwierigkeit technologie- und internetbasierten Lernens und Arbeitens ausmachen.

– Es lassen sich verschiedene Lernmethoden miteinander kombinieren.
– Es lassen sich verschiedene Lern- und Arbeitsphasen miteinander kombinieren.

- Es lassen sich verschiedene Rollen miteinander kombinieren (Experten und Lernende, Mitarbeitende und Kunden etc.).
- Es lassen sich Lernformen miteinander kombinieren (individuelles Lernen, Lernpartnerschaft, Lerngemeinschaft, Expertengemeinschaft, Lernnetzwerk etc.).
- Es lassen sich Inhalte aus unterschiedlichsten Quellen miteinander kombinieren.

Grundsätzlich ist jeder der genannten Aspekte oder Faktoren mit allen anderen kombinierbar (darauf wird in Kapitel 4 noch ausführlicher eingegangen). Beispiele hierfür sind: Warum sollen externe Experten nicht in einen CBT-basierten Lernkurs eingebunden werden, wenn der CBT-Kurs seinerseits in eine Webumgebung integriert ist und so Experten elektronisch kontaktiert werden können? Weshalb werden für Kurse Inhalte neu erstellt und nicht die bestehenden unternehmensweiten Datenquellen genutzt? Unternehmensweite Datenquellen haben den Vorteil, dass sie aktuell sind, gepflegt werden und praxisbezogen sind. Werden diese dynamisch in einen Kurs eingebunden, so verfügt der Kurs automatisch über die aktuellsten Daten. Oder warum sollen die Teilnehmenden einer Lerngemeinschaft nicht durch Paten aus einer Expertengemeinschaft unterstützt werden?

Die Kombinationsmöglichkeiten, die sich ergeben, sind beinahe unerschöpflich und werden in Zukunft die Kreativität von Kursentwicklern und Educational Designers, Organisations- und Personalentwicklern aber auch von Customer-Relationship-Managern etc. anregen und herausfordern. Es gibt aber auch Gründe, die Kombinationsfülle sorgfältig einzusetzen oder gar einzuschränken. Es macht z.B. keinen Sinn, zu schnell hintereinander neue Lern- und Arbeitsformen einzuführen. Bewährte Formen sollen schrittweise durch neue Kombinationsmöglichkeiten ergänzt oder ersetzt werden und auch nur dort, wo sie entsprechend effizienter und effektiver sind.

Ein weiterer wichtiger Aspekt ist auch die zeitliche Strukturierung von Lernräumen. Es lassen sich grundsätzlich zwei unterschiedliche Strukturierungsansätze unterscheiden. Lernräume mit einer sequenziellen Zeitstruktur folgen einem Curriculum und zeichnen sich durch eine Kursstruktur aus. Lernräume mit einer offenen Zeitstruktur sind virtuelle Lern-

3.3 Gestaltungsmöglichkeiten

und Arbeitsräume für Lern- oder Praxisgemeinschaften, die weniger durch ein Curriculum als vielmehr durch Events und Gemeinschaftsrituale strukturiert werden (vgl. [Kim 2000]).

1. **Lernräume mit einer sequenziellen Zeitstruktur:**
Lernräume mit einer sequenziellen Zeitstruktur sind Lernräume, die auf einen curricular und instruktional aufbereiteten Lerninhalt hin ausgerichtet sind. Die Wissensvermittlung steht im Mittelpunkt. Die Lernprozesse verteilen sich auf virtuelle und nichtvirtuelle Bestandteile (Abbildung 3-55).

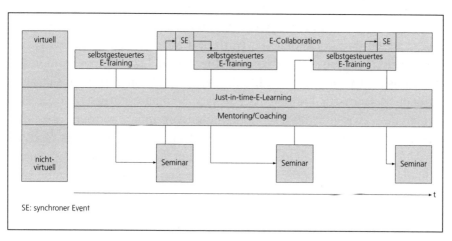

Abbildung 3-55: Lernprozess in einem Lernraum mit sequenzieller Zeitstruktur

Der in Abbildung 3-55 dargestellte instruktional ausgerichtete Lernprozess beginnt mit einem selbstgesteuerten E-Training, in dem sich die Teilnehmenden Grundlagenkenntnisse zu einer bestimmten Thematik via Web selber erarbeiten. Anschließend treffen sich die Teilnehmenden in einem Face-to-face-Seminar, in dem der Lerninhalt sowohl durch einen Experten als auch in gemeinsamen Workshops weiter vertieft wird. Nach dem Seminar steht den Teilnehmenden ein asynchrones Diskussionsforum zur Verfügung, in das Diskussionsbeiträge eingestellt werden können. Ergänzt wird diese Austauschform durch synchrone Lektionen in einem «virtuellen Klassenzimmer» (z. B. mit Centra, Interwise oder Placeware), wo die Teilnehmenden die Möglichkeit haben, von ihrem Arbeitsplatz aus direkt mit «ihrem» Experten zu sprechen (via Voice over IP) und sich auch mit ihren Kollegen auszutauschen. Zusätzlich stehen weitere Angebote für Just-in-time-E-Learning zur Verfügung (z. B. in Form von kleinen, ergänzenden Lerneinheiten, die «zwischendurch» bearbeitet werden können), und der ganze Prozess wird durch Mentoren und Coaches betreut.

Eine solche – hier verkürzt dargestellte – Form des Lernens in unterschiedlichen Umgebungen und mit unterschiedlichen Medien setzt sich beispielsweise in der Managementausbildung immer mehr durch.

2. Lernräume mit einer offenen Zeitstruktur:
Lern- und Arbeitsräume mit einer offenen Zeitstruktur sind auf einen kommunikativen und kollaborativen Lern- und Arbeitsinhalt ausgerichtet und eignen sich für Lern- und Praxisgemeinschaften. Der Wissens- und Erfahrungsaustausch steht im Mittelpunkt. Auch in einem Lernraum mit einer offenen Zeitstruktur können Face-to-face-Seminare eingesetzt oder Präsenztreffen zwischen den Teilnehmenden vereinbart werden, aber dies geschieht bedarfsorientiert oder als eigentlicher Event und folgt nicht einer curricularen Logik. Grundsätzlich stehen auch sonst alle Möglichkeiten wie in einem sequenziell strukturierten Lernraum zur Verfügung (Abbildung 3-56).

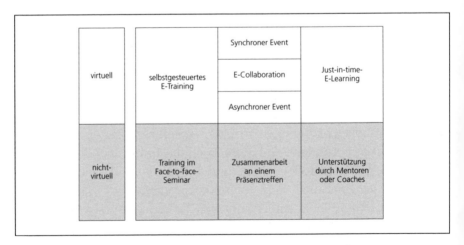

Abbildung 3-56: Angebote in einem Lernraum mit offener Zeitstruktur

3.3 Gestaltungsmöglichkeiten

Ein solcher mit einer offenen Zeitstruktur gestalteter Lernraum eignet sich beispielsweise für den Aufbau einer Lern- oder Praxisgemeinschaft, in welcher ein Lerninhalt gemeinsam erarbeitet werden soll, in der an einem gemeinsamen Projekt gearbeitet wird oder in der zu einer bestimmten Thematik Wissen und konkrete Erfahrungen zusammentragen werden. Eine solche Lern- oder Praxisgemeinschaft ist weitgehend selbstorganisiert und selbstgesteuert. Je nach Bedarf können aber Mentoren- oder Coaching-Angebote integriert werden.

Die Lern- und Arbeitsprozesse in solchen Lern- und Praxisgemeinschaften verlaufen parallel zu anderen Arbeitstätigkeiten oder sind gar mit diesen deckungsgleich. Eine Mitarbeiterin oder ein Mitarbeiter kann Mitglied verschiedener Lern- und Praxisgemeinschaften sein. Die Tätigkeiten können sich dabei auf die Arbeitszeit wie auch auf die Freizeit verteilen. Damit werden Lernräume mit einer offenen Zeitstruktur zu einem integralen Teil der alltäglichen Arbeitsprozesse. Eher vertikal dazu verlaufen Lernprozesse mit einer sequenziellen Zeitstruktur. Sie müssen ebenfalls in den Arbeitsalltag integriert werden. Dies geschieht durch eine Verteilung der Lernprozesse auf die Seminarzeit *(off-the-job)*, auf die Arbeitszeit (*on-the-job*) sowie auf die Freizeit (*beyond-the-job*). Abbildung 3-57 zeigt die Integrationsmöglichkeit von Lernräumen mit einer sequenziellen resp. mit einer offenen Zeitstruktur in die Seminar-, Arbeits- und Freizeit auf.

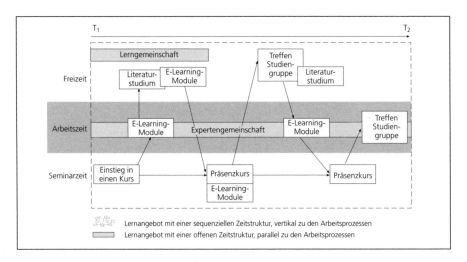

Abbildung 3-57: Integration von Lernräumen mit sequenzieller und offener Zeitstruktur

Die Abbildung 3-57 zeigt auf, wie z.B. die Zeitverteilung einer Mitarbeiterin aussehen könnte. Sie ist erstens Mitglied in einer Lerngemeinschaft, an der sie vorwiegend während ihrer Freizeit teilnimmt. Zweitens ist sie Mitglied in einer Expertengemeinschaft, an der sie ausschließlich während ihrer Arbeitszeit teilnimmt. Drittens ist sie auch Teilnehmerin in einem Kurs, der in Seminaren, aber auch über E-Learning-Module absolviert wird. Zusätzlich erfordert dieser Kurs auch ein eigentliches Literaturstudium, das in der Freizeit geleistet wird, sowie die Teilnahme an einer Studiengruppe, die sich lokal trifft, um gemeinsam einen Kursinhalt zu vertiefen oder um gemeinsam eine Studienarbeit zu erstellen. Die Studiengruppe kann auch über den Kurs hinaus weiterbestehen und sich zu einer eigentlichen Lern- oder Praxisgemeinschaft entwickeln, an der dann gegebenenfalls auch weitere Personen teilnehmen können.

3.3.2 Gestaltungsmöglichkeiten für Lernprozesse

Auf der Ebene der Lernprozesse können die drei Gestaltungselemente «E-Training», «E-Collaboration» und «Just-in-time-E-Learning» (vgl. Gestaltungsdreieck, Abbildung 3-52) eingesetzt werden, um die Lernprozesse eines Lernraums methodisch zu gestalten. Im Folgenden sollen diese drei Gestaltungselemente genauer vorgestellt werden.

3.3.2.1 E-Training – instruktionsorientiert

Dieses Kapitel behandelt einzelne Lernmethoden im Bereich E-Training (vgl. Abbildung 3-58)[3]. Im Folgenden werden – wie Abbildung 3-59 zeigt – vier Lernmethoden unterschieden: E-Teaching, E-Tutorials, E-Assignments und E-Discussions. Die Nummern beziehen sich auf unten stehende Aufzählung, in der die einzelnen Lernmethoden kurz erläutert werden.

Das Kennzeichen von E-Teaching ist, dass ein oder mehrere Lehrende den Lernenden Unterricht über ein Lernsystem erteilen; es handelt sich um lehrerzentrierte Methoden, bei denen Faktenwissen vermittelt wird. Der Lernende ist eher passiv und «konsumiert» die Informationen. Das Lernsystem fungiert als Transportmittel der Inhalte.

3.3 Gestaltungsmöglichkeiten

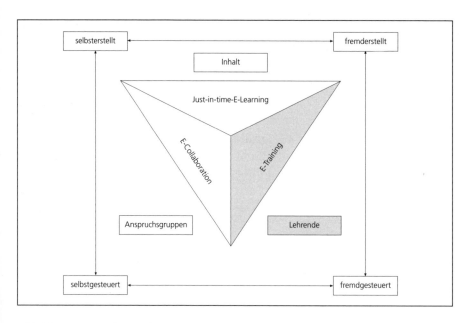

Abbildung 3-58: Fokus auf E-Training

E-Tutorials können abhängig von den eingesetzten Tutorials von eher lehrer- bzw. systemzentrierten Methoden bis hin zu lernerzentrierten Methoden variieren, abhängig von der Flexibilität des Systems, das den Lernenden Freiheitsgrade zu selbstbestimmtem Lernen lässt. Interaktionen finden ausschließlich zwischen dem System und dem Lernenden statt. Ein Tutor kann zusätzlich als Supportstelle zur Verfügung stehen. Der Ablauf der Lernsequenz bzw. der Übungs- oder Testfragen muss mit aussagekräftigem Feedback ins System «gegossen» werden. Vor allem Strukturierung und Aufbereitung der Lerninhalte sind hierbei von großer Bedeutung.

Als «E-Assignments» können lernerzentrierte Methoden bezeichnet werden, die dem Teilnehmer die Möglichkeit eines intensiven Selbststudiums mit zur Verfügung gestellten Lernmaterialien und zu lösenden, meist komplexeren Aufgaben darbieten. Im Unterschied zu E-Tutorials bedient sich die Tutorin oder der Tutor verschiedener Werkzeuge, wie z.B. webbasierter Autorensysteme, mit denen man ohne Programmierkenntnisse Aufgabenstellungen sowie verschiedene Testarten generieren kann.

Das Feedback, das hier die Lernenden erhalten, ist nicht fertig im System implementiert. Ein menschlicher Betreuer kann individuelles Feedback und problemspezifische Hilfestellung geben.

E-Discussions sind teamzentrierte Methoden, bei denen der Lehrer eher in den Hintergrund rückt und die Teilnehmer selbst aktiv ihr Wissen austauschen. Bei diesen Lernformen stehen Interaktion und Diskussion über die Lerninhalte im Vordergrund. Beispiele für teamzentrierte Methoden können von einfachen Online-Umfragen über freie oder geschlossene Diskussion bis hin zu projektbegleitenden Learning Cycles führen.

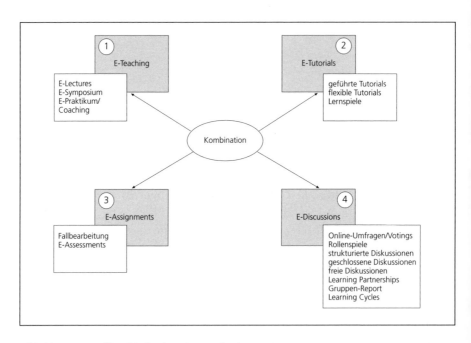

Abbildung 3-59: Überblick über die Methoden «E-Training»

1. E-Teaching

Als Unterformen von E-Teaching können E-Lectures, E-Symposium und E-Praktikum/Coaching aufgeführt werden. Allen Formen gemeinsam ist die Fokussierung auf Lehrer und Fachexperten, die ihr Wissen in kompakter Form vermitteln.

3.3 Gestaltungsmöglichkeiten

a) E-Lectures:
Das charakteristische Merkmal bei E-Lectures ist, dass ein Dozent aktiv mehreren Lernenden Informationen übermittelt und somit eine 1:m-Kommunikationsbeziehung vorliegt. Für diese Lehrform können zwei grundsätzlich unterschiedliche Lehrformen unterschieden werden, nämlich die synchrone und die asynchrone Vermittlung. Bei der synchronen Vermittlung nehmen alle Teilnehmer an Referat oder Vorlesung zur gleichen Zeit teil. Es handelt sich um eine Liveveranstaltung. Bei der asynchronen Vermittlung können von den Lernenden oder auch Informationssuchenden Aufzeichnungen abgespielt werden.

b) E-Symposium:
Im Unterschied zu E-Lectures gibt es beim E-Symposium mehrere Dozierende, die z. B. als Fachexperten auftreten können und aus verschiedenen Sichtweisen ein Thema beleuchten. Nicht der Diskurs unter den Fachexperten steht dabei im Vordergrund, sondern die gesammelte Betrachtung der Referenten. Dabei sollte den Teilnehmenden die Möglichkeit offeriert werden, Fragen an die Referenten des Symposiums zu stellen.

c) E-Praktikum/Coaching:
Das Ziel bei einem E-Praktikum bzw. Coaching ist es, dass eine Person, die sich bereits auf einem bestimmten Gebiet auskennt, einer anderen Person zur Seite steht, um deren Lernprozesse bei der Einführung in die Thematik zu unterstützen. Daher herrscht eine 1:1-Kommunikation vor, wobei unterschieden werden kann, ob die Expertin oder der Experte auf gleicher Stufe steht wie der «Neuling» oder «Novize», oder ob es sich dabei um einen Vorgesetzten handelt, der darüber hinaus eine Mentorrolle oder eine Patenschaft übernimmt, mit der gewisse Verantwortlichkeiten aufgrund seiner Position verbunden sind.

2. E-Tutorials

E-Tutorials sind Methoden des Computer-based Training (CBT) oder des Web-based Training (WBT). Bei CBT und WBT handelt es sich um Lernanwendungen, die es dem Lernenden erlauben, eigenverantwortlich und in selbstbestimmtem Lerntempo Fähigkeiten und Kenntnisse zu erwerben. Man spricht auch, von den Medien abstrahierend, von Self-directed Learning. Die Ausgestaltung derartiger Lernsysteme ist sehr facettenreich, so dass ein breites Spektrum an unterschiedlichen Programmformen existiert. Der Einfachheit halber sollen zwei Extremformen unterschieden werden, um zumindest Anhaltspunkte für die breite Thematik an E-Tutorials zu geben. Dabei wird in geführte Tutorials auf der einen Seite sowie flexible Tutorials auf der anderen Seite differenziert. Die Einordnung der Lehr- bzw. Lernmethode ist davon abhängig, ob es sich um geführte oder flexible Tutorials handelt. Als eigene Kategorie werden hier Lernspiele behandelt, wobei diese methodisch zu den flexiblen Tutorials gezählt werden können.

a) Geführte Tutorials:
Geführte Tutorials sind eher «systemzentrierte» als lehrerzentrierte Methoden, denn die Interaktion zwischen dem Lernenden und dem Lernsystem steht im Vordergrund. Der Lernende nimmt Informationen auf und reagiert auf Anfragen und Vorgaben des Systems. Typische Beispiele für geführte Tutorials sind «Drill & Practice»-Systeme oder Guided Tours, die eine Einführung in ein Thema geben. Bei bestimmten Problemfällen kann die Hilfe von Tutorinnen und Tutoren hinzugenommen werden.

b) Flexible Tutorials:
Flexible Tutorials lassen sich den lernerzentrierten und system- bzw. lehrerzentrierten Methoden zuordnen. Dabei steht die Interaktion zwischen dem Lernenden und dem System im Vordergrund. Der Lernende kann hier aber frei agieren und sich nach seinen Vorstellungen im System bewegen bzw. dieses manipulieren. Zudem können die Lernenden in Gruppen zusammenarbeiten und Probleme gemeinsam oder in Konkurrenz zueinander lösen. In diese Kategorie fallen z. B. Simulationsprogramme, Mikrowelten, Planspiele und Software, die freies Problemlösen unterstützt. Bei bestimmten Problemfällen kann hier ebenfalls die Hilfe eines Tutors zugeschaltet werden.

c) Lernspiele:
Lernspiele werden mehr und mehr als Instrument im Bereich E-Learning eingesetzt. Die Begriffe, die sich in Bezug auf die Prozesse und Strategien im Umfeld dieses Phänomens durchsetzen, sind «Digital Game-based Learning» und «Edutainment». Es geht darum, Lerninhalte mit Computer- und Videospielen zu kombinieren. Man hofft auf diese Weise insbesondere die Generation der unter 40-Jährigen anzusprechen und zu einem spielerischen Umgang mit Wissen zu bringen (vgl. [Prensky 2001]). Die Rezeptionsgewohnheiten dieser Gruppe, etwa die Bevorzugung von Grafiken vor Text, der aktionsgetriebene Umgang mit dem Medium und die Neigung zu spielerischen Aktivitäten selbst, sollen Berücksichtigung finden.

3. E-Assignments

E-Assignments können in die Kategorien Fallbearbeitung (Fallstudien/ Korrespondenzstudien) und E-Assessments eingeteilt werden. E-Assignments zählen zu den lernerzentrierten Methoden, da sie den Lernenden Lernsituationen zur Verfügung stellen, die selbstverantwortliche Lernprozesse in Eigenkontrolle ermöglichen.

a) Fallbearbeitung:
Die Lernmethode Fallbearbeitung kann einerseits in die Bearbeitung von Fallstudien/Case Studies und andererseits in Korrespondenzstudien, die vor allem zur Unterstützung von Fremdsprachenunterricht geeignet sind, eingeteilt werden. Fälle sind zeitlich und räumlich abgrenzbare Ereigniskomplexe. Hervorzuhebendes Merkmal ist dabei, dass ein Tutor die zu bearbeitenden Fälle lernzielgerecht aufbereitet, betreut, bei individuellen Problemen Ansprechpartner ist sowie ein Feedback auf die Lernergebnisse des Teilnehmers gibt. Typische Lernaufgaben bei der Methode der Fallbearbeitung zeichnen sich dadurch aus, dass die Lernenden aufgefordert werden, Entscheidungen und Lösungen für den jeweiligen Fall zu finden, zu begründen, zu präsentieren und mit den tatsächlich in der Realsituation gefundenen Lösungen bzw. getroffenen Entscheidungen zu vergleichen.

b) E-Assessments:
Bei E-Assessments steht die Überprüfung eines Wissens- und Kenntnisstands der Lernenden im Vordergrund. Eine Tutorin oder ein Tutor generiert zielgruppengerecht die Testform und stellt sie den Lernenden zur Beantwortung zur Verfügung und gibt ein individuelles Feedback sowie auch eine genaue Beurteilung des Lernergebnisses. Dabei kann zwischen einem spielerischen Quiz, Tests zur Selbstkontrolle sowie Eingangs-, Zwischen- oder Abschlusstests unterschieden werden.

4. E-Discussions

E-Discussions sind Lernformen, die den teamzentrierten Methoden zugeordnet werden können. Bei diesen Lernformen steht die Kommunikation (insbesondere die Diskussion) über die Lerninhalte im Vordergrund. Unterschieden wird hier zwischen Online-Umfragen bzw. Votings, Rollenspielen, strukturierten, geschlossenen oder freien Diskussionen, Learning Partnerships, Gruppenreports und Learning Cycles.

Teamzentrierte Methoden fördern die Eigenkonstruktion von Wissen und Können und unterstützen Lernprozesse, die komplex sind und vielfältige Antworten zulassen. Daher sind diese Lernformen auch eher geeignet für das Lernen von Fortgeschrittenen, die bereits auf Grundlagenwissen aufbauen und kritisch Sachverhalte reflektieren können. Entweder ist das notwendige Orientierungswissen bei den Lernenden schon vorhanden, oder es ist weniger notwendig bei einer Thematik. Berücksichtigt werden sollte insgesamt bei E-Discussions, dass tendenziell mehr Unterrichtszeit eingerechnet werden muss, um gewisse Lernziele zu erreichen.

a) Online-Umfragen/Votings:
Online-Umfragen bzw. Votings sind an und für sich keine expliziten Lernmethoden, können jedoch – je nach Ausgestaltung dieser Lernform – teamzentrierte Lernszenarien unterstützen, indem sie wichtigen Input für die Wissenskonstruktion in einer Gruppe liefern. Dabei stehen die Interaktion und Kommunikation zwischen dem Lernenden, dem System und anderen Lernenden im Vordergrund. Der Lernende kann über das System

3.3 Gestaltungsmöglichkeiten

seine Meinung zu einem Thema abgeben oder ein bestimmtes Voting durchführen. Durch das Beantworten der Fragen hat der Lernende eine aktive Rolle inne. Zur Strukturierung der Umfragen und zum Durchführen des Voting steht den Lernenden ein Moderator zur Seite, der den Verlauf steuert und leitet.

b) Rollenspiele:
Rollenspiele gehören ebenfalls zu den teamzentrierten Methoden. Die Lernenden haben eine aktive Rolle inne, sie müssen sich in Rollen eindenken und dementsprechende Antworten geben. Bei den Lernenden handelt es sich häufig um Teilnehmer eines Seminars. Durch die Rollenspiele kann bei dem einen oder anderen Teilnehmer die Wahrnehmung für ein bestimmtes Problem geschärft werden. Eine Moderatorin oder ein Moderator sollte dabei die verschiedenen Rollen zuordnen und den Teilnehmern Regieanweisungen erteilen.

c) Strukturierte Diskussion:
Strukturierte Diskussionen sind in die Reihe der teamzentrierten Methoden einzuordnen. Die Aktionen der Lernenden stehen dabei im Vordergrund. Sie haben eine in hohem Maße aktive Rolle inne, stellen Diskussionsbeiträge ein und fordern sich gegenseitig. Die Interaktionen der Lernenden können von einer weiteren Person strukturiert und moderiert werden.

d) Geschlossene Diskussion:
Geschlossene Diskussionen gehören ebenfalls zu den teamzentrierten Methoden. Die Lernenden sind eine ausgewählte und geschlossene Gruppe und haben eine aktive Rolle inne. Sie bringen ihre Meinungen zu einem bestimmten Thema anhand von Diskussionsbeiträgen ein und beantworten bzw. hinterfragen die Beiträge der anderen Teilnehmer kritisch. Eine Person in der Moderatorenrolle kann den Diskussionsfluss leiten und die Teilnehmer dazu motivieren, ihre Beiträge einzustellen.

e) Freie Diskussion:
Bei einer freien Diskussion handelt es sich ebenfalls um eine teamzentrierte Methode. Den Lernenden kommt hier voll und ganz eine aktive Rol-

le zu. Sie bestimmen das Thema, den Verlauf und die Struktur einer Diskussion. Ein Moderator kann für den Start oder für eine gewisse Koordination zur Verfügung stehen. Bei auftretenden Problemen oder zur Motivierung der Teilnehmer greift er oder sie unterstützend ein.

f) Learning Partnerships:
Auch Learning Partnerships zählen zu den teamzentrierten Lernmethoden. Das Besondere an ihnen ist, dass die Lernenden sich gegenseitig unterstützen und bei auftretenden Problemen gemeinsam neue Lösungswege finden. Die Funktion des Moderators ist dabei die eines Vermittlers; er oder sie kann dann eingreifen, wenn Hilfe bei konkreten Problemfällen benötigt wird.

g) Gruppenreport:
Der Gruppenreport zählt ebenfalls zu den teamzentrierten Methoden. Die Lernenden arbeiten in Gruppen zusammen und haben eine aktive Rolle inne. Dabei kann unterschiedlich vorgegangen werden, indem entweder alle Gruppen das gleiche Thema behandeln oder gleichzeitig unterschiedliche Themen bearbeiten. Eine Person in der Moderatorenrolle kann die Gruppen koordinieren und die Ergebnisse überprüfen.

h) Learning Cycles:
Learning Cycles sind eine spezielle Form von teamzentrierten Lernmethoden. Die Lernenden sind Mitarbeiterinnen oder Mitarbeiter, die während ihrer täglichen Arbeit ein konkretes Projekt bearbeiten. In dieser aktiven Rolle wird von den Lernenden erwartet, dass es zu einem Lernen am Projekt kommt, zu so genannten *lessons learned*. Ein Moderator kann dabei den Diskussionsfluss leiten und die verschiedenen Projektarbeiten koordinieren.

3.3.2.2 E-Collaboration – kommunikationsorientiert

Kollaborative Lern- und Arbeitsformen – die hier unter dem Begriff «E-Collaboration» zusammengefasst werden – kommen überall dort zum Einsatz, wo nicht die instruktional angeleitete und auf das Individuum ausgerichtete Wissensvermittlung im Vordergrund steht, sondern der gemeinsame Aufbau von neuem Wissen und der Austausch von Erfahrungen zwischen *peers*.

Kollaborative Lern- und Arbeitsmethoden werden vor allem eingesetzt, wenn es darum geht, eine Thematik aus unterschiedlichen Perspektiven zu beleuchten und zu bearbeiten. Dabei kommt dem Zusammenspiel von sich wechselseitig ergänzenden Kompetenzen und Erfahrungshintergründen eine wichtige Bedeutung zu. Im Gegensatz zu den eher individuumszentrierten Methoden aus dem Bereich «E-Training» liegt der Fokus beim kollaborativen Lernen und Arbeiten darum stärker auf dem Erarbeiten einer gemeinsamen Wissens- und Erfahrungsbasis, dem Abgleich unterschiedlicher Sichtweisen sowie dem Aufbau gemeinsamer Entscheidungen. Besonders das gemeinsame Konstruieren (engl. *co-construction*) einer Lösung oder einer neuen Idee und die dabei stattfindende gegenseitige Qualifizierung machen die Stärke, aber auch die Schwierigkeit kollaborativer Settings aus. Die Möglichkeit zur gemeinsamen Kommunikation und zum gemeinsamen Dialog erhält dabei einen zentralen Stellenwert. Der Übergang zu den unter «E-Training» genannten Methoden ist aber ein fliessender, da auch dort kommunikative Aspekte eine Rolle spielen können (vor allem in den unter E-Discussions genannten Methoden). Kollaborative Lern- und Arbeitsmethoden weisen aber einen stärkeren Grad an Selbststeuerung auf (vgl. Abbildung 3-60). Der Einfluss der Lehrperson tritt in den Hintergrund und wird durch eine Lernbegleitung, einen Lerncoach, durch didaktische Strukturangebote (Skripte, Anleitungen etc.) sowie durch den Zugang zu kommunikationsfördernden Lern- und Arbeitsumgebungen ergänzt oder ersetzt[4].

Es gibt unterschiedliche kollaborative Settings, die methodisch unterstützt werden können. Die Grundkonstellation oder kleinste Einheit eines kollaborativen Settings besteht aus zwei Personen (z. B. zwei Mitarbeitern) und einem Lern- oder Arbeitsobjekt (z. B. einem Lerntext, einer Fallstudie, einem Projektplan etc.), welches Gegenstand der gemeinsamen Bearbeitung ist. Wichtiger als das Zweierteam sind aber größere Teams, die mit anderen Teams in einem kooperativen oder auch kompetitiven Verhältnis stehen können. Gemeinsam können solche vernetzten Teams zu internen oder unternehmensübergreifenden Lern-, Wissens- oder Expertennetzwerken zusammengefasst werden.

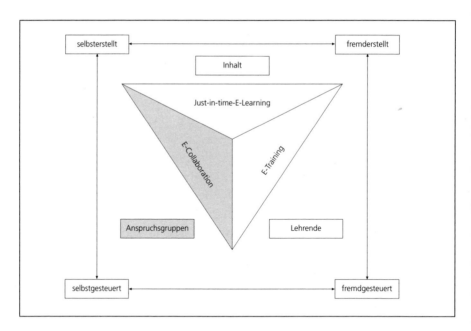

Abbildung 3-60: Fokus auf kollaborative Settings

Wichtig ist auch die Unterscheidung zwischen virtuellen und nichtvirtuellen Settings. Der Vorteil der nichtvirtuellen Settings ist der, dass sich die Lernenden gegenseitig sehen (Face-to-face-Situation) und damit die Kommunikation gestisch und mimisch unterstützen können. In virtuellen Settings liegt der Vorteil darin, dass Wissensinhalte und Erfahrungen einfach gespeichert werden können, dass durch ein zeitversetztes Lernen und Arbeiten mehr Zeit für Reflexion und Argumentation vorhanden ist und dass durch die örtlich verteilten Teilnehmerinnen und Teilnehmer unterschiedliche (unternehmens-)kulturelle Sichtweisen miteinander in Bezug gesetzt werden, was die Bildung multipler Perspektiven fördert.

In der Abbildung 3-61 werden vier kollaborative Settings dargestellt, die sich sowohl bezüglich der Größe der Teams als auch im Grad und in der Form der Technologieunterstützung unterscheiden.

3.3 Gestaltungsmöglichkeiten   G-DSS   189

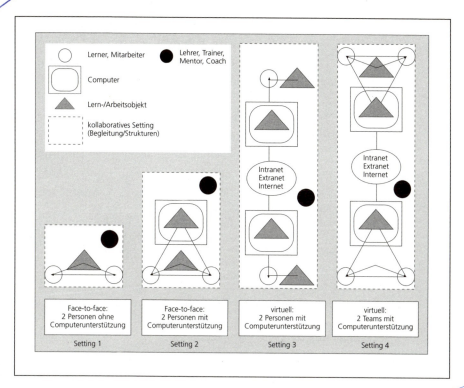

Abbildung 3-61: Verschiedene kollaborative Settings

Setting 1: Face-to-face-Kollaboration ohne Computerunterstützung:
Zwei Personen beschäftigen sich ohne Computerunterstützung mit einem Lern- oder Arbeitsobjekt. Dieses Setting entspricht der Grundkonstellation.

Setting 2: Face-to-face-Kollaboration mit Computerunterstützung:
Zwei Personen werden bei ihrer Zusammenarbeit von einer Computeranwendung oder einem Computersystem unterstützt. Einerseits kann eine Computeranwendung selbst das Lern- oder Arbeitsobjekt der gemeinsamen Bearbeitung bilden. Zwei oder mehr Personen beschäftigen sich beispielsweise mit dem Text einer CD-ROM-basierten Enzyklopädie, oder sie arbeiten mit einer Simulation und diskutieren gemeinsam die dabei auftretenden Ergebnisse, oder sie erstellen mit Computerunterstützung ein gemeinsames Mindmap.

Andererseits gibt es spezielle Computersysteme, die darauf ausgelegt sind, den kollaborativen Lern- oder Arbeitsprozess zweier oder mehrerer Personen, die zueinander Sichtkontakt haben, an sich zu unterstützen. Das Computersystem stellt eine kollaborative Arbeitsumgebung zur Verfügung, die das gemeinsame Bearbeiten und Ablegen von Dokumenten sowie die Verknüpfung dieser Dokumente zu Hypertexten unterstützt (vgl. als klassisches Beispiel das Computersystem CSILE, [Scardamalia/Bereiter/Lamon 1994]), ermöglicht die Darstellung komplexer Zusammenhänge (z. B. ThinkTools, http://www.thinktools.com, vgl. [Rode 2000]) oder unterstützt einen gemeinsamen Entscheidungsprozess (z. B. GroupSystems, http://www.groupsystems.com, [Lewe 1995]).

Setting 3: Virtuelle Kollaboration von zwei Personen via Intranet, Extranet oder Internet:
Die unter Punkt zwei genannten Möglichkeiten lassen sich auch nutzen, wenn sich die beteiligten Personen räumlich nicht am gleichen Ort befinden. Im dritten Setting der Abbildung 3-60 lernen oder arbeiten zwei Personen via Intranet, Extranet oder Internet miteinander. Dafür benötigen sie eine virtuelle und verteilte Lernumgebung oder einen gemeinsamen virtuellen Arbeitsbereich (engl. *shared workspace*). Je mehr der gemeinsame Lern- oder Arbeitsprozess dabei direkte Interaktionen erfordert, desto mehr müssen nebst asynchronen Technologien auch synchrone Technologien eingesetzt werden.

Setting 4: Virtuelle Kollaboration von zwei oder mehreren Teams via Intranet, Extranet oder Internet:
Die komplexeste Form eines kollaborativen Settings umfasst die Zusammenarbeit zweier oder mehrerer Teams. Einem Einzelteam stehen dabei alle Möglichkeiten offen, die unter Punkt 2 (zweites Setting) genannt wurden. Gleichzeitig arbeiten verschiedene Teams miteinander via Intranet, Extranet oder Internet und können dabei alle Möglichkeiten nutzen, die unter Punkt 3 (drittes Setting) erwähnt worden sind. Solche vernetzten Teams können Learning Communities oder Communities of Practice bilden.

Jedes dieser kollaborativen Settings kann oder sollte zusätzlich von Lehrpersonen, Trainern, Mentoren oder Coaches gestaltet, angeleitet und betreut werden. Diese Aufgaben umfassen konkret die Teambildung, die Kommunikationsgestaltung sowie die Unterstützung der kollaborativen Lern- oder Arbeitsprozesse.

1. Teambildung:
Als Basis für ein kollaboratives Setting muss ein lern- und arbeitsfähiges Team gebildet werden. Auch in einem virtuellen Setting geschieht dies mit Vorteil in einer Face-to-face-Phase, indem sich alle Beteiligten an einem Ort gemeinsam treffen, sofern dies möglich ist. Eine Teambildung im virtuellen Raum ist anspruchsvoller, da Vertrauensaufbau, das Knüpfen von Kontakten und das Sichkennenlernen ohne direkten Sichtkontakt mehr Zeit und andere Vorgehensweisen erfordern. Unter dem Begriff «Community Building» werden jedoch Methoden und Vorgehensweisen gesammelt, wie dies geschehen kann (vgl. dazu [Kim 2000], [Palloff/Pratt 1999]). Ziel ist es, eine Vertrauensbasis unter den Beteiligten zu schaffen, die dazu beiträgt, dass ein Lern- oder Arbeitsteam gemeinsam handlungsfähig wird. Um dies weiter zu unterstützen, sollten auch einige Grundbedingungen erfüllt sein:

- Die Beteiligten sollen einen ähnlichen Wissensstand bezüglich des gemeinsamen Lern- und Arbeitsobjekts aufweisen.
- Die Beteiligten sollen sich auf gemeinsame Ziele und Absichten geeinigt haben.
- Es sollte für alle Beteiligten die Möglichkeit zu Partizipation und Mitsprache bestehen.
- Alle Beteiligten sollten sich auf kollaborative Lern- und Arbeitsphasen vorbereitet haben.
- Die Beteiligten sollten sich auf ein gemeinsames Sprachverständnis einigen, um miteinander lernen und arbeiten zu können.

2. Kommunikationsgestaltung:
Eine weitere Aufgabe von Lehrpersonen, Trainern, Mentoren oder Coaches, die ein kollaboratives Setting begleiten, ist auch die Gestaltung der Kommunikation. Erfolgreiche kollaborative Settings zeichnen sich dadurch aus, dass nicht einfach miteinander kommunziert wird und unkritisch Information ausgetauscht werden, sondern dass eine transformative Kommunikation [Pea 1994] zwischen den Beteiligten stattfindet, die dazu führt,

dass in einem Team Informationen und Wissen argumentativ und iterativ aufeinander bezogen werden und damit ein gemeinsames Gruppenziel erreicht wird, das von einem Individuum nicht erreicht werden könnte.

3. Unterstützung der kollaborativen Lern- und Arbeitsprozesse:
Eine weitere Aufgabe umfasst die Unterstützung der kollaborativen Lern- und Arbeitsprozesse. Dies kann beispielsweise wie folgt geschehen:
– Rollenverteilung und Informationsverteilung: Jedes Teammitglied erhält eine spezifische Rolle und damit auch eine spezifische Aufgabe. Jedes Teammitglied ist beispielsweise Experte in seinem Fachgebiet und kann von den anderen Teammitgliedern befragt werden (vgl. dazu z. B. das Expertennetzwerk http://www.wetellyou.com, das einen solchen Ansatz konsequent umgesetzt hat). Ein solcher gesteuerter Austausch von Informationen trägt dazu bei, dass die Teammitglieder erstens Wissen und Erfahrungen gemeinsam austauschen und zweitens auch mehr über ihr eigenes Wissen erfahren, indem sie es anderen Teammitgliedern vermitteln. Dieser Ansatz des «Lernens durch Lehren» hat sich im Bereich des kollaborativen Lernens und Arbeitens gut bewährt (vgl. dazu [Renkl 1997]).
– Strukturangebote: Kollaborative Lern- und Arbeitsprozesse können auch dadurch unterstützt werden, indem Checklisten, exemplarische Beispiele, Lösungswege und weitere Ressourcen bereitgestellt werden, die ein Team dabei unterstützen, einen eigenen Lösungsweg zu finden (vgl. dazu z. B. [Hron/Hesse/Reinhard et al. 1997]). Als Strukturangebote gelten natürlich auch die weiter oben erwähnten Computeranwendungen, die dabei helfen, Informationszusammenhänge aufzuzeigen, Entscheidungsprozesse zu unterstützen oder Diskussionsverläufe zu visualisieren.
– Reflexionsunterstützung: Schließlich kann ein kollaborativer Lern- oder Arbeitsprozess auch dadurch unterstützt werden, indem der Verlauf, die Probleme und Erfolge einer Kollaboration gemeinsam reflektiert und analysiert werden. Es ist die Aufgabe der Lehrpersonen, Trainer, Mentoren oder Coaches, ein Team bei diesem Reflexionsprozess zu unterstützen. Dies erfordert aber, dass ein Team vorgängig Ziele, Qualitätskriterien und andere Leistungsindikato-

ren festgelegt hat, die dann Gegenstand des gemeinsamen Reflexionsprozesses sein können.

3.3.2.3 Just-in-time-E-Learning – unterstützungsorientiert

Beim Just-in-time-E-Learning (vgl. Abbildung 3-62) bestimmen die aktuellen Arbeitsinhalte – und das können auch Anforderungen sein, die sich bei der «Arbeit» in Lernräumen stellen –, welche Lernbedürfnisse gerade anstehen und wie die Mitarbeiterinnen und Mitarbeiter dabei unterstützt werden können, diese Aufgaben möglichst effektiv und effizient zu lösen. Gelernt werden soll direkt und kontinuierlich am Arbeitsplatz, so dass die Aufgabenerfüllung möglichst nicht unterbrochen werden muss. Die Lernprozesse sollen deshalb bei JIT-E-Learning kurz, d. h. vielfach nur wenige Minuten lang sein.

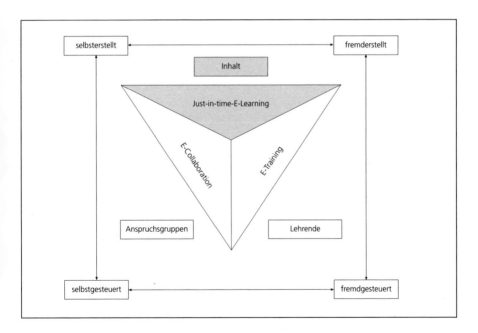

Abbildung 3-62: Fokus auf Just-in-time-E-Learning

IKT-basierte Konzepte und Instrumente für das JIT-E-Learning kommen aus den drei Bereichen Tools für Electronic Performance Support (EPS) bzw. Electronic Performance Support Systems (EPSS) und Persönliches Wissensmanagement (PWM) sowie Persönliches Informationsmanagement (PIM). Abbildung 3-63 stellt die jeweiligen verschiedenen Möglichkeiten, die im Folgenden anhand einzelner Beispiele beschrieben sind, in einer Übersicht zusammen. Die Ziffern in der Abbildung verweisen auf die Nummerierung der folgenden drei Abschnitte.

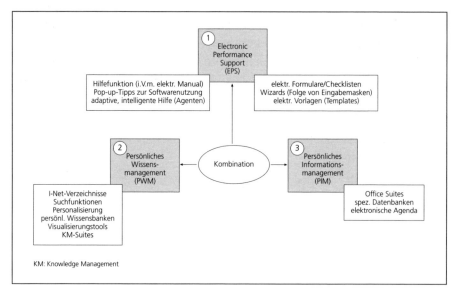

Abbildung 3-63: Überblick über die Methoden im Gestaltungsbereich «JIT-E-Learning»

1. Performance Support:

Der Begriff »Electronic Performance Support« geht zurück auf ein AT&T-Projekt, aus dem die Buchpublikation «Electronic Performance Support Systems» (EPSS) von [Gery 1991] entstand und das eine Fachgemeinschaft zu diesem Thema begründete[5]. Der Begriff ist wenig verbreitet[6] und wird zudem sehr unterschiedlich ausgelegt; die einen verstehen lediglich Hilfefunktionen in Softwareapplikationen darunter, andere schließen ganze

Decision-Support-Systeme mit ins Begriffsverständnis ein. Performance Support wird jedoch mit dem Aufschwung von E-Learning und seinen Zusammenhängen mit Competency-based Learning und Wissensmanagement in der E-Learning-Literatur zunehmend beachtet (vgl. z. B. [Rosenberg 2000, 72-78]).

Hier sollen unter Performance Support zum einen das Design und Funktionen von Softwareprodukten verstanden werden, die damit die Benutzungsfreundlichkeit der Softwareapplikation steigern, zum anderen in der Funktionalität ähnliche elektronische Arbeitshilfen, die nicht direkt Bestandteil von Geschäfts- und Arbeitsplatzsoftware (engl. *office suites*) sind.

Ein vertrautes Beispiel für den Bereich Performance Support ist die Hilfefunktion einer Softwareapplikation, über die ein Benutzer durch die gezielte Konsultation des elektronischen Manuals «lernt», wie man eine bestimmte Funktion ausführt bzw. eine Aufgabe löst; eine spezielle neuere Technik ist dabei der von Microsofts Office-Produkten bekannte «Büroklammer-Assistent», der sich selbständig meldet, wenn er einen Lernbedarf beim Anwender festzustellen meint. Auch so genannte «Wizards», d. h. elektronische Assistenten, die Schritt für Schritt – von einem Bildschirmformular zum nächsten – durch eine Anwendung führen, sind eine Ausprägung von Electronic Performance Support. Früher setzten Softwaredesigner auf kurze Trainings in Form von CBTs für Funktionalitäten von Anwendungssoftware, heute bemüht man sich verstärkt um so genanntes «Performance-oriented Design». Anwendungssoftware soll sich sozusagen intuitiv erschließen, d. h. in Interaktion mit den Anwendern praktisch «selbst schulen», so dass der Aufwand für IT-Trainings, Benutzungshandbücher, Help-Desks und generell für die Unterstützung durch andere Personen geringer ausfällt oder gar entfällt.

Die Möglichkeiten für JIT-E-Learning sollen über solche Hilfefunktionen in Software hinaus auf möglichst viele Lernbedürfnisse ausgedehnt werden, die für die Erfüllung von Aufgaben am Arbeitsplatz notwendig sind. Eine solche elektronische Arbeitshilfe ist z. B. ein «Arbeitszeugnisgenerator», bei dem man in einem elektronischen Interview Fragen beantwortet und das Tool dann automatisch den Volltext generiert. Templates, elektronische Checklisten, Wizards sind sozusagen Anwendungsgeneratoren, mit denen bestimmte Aufgaben – zumindest teilweise – automatisiert werden.

Voraussetzung für JIT-E-Learning ist, dass Contents in entsprechend kleine Lernmodule verpackt sind und bei Bedarf vom Lernenden gefunden und unmittelbar aufgerufen werden können. Dies zu ermöglichen, ist ein Ziel der «Learning Objects»-Bewegung, die wiederum auf Fortschritte bei der Standardisierung angewiesen ist (vgl. Kapitel 4.4.1). Es gibt verschiedene Meinungen dazu, was «Learning Objects» sein können: Einerseits etwa lediglich Content-Objekte wie ein Video oder eine Folienpräsentation, andererseits auch ein ganzes Kursmodul, z.B. ein Wizard oder ein kurzes CBT. So könnten «Learning Objects» im Soft-Skills-Bereich z.B. Mini-Tutorials sein, die Mitarbeiter aufrufen können, wenn sie ihr Wissen auffrischen wollen, wie man eine Sitzung vorbereitet, ein Konfliktgespräch oder ein Preisverhandlungsgesprächs strukturiert, oder wie man einen Vortrag aufbaut.

Die Beispiele für Performance Support sollen hier nicht im Einzelnen weiter erläutert werden, denn es geht in diesem Kapitel um die Gestaltungsmöglichkeiten von Lernprozessen und nicht um die Gestaltung von Tools und Systemen. Damit JIT-E-Learning mit EPS-Tools und EPSS effektiv stattfinden kann, muss die Kompetenz im Umgang damit vorhanden sein; ein Anwender muss wissen, was er oder sie im Hilfesystem finden kann und wie man mit der Hilfefunktion umgeht. Generell kann JIT-E-Learning selbst nicht instruktional designt oder didaktisch inszeniert werden; dies kann wiederum nur ein Lernraum, der diese Basis- und Handlungskompetenz vermitteln soll. EPS stellt ebenso wie PIM und PWM deshalb nicht zu gestaltende Lernprozesse dar, sondern Kompetenzen, die sich die Nutzer aneignen müssen bzw. die vermittelt werden müssen.

2. Persönliches Wissensmanagement (PWM):

Prozesse des Persönlichen Wissensmanagements im Rahmen des eigenverantwortlichen Lernens zielen nach [Heyse/Erpenbeck 1997] darauf ab, eine flexibel nutzbare und ausbaufähige Meta-Kompetenz im Umgang mit Wissen zu entwickeln, die mehrere Komponenten umfasst: die Verfügbarkeit von Wissen über Wissen und Nichtwissen, die Fähigkeit zur Bewertung und Selektion von Wissen, die Fähigkeit zur Einordnung von Wissen in umfassendere Wertbezüge, die Fähigkeit zur Bewältigung von Wissenslücken, die Fähigkeit zur Wissenskommunikation und Ko-Konstruktion von Wissen, Handlungsorientierung und Handlungsfähigkeit und schließlich die Fähigkeit zur Integration der dazugehörigen motivational-emotionalen und volitionalen Prozesse. Techniken – vor allem nicht IKT-basierte –, wie man persönliches Lernen kontinuierlich in den Arbeitsalltag integriert, beschreibt [Skyrme 1999] in seinem Kapitel «The Knowledge Networker's Toolkit».

Beim Persönlichen Wissensmanagement (PWM) im hier behandelten Fokus auf unterstützende Tools geht es vor allem um die Komponente, wie man als «Experte» im Suchen und Finden von hilfreichen Informationen aus der Informationsflut für sich Wissen macht. Dazu kann man sich zahlreicher IKT-basierter Tools bedienen, zu denen folgende zählen:

- Bookmark-Manager
- WWW-Verzeichnisse
- Suchmaschinen (Einzel-Dienste und Metasuchmaschinen)
- Such-Agenten (Webbots; Searchbots)
- Collaborative Filtering (Recommender-Systeme)
- Personalisierung von Informations- und Nachrichtendiensten sowie Portalen
- Persönliche Wissensbanken (z. B. für Literatursammlungen, Glossare u. a. Dokumente)
- Tools für Visualisierungstechniken (z. B. MindMaps)
- Knowledge Management Suites[7]

Beispiele für den Bereich Persönliches Wissensmanagement sind folgende:

Ein Anwender richtet bei einem elektronischen Nachrichten- bzw. Informationsdienst eine personalisierte Suchfunktion ein, die ihm oder ihr z. B. Nachrichten über einen Konkurrenten oder andere fachliche Interessengebiete zustellt. Ein solcher Informationsdienst mit Informationen zu fachlichen Interessen ist etwa get abstract (http://www.getAbstract.com), ein Dienst, über den man Hinweise auf Zusammenfassungen von Fachbüchern abonnieren kann (Push-Prinzip), um sich die Volltext-Zusammenfassungen dann mit einem «Klick» in der Web-Page (Pull-Prinzip) in die E-Mail-Datei als *.pdf File zustellen zu lassen.

Ein Anwender möchte eine andere Person um Rat fragen. Er oder sie macht geeignete Personen z. B. über ein Expert-Directory im Internet (etwa http://www.wetellyou.com oder http://www.askme.com) oder Intranet ausfindig, erkennt über die «Awareness-Signalisation» (Anzeige auf der Benutzungsoberfläche), dass eine Person eingeloggt und somit ein *Instant Chat* möglich ist und spricht dann eine Expertin oder einen Experten via Instant Messaging per E-Mail an; eine von Expert-Communities vielfach auch angebotene Möglichkeit ist, dass über einen Telecom-Provider ein Telefonat automatisch vermittelt wird, wenn beide Gesprächspartner erreichbar sind.

Persönliches Wissensmanagement ist – wie oben bei Performance Support bereits angesprochen – ebenfalls ein selbstgesteuerter, eigenverantwortlicher Lernprozess, bei dem sich der Lernprozess nur insoweit mit externer Unterstützung gestalten lässt, als dass gute Voraussetzungen und Lernangebote geschaffen werden, um die Bereitschaft und Fähigkeit für das Persönliche Wissensmanagement zu entwickeln und die Skills für die Nutzung von diesbezüglichen Tools aufzubauen.

3. Persönliches Informationsmanagement (PIM):

Der Übergang zwischen Persönlichem Wissensmanagement und Persönlichem Informationsmanagement ist fließend, so dass auch die Zuordnung von IKT-basierten Instrumenten zur einen oder anderen Kategorie nicht eindeutig möglich ist. Ein Beispiel für den Überschneidungsbereich bei den unterstützenden Tools ist, wenn sich Studierende mit einer Softwareanwendung wie «Hypercard» eine persönliche Stichwortkartei anlegen, wo sie neu gelernte Fachbegriffe selbst dokumentieren und wie Vokabelkärtchen verwalten und spontan abrufen oder aktualisieren können. Da aus diesen Informationen durch Lernen auch persönliches Wissen wurde oder noch werden soll, kann man dies auch als Aktivität im Rahmen von Persönlichem Wissensmanagement betrachten.

Nach einer Definition von [Rautenstrauch 1997, 13] hat das Persönliche Informationsmanagement (engl. *Personal Information Management*) (PIM) das Ziel, für den jeweiligen Arbeitsplatz eine möglichst geeignete Informationsversorgung sicherzustellen, um die am Arbeitsplatz bestehenden Aufgaben und Ziele bewältigen zu können. Diese Definition

3.3 Gestaltungsmöglichkeiten

ist nicht trennscharf zum oben beschriebenen PWM, so dass hier folgende Abgrenzung getroffen ist:

Als PIM-Aktivitäten und -Tools werden Werkzeuge angeführt, die vorwiegend dem Handling von Informationen und Dokumenten am Arbeitsplatz dienen, ohne dass dabei Lernen im Sinne der Umwandlung in persönliches Wissen bzw. Kompetenzen im Vordergrund steht. Da der Anwendungskontext im vorliegenden Buch E-Learning ist, geht es um Tools, die vor allem die Aufgaben beim Lernen und Workplace Learning unterstützen. Hier soll deshalb darauf eingegangen werden, wie Funktionalitäten von PIM-Tools bzw. -Systemen methodisch im Just-in-Time-Lernen am Arbeitsplatz eingebettet werden können.

In diesem Sinne zählen zu den PIM-Tools folgende:

- Office-Suite-Programme mit Textverarbeitung, Präsentationssoftware, Tabellenkalkulation und Dokumentenmanagement
- Programme zur Verwaltung spezieller Datenbanken, z. B. Literaturdatenbanken
- Programme für das persönliche (und gruppenorientierte) Zeitmanagement (Termine, Aufgabenlisten, Ressourcenverwaltung)

Beispiele für den Bereich Persönliches Informationsmanagement sind folgende:

In Lernumgebungen erstellen Studierende Dokumente und verwalten diese elektronisch. Hier kommen PIM-Tools im Kontext von E-Learning zur Anwendung. Dies reicht von einfachen Annotationen direkt in den Content-Dokumenten über die persönliche Verwaltung von Veranstaltungs- oder Buchzusammenfassungen bis zur Pflege eines gemeinsamen Dokumentenpools, den z. B. eine Gruppe für die Prüfungsvorbereitung des Abschlussexamens oder im Rahmen eines Projektseminars anlegt.

Ein Mitglied eines Diplomarbeitsteams in einem Nachdiplomstudium – oder auch jeder Einzelne in der gesamten Studiengruppe – verwaltet alle Literaturstellen in einem Programm wie EndNote, um beim Fertigstellen der Abschlussdokumente aus diesem Pool einfach und in einheitlichem Stil Zitate einfügen zu können.

Eine Studentin oder ein Student plant Aktivitäten und reserviert zeitliche Ressourcen für das Selbstlernen im Rahmen eines virtuellen Lernangebots ebenso wie Termine für Treffen mit der Studiengruppe in einem elektronischen Terminkalender-Programm. Solche Applikationen sind zunehmend in Office Suites am Arbeitsplatz integriert oder Bestandteil von elektronischen Arbeitsumgebungen im Internet.

Auch hier beim PIM entziehen sich wie oben beim PWM die Lernprozesse im JIT-E-Learning der Strukturierung durch einen Lehrenden. Sie finden weitgehend spontan und selbstgesteuert durch die Lernenden direkt statt. Unterstützende Strukturen dafür können hinsichtlich der Gestaltung des Umfelds geschaffen werden, indem man zum einen den «Electronic Workplace» so baut, dass auch PIM-Tools integriert sind (vgl. Kapitel 4.3, Lern- und Wissensportale) und zum anderen den Mitarbeiterinnen und Mitarbeitern durch geeignete Lernangebote die Kompetenz vermittelt, mit diesen elektronischen Werkzeugen am Arbeitsplatz effektiv umzugehen.

3.4 Ausblick

Das Ziel dieses Kapitels war es, die methodische Gestaltung von E-Learning-Maßnahmen auf drei verschiedenen Ebenen aufzuzeigen. Im Fokus stand dabei die Gestaltung von Lernarchitekturen, von Lernräumen und von Lernprozessen, wobei letztere nicht als kognitive Lernprozesse, sondern als inszenierter Ablauf von Lern- und Arbeitsvorgängen (im Sinne eines «Learnflow» resp. «Workflow») verstanden wurden.

Die didaktische und mediale Gestaltung von E-Learning-Maßnahmen – wie sie von vielen Büchern, Manuals und Guidelines umfassend und erschöpfend thematisiert wird – wurde bewusst ausgeklammert, um stattdessen einen methodischen Ansatz vorzustellen, mit dem die methodische Gestaltung von E-Learning-Maßnahmen strategisch ausgerichtet werden kann. Damit sollte auch verdeutlicht werden, dass E-Learning nicht auf Aus- und Weiterbildungsprozesse reduziert werden darf, sondern dass das Potenzial von E-Learning dafür eingesetzt werden muss, alle wertschöpfenden Prozesse eines Unternehmens zu optimieren und alle relevanten Anspruchsgruppen innerhalb und außerhalb eines Unternehmens zu unterstützen. Die zunehmende Vernetzung von Unternehmen über Outsourcing-Beziehungen (als Partner in einem *value network* oder als eigentliches Netzwerkunternehmen) und die Anforderung, die Interaktion und Kommunikation mit allen Anspruchsgruppen zu intensivieren, führt zu vielfältigen Lern- und Informationsbedürfnissen, die durch E-Learning-Maßnahmen abgedeckt werden müssen. Da dabei instruktionale Lernformen nur einen Teil aller Lernbedürfnisse abdecken, sollten E-Learning-Maßnahmen auch informelle, spontane und kollaborative Lern- und Arbeitsformen umfassen.

Es sollte auch aufgezeigt werden, dass ein zentrales Moment der strategischen Gestaltung von E-Learning-Maßnahmen in der Kombinationsvielfalt der verschiedenen Gestaltungselemente liegt. Die Kunst besteht darin, die verschiedenen Möglichkeiten so zu gestalten, dass dabei strategisch ausgerichtete Lernarchitekturen entstehen, die aus verschiedenen miteinander vernetzten Lernräumen bestehen. Diese Lernräume umfassen ihrerseits virtuelle und nichtvirtuelle Lern- und Arbeitsvorgänge, in denen schließlich effiziente und effektive Lernprozesse stattfinden sollen. Der Erfolg solcher E-Learning-Angebote misst sich dann daran, ob sie von den entsprechenden Anspruchsgruppen auch akzeptiert und genutzt werden und ob die damit beabsichtigten pädagogischen, strategischen und ökonomischen Ziele erreicht werden können.

Für diesen Kombinationsvorgang gibt es noch keine Patentrezepte. Er erfordert die kreative Vision und methodische Kompetenz des Strategie- und Projektteams sowie eine Anwendung auf konkrete *business cases*. Es zeichnet sich aber ab, dass mit diesen Kombinationsmöglichkeiten mittelfristig die ganze Aus- und Weiterbildung umgestaltet wird und sich dabei auch die Trennung zwischen Lern- und Arbeitsprozessen zunehmend verlieren wird.

Ein wichtiger Faktor für den Erfolg von E-Learning-Maßnahmen ist sicher auch die Beachtung der verschiedenen Gestaltungsgrundsätze und die konsequente Gestaltung von E-Learning-Angeboten aus der Sicht der Lernenden. Diese brauchen oft mehr Unterstützung, als sich die E-Learning-Verantwortlichen bewusst sind. Der weit verbreitete Computer- und Internet-Jargon, der den beruflichen Alltag zunehmend prägt, darf nicht darüber hinwegtäuschen, dass die konkreten und praktischen Kompetenzen im Umgang mit Computer- und internetbasierten Anwendungen oft nur marginal vorhanden sind. Viele Lernende und Mitarbeitende sind von den Möglichkeiten und der Komplexität, die umfassende E-Learning-Angebote bieten, überwältigt und brauchen entsprechende Unterstützung. Das Potenzial von E-Learning muss ihnen an praktischen Beispielen veranschaulicht werden, und es muss ihnen aufgezeigt werden, wie sie damit ihren eigenen beruflichen oder sogar privaten Alltag erfolgreicher bewältigen können. Ist dies einmal erkannt, dann wird der Erfolg von E-Learning kaum aufzuhalten sein.

Zusammengefasst gilt darum auch bei der Gestaltung von E-Lear-

3.4 Ausblick

ning-Maßnahmen der bereits erwähnte Grundsatz «Think big, start small, scale fast». Auch wenn dieser etwas plakativ klingen mag, so fasst er doch präzise zusammen, wie erfolgreiche E-Learning-Maßnahmen methodisch gestaltet werden sollen. Wichtig ist die Orientierung an einem strategischen Umsetzungsplan, der umfassend angelegt ist (*«think big»*), das schrittweise Sammeln von Erfahrungen durch kleine überschaubare Projekte (*«start small»*) sowie die kontinuierliche Anwendung dieser Erfahrungen auf weitere Projekte im größeren Maßstab (*«scale fast»*).

Nachdem nun sowohl die strategische Ausrichtung als auch die methodische Gestaltung von E-Learning-Maßnahmen aufgezeigt werden konnten, wird es im nächsten Kapitel darum gehen, die technologische Umsetzung von E-Learning-Maßnahmen zu beleuchten.

---

1 Für eine wissenschaftlich orientierte Auseinandersetzung mit dem Thema «Instructional Design» siehe z.B.: [Seel 2000], [Donovan/Bransford 2000], [Tennyson/Schott/Seel 1997], [Spector/Anderson 2000]; für einen Überblick über die didaktische und multimediale Gestaltung von E-Learning-Maßnahmen siehe z.B.: [Kerres 2001], [Schulmeister 2001], [Beer 2000], [Horton 2000].

2 Für einen Überblick zum Thema «Bildungsmanagement» und «Educational Management» siehe z.B.: [Bolam/van Wieringen 1999], [Bush 1995], [Decker 2000], [Grüner 2000], [Preedy/Glatter/Levacic 2000], [Stamm 1998].

3 Die Darstellung der Methoden folgt im Wesentlichen dem Buch «E-Learning: Weiterbildung im Internet» von Sabine Seufert, Andrea Back und Martin Häusler. Dort wird auf die einzelnen Methoden im Detail eingegangen (vgl. [Seufert/Back/Häusler, 2001, 72 ff.]). Die Methoden werden, anders als bei Seufert/Back/Häusler, nicht auf den Online-Bereich eingeengt.

4 Für eine Einführung und einen Überblick zu kollaborativem Lernen im Internet siehe [Reinmann-Rothmeier/Mandl 1999] und [Stoller-Schai 2001].

5 Vgl. http://www.epssInfoSite.com oder http://www.epss.com mit Hinweisen auf Literatur und Tagungen sowie zahlreichen elektronisch verfügbaren Fachartikeln.

6 In einer Umfrage des MASIE Center (vgl. [Masie 2000, 4 f.]) über Begriffe, die für «Learning with Technology» in Unternehmen und bei Anwendern üblich sind, steht «Electronic Performance Support» an unterster Stelle der Nennungen (2227 Personen hatten geantwortet); dieser Begriff wird auch als einer der verwirrendsten bezeichnet.

7 Bestimmte KM-Suites haben ihren funktionalen Schwerpunkt auf Information Retrieval (Push/Pull, Filtering/Profiling, Search) und Visualisierung/Aggregation (Taxonomien, Verzeichnisse, Wissenskarten, Linksammlungen); dazu zählen Autonomy (Knowlege Visualizer), Dataware (Wissensportal als Verzeichnis), GrapeVine (Personalisierung und Collaborative Filtering). Vgl. dazu die Studie von [Seifried/Eppler 2000].

4. Teil

Technologien und Systeme

| 4.1
Technologien
und Systeme | 4.2
Blended-
Learning-Modell | 4.3
Lern- und
Wissensportale | 4.4
Standardisierung
Mobile Learning
Agenten |

«Business may slow down, but technology doesn't.» (Craig Barrett)

«Content is king, infrastructure is God.» (John Chambers)

In diesem Kapitel soll den Leserinnen und Lesern eine klare Vorstellung über die einzelnen Elemente der Technologie- und Systemebene und deren Rolle in konkreten E-Learning-Lösungen vermittelt werden. Es geht nicht darum, das Innenleben der E-Learning-Technologien verstehen zu lernen.

Den Aufbau und die Zusammenhänge der vier Teilkapitel veranschaulicht Abbildung 4-64.

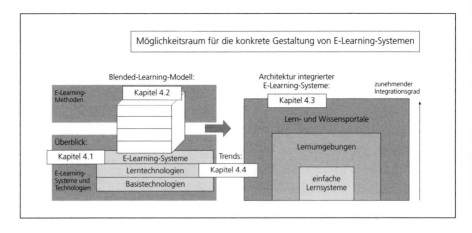

Abbildung 4-64: Aufbau und Zusammenhänge des vierten Kapitels

Kapitel 4.1 erklärt, wie sich Basistechnologien, Lerntechnologien und E-Learning-Systeme zueinander verhalten, und hilft, die Vielzahl der für E-Learning relevanten IKT-Begriffe systematisch einordnen zu können.

Kapitel 4.2 behandelt, wie man konkrete E-Learning-Systeme konfigurieren kann. Als Orientierung dafür dient das so genannte Blended-

Learning-Modell (in Abbildung 4-68 als Würfel visualisiert), das die verschiedenen Gestaltungsdimensionen von E-Learning und deren alternative Ausprägungen enthält. Diese Gestaltungsalternativen sind nicht nur rein technisch-funktional, sondern auch Wahlmöglichkeiten, ob z.B. individuelle und/oder kollaborative Lernelemente und inwieweit virtuelles und nichtvirtuelles Lernen in eine E-Learning-Lösung einbezogen werden sollen. Da konkrete E-Learning-Lösungen keine Entscheidung für das eine und gegen das andere verlangen, sondern bevorzugt eine sinnvolle Kombination der verschiedenen Möglichkeiten darstellen, ist im Englischen der Begriff «Blended Learning» (auch *multi-method learning*) geprägt worden. Kapitel 4.2 und 4.3 decken mit ihren Gestaltungsüberlegungen auch methodische Fragen auf der Lernprozessebene ab; diese sind hier jedoch technikzentriert und systembezogen, während im vorausgehenden Kapitel 3 die Methoden für die Konzeption von E-Learning-Anwendungen von bestimmten Zielgruppen und Zielen für Lernräume im Unternehmen über die Unternehmensgrenzen hinweg ausgehen.

Kapitel 4.3 veranschaulicht die in den Kapiteln 4.1 und 4.2 angeführten technisch-funktionalen systembezogenen Elemente aus Anwendungssicht im Rahmen von so genannten Lernportalen. Lernportale sind E-Learning-Systeme, die in sich verschiedenste Basistechnologien, einfache Lerntechnologien und E-Learning-Systeme kombinieren und zu einem integrierten Anwendungssystem vereinigen.

Kapitel 4.4 schließlich geht auf aktuelle Trends bei den Basis- und Lerntechnologien (Standardisierung, Mobile Learning und Pädagogische Agenten) ein, die neue Potenziale für E-Learning-Lösungen eröffnen.

4.1 Die Technologie- und Systemebene des E-Learning-Modells

Auf der Ebene der E-Learning-Technologien und -Systeme ist unterschieden in die drei Kategorien Basistechnologien, Lerntechnologien und E-Learning-Systeme.

1. Basistechnologien:

Der Begriff «Basistechnologien» steht für IKT und «Mini-Applikationen», die in verschiedensten übergeordneten Applikationen und Anwendungssystemen verwendet werden können. Die Suche über Search Engines, E-Mail- und Chat-Applikationen oder Funktionen zur Personalisierung von Web-Seiten und Standards z.B. nehmen bei E-Learning-Systemen die Rolle von Basistechnologien ein. Abbildung 4-65 zeigt eine Zusammenstellung der Basisapplikationen und Infrastrukturkomponenten, welche die Basistechnologien von E-Learning-Systemen bilden. Um wirklich eine Übersicht gewinnen zu können, musste manches, das auch noch genannt werden könnte[1], in dieser Abbildung «übersehen» werden, etwa verschiedene I-Net-Zugangsmöglichkeiten wie Modem, ISDN, Kabelanschluss, WAP u.a.

4.1 Die Technologie- und Systemebene des E-Learning-Modells

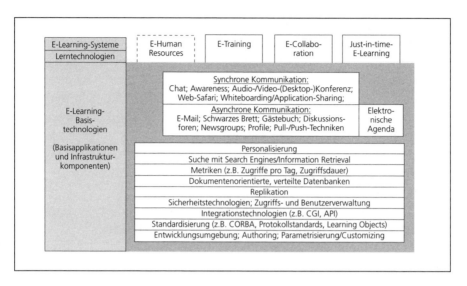

Abbildung 4-65: Überblick und Einordnung von Basistechnologien des E-Learning

Was eine Basistechnologie ist, lässt sich nicht per se festlegen, sondern hängt vom Betrachtungsstandpunkt ab. Basistechnologien liefern jeweils die technischen Bausteine für die darüber liegenden Ebenen, d.h. sie bilden die Plattform, auf der aufsetzend E-Learning-Applikationen und E-Learning-Systeme entwickelt werden. Bestandteil der Plattform ist auch die hardware- und systemsoftwareseitige Infrastruktur. Zur technischen Vernetzungsinfrastruktur zählt die breitbandige Vernetzung inkl. der zugehörigen Standards, um nur ein Beispiel zu nennen.

Hinsichtlich der Beschreibung einzelner Basistechnologien sei auf die folgenden Kapitel 4.2 und 4.3 verwiesen, die sich mit der konkreten Gestaltung von E-Learning-Systemen befassen; Standardisierungsbestrebungen ist im Trendkapitel ein eigenes Teilkapitel 4.4.1 gewidmet. Die Technologien sollen hier nicht für sich stehend erläutert werden, sondern interessieren im Kontext der Nutzung für E-Learning. So kann z.B. ein Diskussionsforum in vielfältiger Weise für das Lernen genutzt werden: für den fachlichen Austausch unter den Lernenden oder als «Plauderecke»; es lassen sich auch Foren einrichten, in denen man mit Experten zu den Lerninhalten diskutieren kann, die von Dozierenden von vornherein bestimmt oder von den Lernenden eigeninitiativ angesprochen werden. Auch ein Chat in Verbindung mit so genannter «Awareness» – d. h. einer Bereitschaftsanzeige auf der Benutzungsoberfläche des Lernenden, die signalisiert, welche Personen gerade online und damit synchron ansprechbar sind – kann für viele Zwecke genutzt werden: für den Kontakt mit Web-Tutoren, für Fragen an die Dozierenden selbst in speziell festgelegten Sprechzeiten und evtl. für den Austausch mit einem jedem Lernenden zugeordneten Lernpaten (Mentorinnen und Mentoren aus der Praxis oder einem höheren Semester im Studium), d. h. ein Chat muss nicht nur als «Plauderecke» dienen.

Tabelle 4-7 nennt beispielhaft einige derzeit am Markt angebotene Produkte der Kategorie Basistechnologien für E-Learning.

Kategorie	Anbieter und Produktnamen
Authoring Tools	Macromedia Director; Easy Generator; Toolbook
Search Engines	Altavista; Eurospider; Google
Information Retrieval i.V.m. Visualisierung und Aggregation, Personalisierung	Autonomy; Verity; Dataware II KM Suite
Elektronische Agenda i.V.m. Group Calendaring	Microsoft Outlook; IBM/Lotus Notes-Calendar; OpenText Livelink OnTime
Chat	Spin; ChatZILLA; Maxxchat
I-Net-Conferencing, teils mit Whiteboarding und Application Sharing	Microsoft Netmeeting; Click to Meet; Evoke Web Conferencing; Lotus Sametime; Web-4M
Diskussionsforen	WebBoard; WebCrossing; Caucus; Yahoo eGroups

Tabelle 4-7: Produktbeispiele für Basistechnologien von E-Learning-Systemen[2]

2. Lerntechnologien:

Lösungen für E-Learning liegen nicht schon auf der Ebene der Basistechnologien, sondern erst auf den beiden Ebenen Lerntechnologien und E-Learning-Systeme vor. Lerntechnologien – im Begriffsverständnis dieses Buchs – sind E-Learning-Applikationen[3], d.h. diese verfügen über Funktionen, die Aufgaben in einem Lernprozess unterstützen. Zu den Lerntechnologien zählen z.B. Applikationen für einen so genannten «Virtual Classroom», in dem sich Lehrende und Lernende zu einem bestimmten Zeitpunkt zu einer Lehrveranstaltung im virtuellen Raum treffen, sich also nicht in einem realen Raum einfinden und gemeinsam präsent sein müssen.

E-Learning-Applikationen sind typischerweise und zunehmend als Standardsoftware erhältlich; sie sind vielfach Standardapplikationen mit dem Charakter von Anwendungsschablonen (engl. *templates*), z.B. «Web-Course Tools» (Web-Kursautorensystem) mit Templates für ein Kursgerüst und die Navigationsstruktur, in die der Lehrende die Lernobjekte ohne Programmierkenntnisse einfügen und so eine konkrete Kursumgebung bauen kann, oder auch so genannte «Teamrooms» für Lerngruppen, die erst in der Umsetzung durch bestimmte Daten und Contents sowie definierte Abläufe konkret ausgestaltet werden.

Abbildung 4-66 stellt solche E-Learning-Applikationen zusammen. Auch Teillösungen, z.B. elektronische Assessment-Tools, werden hier als Lerntechnologien eingeordnet; sie bilden Module von konkreten Problemlösungen, z.B. eines E-Learning-Anwendungsszenarios rund um ein Lernportal. Auch in dieser Übersicht gilt wie oben, dass nicht jede Komponente und Variante eingezeichnet werden konnte: z.B. ist dargestellt, womit die Lernenden umgehen und arbeiten, während speziell nur für Dozierende, Entwickler und Administratoren gedachte Applikationen nicht deutlich werden; hierzu wären dann z.B. neben «E-Registration», das die Lernenden selbst initiieren, auch weitere administrative Funktionen in der Teilnehmer- und Curriculumsverwaltung zu nennen.

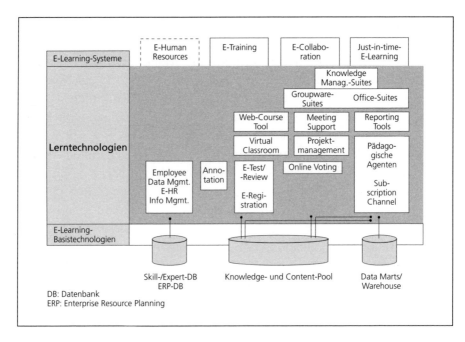

Abbildung 4-66: Überblick und Einordnung von Lerntechnologien

E-Learning-Applikationen bauen auf den unter 1. genannten Basistechnologien auf; und wie eine Applikation generell auf Daten zugreift, greift eine Lerntechnologie konkret auf Daten und Inhalte (engl. *contents*) zu. Dazu zählen – wie in Abbildung 4-66 gezeigt – verschiedene Datenbestände: Einerseits im E-HR-Bereich z. B. Daten über Skills und die betreffenden Personen, die als Experten für Anfragen angesprochen werden können. Andererseits im so genannten «Knowledge- und Content-Pool» u. a. Hypertexte, Glossare, FAQs (Frequently Asked Questions), Verweise auf Fachinformationen und Fachdatenbanken, insb. auch mit Link auf digitale Bibliotheken, PDF-Files, animierte Folienpräsentationen, Videos mit der Darstellung von Fallsituationen, Interviews oder «Lehrclips» (die [Euler 2001] als audio-visuelle Aufzeichnung einer Lehrsituation bezeichnet und dort näher beschreibt). Weiterhin auch Unternehmensdaten aus Data Marts oder dem Data Warehouse, soweit diese als aktuelle unternehmensspezifische Daten zu den Lehrinhalten herangezogen werden oder im Rahmen des Persönlichen Informations- und Wissensmanagements zu Lernprozessen dazuzählen. Weitere Beschreibungen der genannten Lerntechnologien finden sich im vorausgehenden Kapitel 3 im Rahmen der jeweiligen E-Learning-Methoden, in den folgenden Kapiteln 4.2 und 4.3, die sich mit der konkreten Gestaltung von E-Learning-Systemen befassen, und schließlich auch im Glossar dieses Buchs. Den elektronischen Agenten ist ein eigenes Kapitel 4.4.3, Pädagogische Agenten (im Kapitel zu aktuellen E-Learning-Trends), gewidmet.

Für Lerntechnologien kann auch der Begriff «Werkzeug» (engl. *tool*) passend sein, wenn die Funktionen dieser Applikation den Charakter einer Methode haben. Z.B. könnte man Applikationen für elektronische Prüfungen als Tools für solche Tests bezeichnen. E-Learning-Tools kommen im Verständnis dieses Buchs nur auf den Ebenen Lerntechnologien und E-Learning-Systeme vor, nicht jedoch auf der Ebene der Basistechnologien.

Interessierten, die als erste Orientierung ein oder zwei repräsentative Softwareprodukte näher anschauen möchten, seien die in Tabelle 4-8 aufgeführten Produkte genannt.

Kategorie	Anbieter und Produktname
Experten-Communities	WeTellYou.com; askme.com; exp.com; keen.com
Web-Kursumgebungen, Lernplattformen	Blackboard; Pizza; Courseinfo; Hyperwave; LearningSpace; TopClass; WebCT; imc CLIX; Viviance ThinkTanx; Time4You IBT-Server; Saba; Docent
Virtual Classrooms i.V.m. I-Net-Conferencing mit Whiteboarding und Application Sharing	Centra; Interwise; Placeware; WebEx
Projektmanagement	MS Project; Visual Planner; Pavone Group Project
Office Suites	Sun Star Office; MS Office; Lotus Smartsuite
Groupware Suites	ERoom; Lotus Notes; MS Exchange; Novell Groupwise; ICL TeamWare; GMD BSCW; Groove, AOL iPlanet; ZPA WebCorp
Knowledge Management Suites (dokumentenmanagement-fokussiert)	GrapeVINE; Documentum 4i/iTeam
Knowledge Management Suites	IBM/Lotus Domino Produktfamilie (Doc, Workflow, Extended Search) und IBM/Lotus K-Station; OpenText Livelink Produktfamilie; PCDPCS Produktfamilie
Meeting Support	Ventana Group Systems

Tabelle 4-8: Produktbeispiele für Lerntechnologien

3. E-Learning-Systeme:

Der Begriff «E-Learning-System» steht für eine konkrete Problemlösung, d.h. mit einem E-Learning-System kann man lernen. Der Begriff «System» steht für «Anwendungssystem»; ein Anwendungssystem beinhaltet zum einen Daten und Contents, zum anderen – im Unterschied zu Lerntechno-

4.1 Die Technologie- und Systemebene des E-Learning-Modells

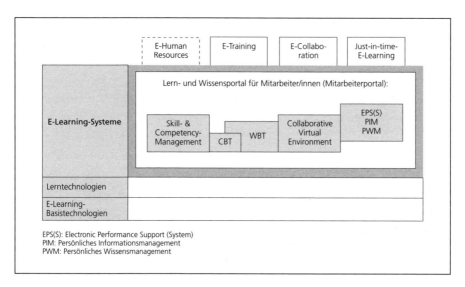

Abbildung 4-67: Überblick und Einordnung von E-Learning-Systemen

logien – auch im Anwendungssystem IKT-gestützt verankerte didaktische Konzepte und Methoden. Abbildung 4-67 zeigt die verbreiteten Begriffe auf Systemebene.

Einfache E-Learning-Systeme sind z.B. CBTs und WBTs, etwa in der Form eines Hypermedia-Lehrbuchs, das Lehrtexte mit audio-visuellen Ergänzungen enthält, d.h. vor allem Animationen oder kurzen Filmsequenzen, interaktiven Simulationen, Aufgaben und Tests, Glossar und Links zu vertiefenden Informationen. Komplexere E-Learning-Systeme nennt man – wie obige Abbildung 4-64 zeigt – Lernumgebungen; sie sind ein Applikationsverbund aus mehreren miteinander kombinierten Lerntechnologien und einfachen E-Learning-Systemen. Ein Beispiel dafür sind Web-Kursumgebungen, bei denen im Content-Pool auch CBTs für das individuelle Lernen gespeichert sein können und bei denen für das gruppenorientierte Lernen ein Set an kollaborativen Technologien zur Verfügung steht (Funktionen von Groupware Suites), so dass eine solche Lernumgebung schließlich ein «Collaborative Virtual Environment» darstellt. Technische Funktionen für Performance Support und das persönliche Informations- und Wissensmanagement – z.B. das Zeitmanagement für ein selbstgesteuertes Lernprojekt oder die Verwaltung von persönlichen Lernnotizen wie Stichwortsammlungen oder Textzusammenfassungen und Vorlesungsmitschriften – können über Office Suites hinzukommen oder in die Lernumgebung bereits nahtlos integriert sein. Als höchste Integrationsstufe von E-Learning-Systemen stellt Kapitel 4.3 so genannte Lernportale und die in ihnen enthaltenen Einzelapplikationen vor.

Leserinnen und Leser, die sich am Beispiel repräsentativer E-Learning-System-Realisierungen und Anwendungsdemonstrationen einen genaueren Eindruck von der E-Learning-System-Landschaft verschaffen möchten, seien auf die im Kapitel 1.3 zum Markt für E-Learning genannten Anbieter und Systeme hingewiesen (vgl. Tabellen 1-2 bis 1-4); Beispiele speziell zu Lernportalen finden sich in unten stehendem Kapitel 4.3.

4.2 Umsetzung von Lernräumen: Blended-Learning-Modell

4.2.1 Blended-Learning-Modell

In Kapitel 1.2, Annäherung an den Begriff «E-Learning», wurden verschiedene Polarisierungen auf Technologie- und Systemebene zu dem Zweck skizziert, den Bedeutungsraum des Begriffs «E-Learning» in diesem Kontext auszumessen. Benannt wurden die Pole virtuell und nichtvirtuell, stationär und mobil, lokal und verteilt, statisch und dynamisch, synchron und asynchron sowie individuell und kollaborativ.

Auf der Grundlage dieser Polarisierungen soll an dieser Stelle ein auf Technologie- und (insbesondere) Systemebene referenzierendes integriertes Modell, hier Blended-Learning-Modell genannt, vorgestellt werden. Folgende Überlegung bildet den Ausgangspunkt: Wenn der Begriff «E-Learning» auf Technologie- und Systemebene durch die genannten Polarisierungen gekennzeichnet werden kann, bedeutet dies, dass ein Lernraum grundsätzlich alle Pole einzubeziehen vermag, in der konkreten Umsetzung aber einzelne Pole auch ignoriert werden können. Ein Blended-Learning-Modell berücksichtigt nun explizit alle genannten Pole. Systemarchitekturen, die auf das Modell Bezug nehmen, sind in der Lage, ganz verschiedenen Erfordernissen und Bedürfnissen Rechnung zu tragen. Sie sind offen auch gegenüber sich wandelnden Anforderungen. Das Blended-Learning-Modell soll eine Hilfe vor allem in Bezug auf Architekturen in der Aus- und Weiterbildung sein.

Der Begriff «Blended Learning» entstammt dem Vokabular der Learning Industry und ist wissenschaftlich noch kaum fundiert. Von Lillian

Swider, Präsident der LPS Associates, stammt folgende Aussage, die das Verständnis der Anbieter zu beleuchten vermag: «Integrated or blended learning refers to a mix of delivery methods, which may include traditional classroom (face-to-face), asynchronous (self-paced, anytime, anyplace, Web-based), and synchronous (virtual classroom, same time, anyplace, Web-based) learning. It's with the use of integrated learning strategies that corporations have leveraged the best that technology has to offer in accelerating learning and knowledge sharing throughout their enterprises.» [Swider 2000] Dieser Ansatz des Blended Learning bezieht offensichtlich nur bestimmte der möglichen Pole mit ein.

Die hier vorgestellte Integrationsidee hat normativen Charakter, insofern sie Vorteile einer bestimmten Architektur behauptet. Mit jedem Pol, der bei einer konkreten Architektur der betrieblichen Aus- und Weiterbildung nicht zum Tragen kommen kann, werden – das ist die (noch zu belegende) Annahme – Potenziale vertan und ist die Offenheit gegenüber weiteren Entwicklungen eingeschränkt. Positiv ausgedrückt: Nur eine vollkommen integrierte Architektur, wie sie durch das Blended-Learning-Modell gedeckt ist, vermag alle Potenziale auf der Technologie- und Systemebene auszuschöpfen.

Genauer gesagt, soll das hier entwickelte Modell auf zwei wichtige Sachverhalte hinweisen, nämlich zum einen darauf, dass alle aufgezeigten Pole der Technologie- und Systemebene spezifische und unverzichtbare Qualitäten in Aus- und Weiterbildungsmaßnahmen haben, zum anderen darauf, dass Polpaare in ihrem Zusammenwirken in komplexeren Anwendungen besondere Qualitäten entfalten.

Vereinfachend kann man übrigens sagen, dass einfache (d. h. wenig komplexe) Technologien und Systeme i.d.R. nach dem einen oder anderen Pol «ausschlagen». Zum Beispiel ist ein Chat eine synchrone Technologie und Anwendung, aber keine asynchrone; er ist ein verteiltes, aber kein lokales Medium etc. Komplexere Technologien und Systeme dagegen, etwa eine Lernplattform, sind bereits als bis zu einem bestimmten Punkt integrierte Anwendungen aufzufassen. Beispielsweise kann eine Lernplattform sowohl synchrone als auch asynchrone Komponenten enthalten. Einen noch höheren Komplexitäts- und Integrationsgrad haben in der Regel Lern- und Wissensportale. Komplexere Technologien und Systeme mit integrierender Funktion sind demnach aufgebaut aus einfache-

4.2 Umsetzung von Lernräumen: Blended-Learning-Modell

ren Technologien und Systemen, die jeweils ganz spezifische Funktionen haben.

Abbildung 4-68 verdeutlicht den Blended-Learning-Ansatz. Virtuellem und nichtvirtuellem Lernen sowie stationärem und mobilem Lernen soll eine eigene Dimension zugewiesen werden. Bisher wurden die Polarisierungen ja als Ebenen eingeführt, die nicht kategorisch voneinander geschieden wurden. Eine solche Unterscheidung ist aber sinnvoll:

- Die Frage des virtuellen und nichtvirtuellen Lernens ist eine grundlegende Frage der Umsetzung und beeinflusst alle Realisierungsvarianten auf Technologie- und Systemebene. Die Frage lautet hier: Wie wird gelernt, mit oder ohne Hilfe von IKT und Systemen?
- Die Spanne zwischen stationärem und mobilem Lernen kann prinzipiell alle Varianten auf Technologie- und Systemebene in sich aufnehmen und durch ganz unterschiedliche Anwendungsformen wiederum Auswirkungen auf jede mögliche Pol-Konstellation haben. Die Grundfrage heißt hier: Welche Technologien und Systeme sind in Bezug auf die lernenden und sich bewegenden Subjekte gefragt?
- Was die übrigen Ebenen betrifft, beziehen sie sich auf die funktionale Umsetzung. Die Frage ist in diesen Fällen: Wie werden welche Technologien und Systeme eingesetzt?

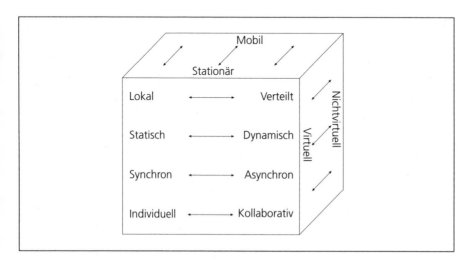

Abbildung 4-68: Blended-Learning-Modell auf Technologie- und Systemebene

4.2.2 Polarisierungen

Im Folgenden werden sämtliche Pole auf Technologie- und Systemebene beschrieben. Potenziale jedes einzelnen Pols werden beispielhaft behandelt. Dann wird dem Hinweis nachgegangen, dass bestimmte Pole in ihrem Zusammenwirken auf einer Ebene besondere Qualitäten entfalten. Die integrierte Architektur ist davon bestimmt, dass Vorteile der Pole kombiniert, Nachteile eliminiert werden können. Dieser Umstand soll in den jeweiligen Beispielen deutlich werden. Zusätzlich werden spezifische Vorteile integrierter Lösungen für Unternehmen und Lernende aufgeführt.

4.2.2.1 Virtuelles und nichtvirtuelles Lernen

Virtuelles Lernen hat aus vielen Gründen Einzug in die betriebliche Aus- und Weiterbildung gehalten. Es können ganz unterschiedliche Punkte wie Flexibilität, Performance Support, Angebotsverbesserung, Qualitätsverbesserung, Ausgleich personeller Engpässe, Aktualität und Schnelligkeit, Messbarkeit, Möglichkeit der Modularisierung, Reuseability und Kosteneinsparung genannt werden. Ganz grundsätzlich waren für die Ausbreitung virtuellen Lernens die Quantensprünge in der Entwicklung von Informations- und Kommunikationstechnologien und die breite Einführung von IKT und entsprechenden Systemen in Unternehmen und Organisationen entscheidend.

Virtuelles Lernen ist – dies darf nicht vergessen werden – immer an reale Gegebenheiten gebunden. In gewisser Weise ist die Unterscheidung von virtuell und nichtvirtuell idealisierend. Es sind die Lernenden selbst, als reale Akteure, die die virtuelle Komponente relativieren, die Lernprozesse, die in entscheidenden Abschnitten nicht äußerlich-virtuell, sondern geistig-real sind, und die verschiedenen Realitäten, auf die sich die virtuellen Prozesse beziehen.

Nichtvirtuelles Lernen, klassisches Lernen beispielsweise in Präsenzveranstaltungen und über gedruckte Übungsmaterialien, wird aus Gründen der Direktheit, der sozialen Interaktion, der Einfachheit etc. eingesetzt. Natürlich kam es bis vor einigen Jahren schlicht deshalb (ausschließlich) zur Anwendung, weil keine oder nur beschränkt einsatzfähige Informations- und Kommunikationstechnologien zur Verfügung standen bzw. diese nicht im Unternehmen eingeführt oder etabliert waren. In diesem Sinne ist nichtvirtuelles Lernen – dies ohne alle Wertung – das «ursprüngliche» Lernen.

Obwohl virtuelles Lernen, wie gezeigt, immer in einen realen Kontext eingebettet ist, interessieren in der Praxis weitergehende integrative Konzepte der Verknüpfung von virtuellem und nichtvirtuellem Lernen. Ein Beispiel ist ein Kurs im Unternehmen, der in der Hauptsache virtuell durchgeführt und mit Präsenzveranstaltungen ergänzt wird. Beispielsweise wird mit einer realen Veranstaltung eingeleitet und abgeschlossen. In der realen Veranstaltung lernen sich alle Teilnehmer kennen, können Kontakte aufbauen und persönliche Eindrücke gewinnen. In einer anschließenden elektronisch unterstützten Selbstlernphase mit kollaborativen Elementen werden die gewonnenen Kontakte genutzt. Häufig findet man physische Präsenz auch in der Mitte einer virtuellen Veranstaltung. Die Teilnehmer können zu diesem Zeitpunkt erste Erfahrungen bezüglich des Lernstoffs persönlich austauschen. Umgekehrt ist es möglich, als Präsenzveranstaltungen angelegte Kurse durch elektronische Medien zu ergänzen. So kann Erlerntes über elektronische Simulationen weiter erprobt und verfestigt werden.

Von Unternehmensseite her kann als ein Argument für integrierte Lösungen angeführt werden, dass selten virtuelle Maßnahmen klassische Aus- und Weiterbildung vollständig ablösen sollen. Vielmehr geht es darum, etablierte Strukturen zu ergänzen und zu transformieren. Bezüglich Lernerfolg und Motivation kann der Vorteil des «Ausschlusses der Ausschließlichkeit» angeführt werden. Einzelne Lernformen werden über eine gewisse Zeit oft als langweilig, wenig anregend, ja als eine Sackgasse im eigenen Lernen empfunden. Blended-Learning-Lösungen wirken dem entgegen und stimulieren den Lernprozess.

4.2.2.2 Stationäre und mobile Technologien und Systeme

Computerhardware hat sich zunächst aus gewissen Zwangsläufigkeiten als «stationäre», ortsgebundene Technologie entwickelt. Leistungsfähige Rechner waren in der Anfangszeit ausschließlich große Computer: Leistung brauchte Platz. Auch Micro-Computer wie PC und Mac, die in den 90-er Jahren massenhaft auf den Markt kamen, blieben eine stationäre Technologie. Obwohl sie relativ schnell ab- und aufgebaut werden können, findet ein Ortswechsel eher selten statt. Stationäre Technologien konnten sich über die Jahre mit bestimmten Vorteilen behaupten. Was nicht bewegt wurde, war weniger anfällig für Störungen, Fehler und Verschleiß. Was nicht bewegt wurde, war genau zu lokalisieren und einzuplanen. Nicht zuletzt bedeutete der Einsatz von stationären Technologien oft auch zentrale Datenverwaltung und Datenkonsistenz. Lernen vor dem Computer war lange Zeit ausschließlich Lernen vor einem (bestimmten) Standrechner. Der Lernende nimmt auch heute noch meist einen ganz bestimmten, vordefinierten Platz seiner realen Umgebung ein.

Erst Notebooks und Laptops begannen die Lage zu verändern. Sie waren faktisch und in der Praxis portabel, konnten ohne großen Aufwand verstaut und auf der Reise mitgeführt werden. Hinzu kamen Devices wie Handheld Computers (auch «Handhelds» genannt), PDAs und Handys, Geräte, die nicht nur mitgenommen, sondern sogar direkt am Körper oder zumindest in einer kleinen Tasche verstaut werden konnten. Durch die mobilen Geräte war keine Bindung mehr an bestimmte Räumlichkeiten und Standgeräte notwendig. Der Reisende – es gab trotz der Virtualisierung der Geschäftswelt immer mehr Reisende – wurde mehr und mehr unabhängig von festen Einrichtungen (vgl. Kapitel 4.4.2).

Die Entwicklung der Telekommunikation begleitete sowohl den Fortschritt stationärer Einrichtungen als auch von mobilen Geräten und Anwendungen. Mit der Zeit wurde sie zu einem Schlüsselfaktor für mobile Anwendungen. Geht man allerdings von der skizzierten Entwicklung im Hardwarebereich aus, ist Telekommunikation nach wie vor auch im stationären Bereich ein Schlüsselfaktor. In Bezug auf das Internet – und dieses ist eines der wichtigsten Medien für E-Learning – kann sogar gesagt werden, dass der Zugang in erster Linie über stationäre Einrichtungen erfolgt. Im Übrigen waren die Errungenschaften der Telekommunikation bzw. telematische Entwicklungen grundlegend für die Entwicklung verteilter Anwendungen, auf die im nächsten Abschnitt die Sprache kommt.

Ein Beispiel für eine Integration von stationären und mobilen Anwendungen ist eine Sammlung von Lernanwendungen, die zwischen einem stationären und einem mobilen System hin und her transferiert werden. Die Lernanwendungen werden auf einem zentralen Rechner vorgehalten und über Standgeräte, etwa PCs, abgerufen. Die Sammlung ist ständig erweiter- und aktualisierbar. Der Lernende lädt einzelne der Lernanwendungen auf ein mobiles Endgerät, um eine entsprechende Nutzung unterwegs zu ermöglichen. Ist er zurück an seinem stationären Arbeitsplatz, kann er sämtliche Tracking- und Analysedaten mit der zentralen Anwendung synchronisieren.

Im Falle einer Blended-Learning-Lösung können vorhandene stationäre Strukturen mit ihren spezifischen Vorteilen mit bestimmten Modifikationen beibehalten werden; die mobilen Anwendungen setzen auf ihnen auf und erweitern sie. Die Lernenden nutzen zusätzlich zu stationären Technologien und Systemen mobile Anwendungen im Sinne flexibler Instrumente. Dabei können sie in regelmässigen Abständen Abgleiche und Aktualisierungen der Daten vornehmen.

4.2.2.3 Lokale und verteilte Technologien und Systeme

Lernen, das Informations- und Kommunikationstechnologien und entsprechende Systeme lokal (also etwa über die lokale Festplatte oder lokal verfügbare Speicher wie CD-ROMs und DVDs) nutzt, hat die Vorteile schneller Zugriffszeiten, hoher Bildqualität, hoher Interaktivitäts- und Transaktionsraten und relativ großer Sicherheit des Datenverkehrs. Wichtig ist auch die Unabhängigkeit von Online-Verbindungen bzw. Netzzugriffen.

Verteiltes Lernen, das insbesondere durch Internettechnologien und allgemein telematische Anwendungen ermöglicht wird, bietet im virtuellen Lernen mannigfache Potenziale. Es kann auf verteilte Ressourcen zugegriffen werden, kollaborativ Lernende müssen nicht an einem Ort sein, und traditionelle Wissensprozesse können von Grund auf überdacht, erneuert und gestrafft oder aber ganz durch neue Abläufe ersetzt werden.

Ein Beispiel für eine Blended-Learning-Lösung sind CBTs, die als lokale Anwendungen Webapplikationen, bei denen die Übertragung von Daten noch Probleme macht und die Qualität der Darstellung ungenügend ist, sinnvoll unterstützen und Videos und Animationen zur Verfügung stellen. Auch ist es möglich, lokales und verteiltes Lernen so zu kombinieren, dass z. B. Online-Verbindungen – zugunsten der Unabhängigkeit des Benutzers und im Hinblick auf finanzielle Vorteile – nicht ständig beansprucht werden müssen. Umgekehrt können Lernanwendungen auf CD-ROM und DVD mit Potenzialen verteilter Systeme unterstützt werden. Wird beispielsweise an einer Stelle eines CBT-Lernprogramms die Hilfe eines Tutors oder eine ergänzende Ressource auf einer Website benötigt, kann über einen entsprechenden Link die Verbindung hergestellt werden.

Von Unternehmensseite her gedacht, bieten Blended-Learning-Lösungen in diesem Zusammenhang den Vorteil, dass bestehende Strukturen – in vielen wissensintensiven Unternehmen wurden in den letzten Jahren CBTs eingesetzt – in neue Möglichkeiten verteilten Lernens integriert werden können. Vorteile für Lernende sind vor allem bezüglich der Optimierung der Qualität und der zeitweisen Unabhängigkeit von verteilten Systemen gegeben.

4.2.2.4 Statische und dynamische Technologien und Systeme

Im virtuellen Lernen spielt statisches Lernen eine durchaus gewichtige Rolle. Viele Komponenten webbasierter Anwendungen sind statischer Art. Es finden sich beispielsweise Lerneinheiten, die zwar hypertextuell aufbereitet sind und sich in diesem speziellen Sinne natürlich «dynamisch» verhalten, sich aber im Prinzip wie klassische Texte rezipieren lassen, als relativ stabile Einheiten. Noch deutlichere Beispiele sind PDF-Files, die linearen und unveränderlichen Charakter haben. Durch statische Elemente werden vorhandene Lese- und Lerngewohnheiten unterstützt. Es kann auf zuverlässige, bekannte Strukturen zurückgegriffen werden. Von Nutzen ist in bestimmten Zusammenhängen auch, dass sich Dokumente nicht verändern lassen.

Immer mehr werden im virtuellen Lernen dynamische Möglichkeiten genutzt. Intelligente tutorielle Systeme, die als Expertensysteme für Lernen entwickelt wurden und aus einer lernfähigen Wissensbasis mit Fakten- und Regelwissen sowie einem lernfähigen Tutor- und Lernermodell bestehen, variieren je nach Eingabe des Lerners Lernweg, Lernmethode und Art der Präsentation des zu lernenden Stoffs. In manchen Lernumgebungen stehen auch virtuelle pädagogische Agenten zur Verfügung, die Rede und Antwort im wörtlichen Sinne stehen, anhand von Grafiken Zusammenhänge veranschaulichen und den Benutzer zu relevanten Websites führen (s. Kapitel 4.4.3, Pädagogische Agenten).

Ein Beispiel für eine Blended-Learning-Lösung ist die Kombination eines in hohem Maße interaktiven Elements, des pädagogischen Agenten, mit statischen Komponenten. Der Agent führt den Benutzer zu statischen Ressourcen wie Texten, Grafiken und Fotos. Diese Ressourcen können dann in einem anderen Kontext auch ohne Hilfe aufgerufen und als verlässlich und stabil erfahren werden. Allerdings kann das System die Möglichkeit bieten, bei Fragen oder Problemen bezüglich der statischen Elemente wiederum den virtuellen Gehilfen aufzurufen.

Für das Unternehmen ist ein Vorteil der Blended-Learning-Lösung, dass von – oft in großer Menge – vorhandenen statischen Komponenten ausgegangen werden kann. Generell ist es möglich, statische Komponenten durch dynamische aufzuwerten und zu ergänzen. Auch können sie mit der Zeit, wenn es erforderlich ist, in dynamische Komponenten transformiert werden. Der Lernende kann je nach Grundhaltung, Bedarf und systemgegebener Funktionalität mehr auf statische oder mehr auf dynamische Komponenten zugreifen. Diese Möglichkeit der Abwechslung wiederum hat auch motivationale Aspekte.

4.2.2.5 Synchrone und asynchrone Technologien und Systeme

Synchrones virtuelles Lernen hat u. a. den Vorteil schneller und effizienter Informationsweitergabe und Kommunikation. Beispielsweise können Probleme direkt angegangen und gelöst werden. Gegenwärtig wird noch stark auf text- und dokumentenbasierte Anwendungen zurückgegriffen. Mit der Erweiterung von Technologien und Systemen und der Verbesserung von Übertragungsraten gewinnt synchrones Lernen im virtuellen Bereich weiter an Einsatzmöglichkeiten. Beispielsweise werden webbasierte Schulungen verstärkt mit Video- und Audiofunktionen bereichert, die die Teilnehmer und gegebenenfalls ihre Aktionen sicht- und hörbar machen. Für synchrone Lehr- und Lernformen sind Konzepte des Tutoring und der Moderation gefragt, um die Veranstaltungen an sich effektiv zu gestalten, aber genauso ausgeklügelte Speicherungs-, Archivierungs-, Strukturierungs- und Suchfunktionen, um Sessions aufzeichnen und im Nachhinein sinnvoll aufrufen, bearbeiten und auswerten zu können. Diese Funktionen verweisen bereits darauf, dass eine Überführung von synchronen in asynchrone Strukturen wichtig ist.

Asynchrone Lernformen, die mit Hilfe von Informations- und Kommunikationstechnologien und entsprechenden Systemen realisiert werden, haben den entscheidenden Vorteil der Zeitunabhängigkeit. Dadurch können gerade Personen, die beruflichen Pflichten nachkommen müssen, die sie nicht ohne weiteres mit synchronen Lernprozessen verbinden können, zu geeigneter Zeit lernen. Beispielsweise kann in Zeitfenstern während der Arbeit oder in der Freizeit ein Set an Lernmodulen bearbeitet werden. Die Ergebnisse werden an den Trainer oder Tutor gesandt, der sie wiederum zu passender Zeit analysiert. Weiterhin spielen bei asynchroner Kommunikation unterschiedliche Zeitzonen eine nur geringe Rolle. Ein großer Vorteil asynchronen Lernens, gerade in kollaborativen Prozessen, ist die Möglichkeit, Beiträge überlegt und fundiert zu gestalten. Die Ungleichzeitigkeit wird hier zu einem entscheidenden Qualitätsfaktor.

Beispiele für integrierte Lösungen sind Kurse, die über asynchrone Technologien und Systeme abgehalten, aber durch synchrone Medien ergänzt werden. Der asynchrone Teil dient etwa dazu, einen fundierten Austausch der Teilnehmer über einen bestimmten Zeitraum hinweg und ihre Aktivitäten in Hinblick auf den Aufbau von Wissen zu fördern. Es werden Materialien und Interaktionsmöglichkeiten bereit gestellt, die von den Teilnehmern zu beliebiger Zeit in Anspruch genommen werden. Der synchrone Part ist beispielsweise dazu da, den direkten Kontakt zwischen den Teilnehmern und damit eine Grundlage für die rasche und effektive Besprechung von Problemen herzustellen. Der Lehrende bzw. der Tutor kann seine Teilnehmer in der direkten Interaktivität (näher) kennen lernen, anspornen, leiten und (adäquat) einstufen. Im synchronen Medium können Fragen angesprochen werden, die im asynchronen Medium nicht befriedigend gelöst werden konnten. Von Unternehmensseite her sind Blended-Learning-Lösungen besonders dann wichtig, wenn verteilte Unternehmensstrukturen in Kombination mit der Notwendigkeit schneller Absprachen und kurzer Entscheidungswege gegeben sind. Für Trainer und Tutoren und für Lernende ergibt sich eine hohe Flexibilität.

Wie bereits angesprochen, ist es wichtig, Ergebnisse aus synchronen Medien dauerhaft zu sichern, und das heißt, in asynchrone Strukturen zu überführen. Dabei sind Probleme formaler und qualitativer Art zu bedenken, wie sie z.B. im Bereich der Transkription von Interviews bekannt sind: Bei der Überführung in dauerhafte Strukturen sind die schnell und spontan entstandenen Beiträge entweder zu glätten, oder es ist der neue Kontext deutlich zu machen. Selbst Beiträge, die in asynchronen Medien wie Diskussionsforen entstanden sind, müssen übrigens einer Qualitätskontrolle unterzogen werden, wenn sie längerfristig in einem eher statischen Kontext gesichert werden sollen.

4.2.2.6 Individuelle und kollaborative Technologien und Systeme

Individuelles Lernen ist in gewisser Weise immer der Ausgangspunkt und der Endpunkt aller Lernprozesse. Lernen ist das Hinzulernen Einzelner, das Erwerben von individuellen Kompetenzen und Fähigkeiten. Informations- und Kommunikationstechnologien und entsprechende Systeme können den individuellen Lernprozess, den Weg zum eigentlichen Ziel, unterstützen und definieren. Private Umgebungen und Räume werden errichtet, in denen Einzelne für sich Wissen aufnehmen, entwickeln und dokumentieren können. Die Möglichkeit solcher individueller Lernprozesse ist wichtig: Der Lernende wird in die Lage versetzt, in Ruhe zu lernen, für sich, ohne auf andere angewiesen zu sein, er kann wiederholen und üben, ohne andere zu langweilen, er kann mit noch nicht gesichertem Wissen experimentieren und Schriftliches und Grafisches fixieren und wieder verwerfen.

Kollaboratives Lernen entspricht den Anforderungen einer komplexen Umwelt, die die Möglichkeiten des Individuums häufig übersteigen, und stellt einen wesentlichen Faktor dar, um überhaupt zu einem persönlichen Lernerfolg zu kommen. Darüber hinaus wird es mehr und mehr wichtig, Wissen in einer Gruppe zu generieren, gegenseitig abzugleichen und zu entwickeln. Was die Anwendung des Wissens und der Kompetenzen betrifft, wird diese immer häufiger auf Teams übertragen. Es ist also auch wichtig, die praktische Anwendung in Gruppen zu trainieren.

Bei kollaborativen Prozessen stellt sich das Problem, dass traditionelle Lehr- und Lernformen an Grenzen stoßen, da Interessierte und Experten sich oft nicht am selben Ort befinden können oder wollen und Medienbrüche zu entstehen drohen. CSCW-Technologien und andere kollaborative Tools können hier wertvolle Unterstützung bieten. Bedeutend sind in diesem Zusammenhang die Potenziale verteilter sowie synchroner und asynchroner Anwendungen. Kollaborative Tools machen mit synchronen und asynchronen Technologien die verteilte Arbeit an gemeinsamen Objekten (etwa im Sinne eines Application Sharing) möglich, das visuelle Aufzeigen von Prozessen und Gegenständen (beispielsweise auf einem Whiteboard), das gemeinsame Erarbeiten von Lösungen und neuen Fragestellungen. Ressourcen wie Linklisten, Literaturverzeichnisse und Bildbestände werden gemeinsam aufgebaut. Diskussionen können geführt, ausgewertet und ohne Medienbruch in die Arbeit integriert werden.

Am Beispiel elektronisch unterstützten kollaborativen Arbeitens lässt sich gut zeigen, wie sich Lernen und Arbeiten in Organisationen und Unternehmen verlinken und sich automatisch vernetzen. Der Arbeitsprozess des Teams ist zugleich ein Lernprozess, der Lernprozess zugleich ein ArbeitsProzess, und die Ergebnisse der Arbeit sind umso wertvoller, desto mehr Wissenslücken auf dem Weg zu ihnen geschlossen wurden.

Beispiele für integrierte Lösungen sind individuelle Räume und Ressourcen mit Schnittstellen zu kollaborativen Räumen und Ressourcen. Die Schnittstellen machen eine (selektive) Weitergabe und Integration ohne Medienbrüche möglich. Ein im individuellen Raum erarbeitetes Ergebnis kann z.B. als Diskussionsbeitrag in einen Gruppenraum gestellt werden. Umgekehrt kann ein Transfer in individuelle Wissensprozesse stattfinden.

Unternehmen können über integrierte individuelle und kollaborative Anwendungen sowohl den individuellen Lern- und Arbeitsraum von Personen abstecken als auch Gruppenprozesse unterstützen und modellieren. Der Zugang zu virtuellen Teams wird gegebenenfalls bis ins Detail über die Vergabe von Schreib- und Leserechten bestimmt. Der Lernende kann über eine einzige Lern- und Arbeitsumgebung sowohl individuelle als auch kollaborative Prozesse initiieren, unterstützen, dokumentieren und auswerten.

4.2.3 Das Blended-Learning-Modell als Grundlage für konkrete Architekturen

Das hier entwickelte Modell auf Technologie- und Systemebene verbindet alle beschriebenen Polpaare zu einem vielschichtigen, integrierten Modell. Alle entwickelten Ebenen entfalten spezifische und wertvolle Funktionen. Deutlich wurde, dass die Ebenen Bezüge zueinander haben.

Das Blended-Learning-Modell soll, wie angedeutet, als Grundlage für die Gestaltung von Systemarchitekturen in Unternehmen dienen. Eine mit Hilfe des Modells realisierte Architektur vermag gegenwärtigen und zukünftigen Herausforderungen Rechnung zu tragen. Je nach aktuellen Anforderungen oder individuellem Profil kann der Schwerpunkt auf diesen oder jenen Pol gelegt werden. Vorteile und integrative Mehrwerte können ausgenutzt werden. Unter veränderten Bedingungen können einzelne Komponenten ausgetauscht oder aktualisiert werden, ohne dass die gesamte Architektur verändert werden muss. Architekturen, die sich auf das Blended-Learning-Modell beziehen, haben also den großen Vorteil der permanenten Flexibilität.

Portale, spezifischer Lern- und Wissensportale, vermögen derzeit einen Integrationsansatz der skizzierten Art am besten zu realisieren. Nicht alle Portale nutzen natürlich die inhärenten Potenziale; es kann aber gezeigt werden, dass sie grundsätzlich integrative Realisierungsmöglichkeiten par excellence haben (vgl. das folgende Kapitel 4.3, Lern- und Wissensportale).

4.3 Lern- und Wissensportale

4.3.1 Der Begriff «Portal»

Portale sind, wenn man die ursprüngliche Bedeutung des Worts nimmt, durch architektonische Gliederung und plastischen Schmuck hervorgehobene Eingänge von Tempeln, Kirchen und Palästen. Schumacher und Schwickert sehen hier Merkmale gegeben, die auch bei elektronischen Portalen – die Autoren sprechen von «Web-Portalen» – realisiert sind: auf der einen Seite «der Zugang zu großen Räumen», auf der anderen Seite «die Gliederung, die Gestaltung oder das Design» [Schumacher/Schwickert 1999, 6]. In der Tat kann die ursprüngliche Wortbedeutung teilweise sinnvoll übertragen werden, wobei das Metaphorische des modernen Begriffs (und damit die Ablösung vom ursprünglichen Wort) stets bedacht werden muss.

Wie bereits Schumachers und Schwickerts Rede von «Web-Portalen» deutlich macht, können Portale Anwendungen sein, die über Internet bzw. WWW realisiert werden. Es handelt sich um spezielle Websites, die oft mit Datenbankfunktionalitäten und Suchsystemen verknüpft sind. Genau diese Art von Portalen wird hier thematisiert. Neben Webportalen gibt es noch weitere Realisierungsmöglichkeiten (vgl. [Fleisch/Österle 2001, 28]).

Hinsichtlich der Zugangsfunktion von Portalen herrscht in der Literatur (und in der praktischen Anwendung) große Einigkeit. Auch Schumacher und Wickert betonen – eben in Anlehnung an den ursprünglichen Begriff, also unter Ausdeutung der Metapher – diese Funktion, wobei sie in diesem Zusammenhang eine weitere Metapher nennen: Zugang werde zu «großen Räumen» geschaffen. Auf diese Metapher muss noch eingegangen werden. Nach Frenko sind Portale im weiteren Sinne Seiten, die als «Einstiegsseiten» ins Internet dienen (vgl. [Frenko 1998]). Nach dieser Erklärung werden (in gewisser Ausschließlichkeit) Internetressourcen erschlossen. Es wurde bereits die Möglichkeit internetunabhängiger Portaltypen aufgeführt; die Aussage ist aber auch unter anderem Blickwinkel kritisch zu betrachten. Österle und Fleisch schließlich sprechen von einem «elektronischen Fenster», das sich auf Dienstleistungen richtet (vgl. [Fleisch/Österle 2001, 28]).

Die Gliederungsfunktion von Portalen – oder besser: die Strukturierungsfunktion – wird in der Literatur ebenfalls gesehen. Schumacher und Wickert haben darauf wiederum mit Blick auf die ursprüngliche Bedeutung des Begriffs hingewiesen. Portale dienen dazu, Angebote zu strukturieren, etwa nach Kategorien wie Unternehmenstyp, nach Benutzergruppen oder nach Themen.

Auch der Hinweis auf die Gestaltung, den Schumacher und Schwickert geben, ist interessant. Portale sind gestaltet, d. h. sie bieten einen visuell geordneten Zugang. Oft handelt es sich um Links, die in Rubriken gebündelt sind, und um zusätzliche grafische Elemente, die zu Ressourcen führen. Immer wieder finden sich auch grafisch abgesetzte Textbausteine, die in aller Kürze News und Informationen vermitteln. Die Gestaltung des Portals dient also wiederum der Strukturierung des Angebots.

In den letzten Jahren ist der Begriff des Portals zu dem des elektronischen Marktplatzes in Konkurrenz getreten. Bis Ende der 90-er Jahre war der Begriff des elektronischen Marktplatzes omnipräsent. Noch bevor «E-Commerce» und «E-Business» in aller Munde waren, war hier ein Begriff gefunden, der auf bestimmte kommerzielle und halbkommerzielle Angebote und Transaktionen im Internet passte. Man unterschied – in Wissenschaft und Wirtschaft gleichermaßen klassifikationsfreudig – zwischen regionalen und überregionalen Marktplätzen, themenorientierten und allgemeinen, anbieterbezogenen und unabhängigen (vgl. [Kuhlen 1996, 7 ff.]). Der Ende der 90-er Jahre aufkommende Begriff des Portals erwies sich indes als «benutzungsfreundlicher» und offener. Die Kürze, die Prägnanz, der intuitiv sich erschließende Bedeutungsgehalt des Worts trug zu seiner Durchsetzung bei. Zugleich erwies sich das Portalkonzept selbst als das benutzungsfreundlichere und offenere. Während bei Marktplätzen in erster Linie der Transaktionsgedanke, der Handel von Services und Produkten, im Vordergrund stand, vermochte das Portal auch andere Kategorien wie Information und Kommunikation zu umfassen.

Wie beim Begriff «E-Learning» ist festzustellen und zu bedenken, dass es sich beim Begriff des Portals um ein Marketing-Wort handelt. Ein konkretes Portal heißt oft nur deshalb «Portal», damit es in aller Munde gebracht, der Interessierte auf das Portal gelockt, der Absatz gefördert werden kann.

4.3.2 Klassifikationen

Portale können als Systeme begriffen werden, die einen i.d.R. hohen Komplexitätsgrad aufweisen und aus weniger komplexen Systemen und aus unterschiedlichen Technologien aufgebaut sind. Portale können wiederum in übergeordnete «Systeme» (z.B. in Prozessketten eines bestimmten Unternehmensbereichs oder in strategische Konzepte) eingebettet sein.

Beim Versuch einer Klassifizierung von Portalen gibt es verschiedene, teils widerstreitende Ansätze. Ein weit verbreiteter Ansatz ist die Einteilung nach E-Business-Aktivitäten, konkret nach «Business-to-Customer»-Portalen (B2C-Portale), «Business-to-Business»-Portalen (B2B-Portale) und «Business-to-Employee»-Portalen (B2E-Portale). Erstere haben als von (einzelnen oder mehreren) Unternehmen zur Verfügung gestellte Systeme die Bedürfnisse von Kunden im Visier, die zweiten sind ein kommerzieller Brückenschlag von Unternehmen zu Unternehmen, letztere stellen eine kommunikative Schnittstelle zwischen einer Firma und ihren Mitarbeitern dar. Ferner sind «Customer-to-Customer»-Portale (C2C-Portale) möglich, Angebote von Kunden für Kunden, wobei es sich häufig um private Initiativen handelt und wenig komplexe Funktionalitäten vorhanden sind. Einzelne Portale können auch verschiedene E-Business-Aktivitäten integrieren.

4.3 Lern- und Wissensportale

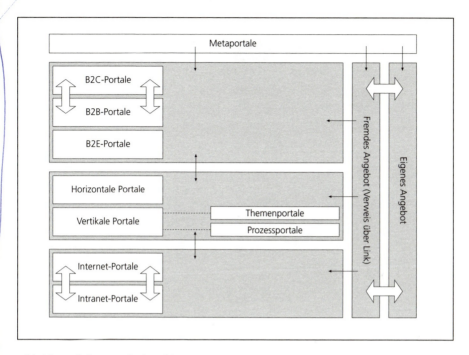

Abbildung 4-69: Portal-Klassifikationen

Eine andere verbreitete Klassifikation differenziert nach horizontalen und vertikalen Portalen. Horizontale Portale geben Benutzern einen breiten Einstieg in unterschiedliche Gebiete, indem sie Ressourcen in ganz verschiedenen Kategorien anbieten oder vermitteln. Beispiele sind redaktionell angereicherte Kataloge (Yahoo) und ebensolche Suchmaschinen (Altavista). Vertikale Portale konzentrieren sich auf ein einzelnes Thema (oder einen Themenkomplex) – hier kann man von «Themenportalen» sprechen – oder beziehen sich auf spezifische Kundenbedürfnisse bzw. als so genannte Prozessportale (vgl. [Österle 2000, 174 ff.]) auf einen zu befriedigenden Kundenprozess. Ein besonders gutes Beispiel für vertikale (Prozess-)Portale sind Hochzeitsportale wie WeddingChannel (http://www.wedding.com) oder the knot (http://www.theknot.com).

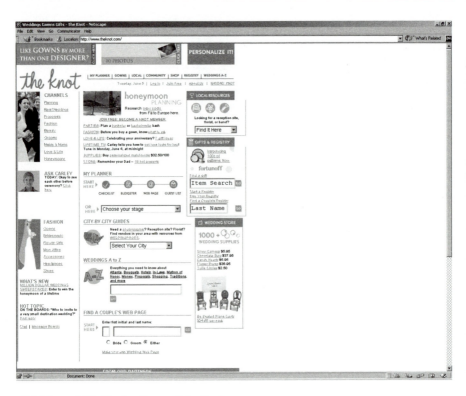

Abbildung 4-70: Hochzeitsportal the knot

Hochzeitsportale: Ein Beispiel für Prozessportale

Hochzeitsportale helfen zunächst bei der Kontaktanbahnung; z. B. können die an einer Partnerschaft Interessierten Profile bereitstellen und sich in Chats treffen. Sie unterstützen weiter den Austausch von Nettigkeiten in den ersten Wochen der Bekanntschaft, etwa indem sie den Versand von virtuellen Karten oder die Bestellung realer Blumensträuße ermöglichen. Nicht zuletzt sind sie eine Hilfe bei der Vorbereitung auf die eigentliche Hochzeit: Der geeignete Hochzeitsort kann gefunden, das Aufgebot bestellt, die Reservierung der Lokalität für das Hochzeitsessen getätigt, das Brautkleid geordert werden. Auf diese

Weise unterstützen Hochzeitsportale einen Kundenprozess vom Anfang, dem Partnerwunsch, bis zum Ende, der Hochzeit. Manche Hochzeitsportale stellen nicht nur allgemeine Funktionen bereit, sondern erlauben eine Individualisierung des Angebots. Es entsteht eine eigene Umgebung, in der Tagebuch geführt wird, Checklisten erstellt werden und das persönliche Hochzeitsbudget berechnet werden kann.

Die Einteilung nach «horizontal» und «vertikal» setzt eigentlich einen festen Bezugspunkt voraus, der jedoch kaum ausgemacht werden kann. Insofern bleibt eine Einteilung dieser Art zuweilen vage.

Weiterhin kann man nach der technischen Infrastruktur bzw. der Zugangsberechtigung unterscheiden. So gibt es Internetportale, die meist einer breiten Öffentlichkeit offen stehen, und Intranetportale, die nur einer bestimmten Gruppe, etwa den Mitarbeitern eines Unternehmens, zugänglich sind und entsprechend über Sicherheitsmechanismen gegen «Eindringlinge von außen» geschützt werden. Das Intranet- und Internetportal eines Unternehmens kann nicht nur technologisch, sondern auch in Bezug auf Funktionen und Inhalte Verbindungen aufweisen.

Eine weitere Einteilung ist eine solche nach eigenen und externen Ressourcen. Das Portal kann Ressourcen der Betreiber des Portals bereitstellen, also etwa Content, der auf den Servern des Unternehmens liegt, aber auch über Links und andere Verweise auf Ressourcen anderer Anbieter bzw. anderer Quellen verweisen. Oft gibt es eine Mischung aus eigenen und fremden Ressourcen. In diesen Fällen sind Portale Hybride zwischen eigenen und vermittelten Angeboten.

Nicht zuletzt kann man zwischen kostenlosen und kostenpflichtigen Portalen differenzieren. Manche Portale sind in sich in kostenlose und kostenpflichtige Angebote unterteilt.

Außerdem gibt es Meta-Portale, Portale, die den Einstieg zu einer Vielfalt von horizontalen und vertikalen Portalen ermöglichen und eine große Zahl von Portalen zu strukturieren versuchen.

4.3.3 Funktionale Ebenen

Portale können in die funktionalen Ebenen Information, Kommunikation, Transaktion und Interaktion zergliedert werden. Diese Einteilung wird an dieser Stelle weniger vorgenommen, um eine wirkliche Trennung der Bereiche aufzuzeigen, sondern mehr, um Grundfunktionen herauszuarbeiten. Alle funktionalen Ebenen können enge Beziehungen zueinander aufweisen.

– Eine zentrale Ebene des Portals ist die Informationsebene. Ein Portal will, wie gezeigt wurde, strukturierten Zugang zu Content schaffen. Der Content kann auf eigenen Servern, aber auch auf «fremden» Rechnern liegen. Um einen Spezialfall handelt es sich, wenn die Informationen in der «Realität» vorhanden sind, also ein Medienbruch zwischen Portal und Information liegt. Das Portal verweist auf diese Informationen nicht mittels Links, sondern über Beschreibungen der Orte, an denen die Informationen zu finden sind.
– In einem Portal kann man verschiedene Kanäle der Kommunikation unterscheiden: Kommunikation zwischen Portalbetreibern (als Mittler) und Benutzern, zwischen (vermittelten) Anbietern und Benutzern, zwischen Betreuern bzw. Trainern und Benutzern und zwischen Benutzern und Benutzern. Während die ersten beiden Kanäle bevorzugt über E-Mail und klassische Kommunikationswege bedient werden, sind z.B. Foren Medien der Kommunikation zwischen Betreuern bzw. Trainern und Benutzern sowie zwischen Benutzern und Benutzern. Eine interessante Möglichkeit ist allerdings auch, Foren für die beiden zuerst genannten Fälle einzusetzen. Je nach Kommunikationspartnern dient die Kommunikation ganz unterschiedlichen Zwecken.
– Betrachtet man bei Portalen die Ebene der Transaktion, fallen Parallelen zum Phänomen der elektronischen Marktplätze auf. Es wurde schon gesagt, dass elektronische Marktplätze insbesondere Funktionen der Transaktion aufweisen. Es geht um Tausch, Verkauf und Kauf von Ressourcen und das Angebot von Dienstleistungen. Elektronische Marktplätze wurden in den letzten Jahren häufig Bestandteile von Portalen bzw. in Portale umgewandelt. Umgekehrt

werden Teile von Portalen wie elektronische Marktplätze gestaltet. So gesehen wird die Ebene der Transaktion von der Realisierung elektronischer Marktplätze bestimmt. Die technische Basis stellen Transaktionssysteme dar. Teile der Transaktion können in der Realität liegen, beispielsweise die Abholung eines virtuell bestellten und bezahlten Tickets.
- Auf der Interaktionsebene finden u.a. Navigationsprozesse zwischen System und Benutzer statt. Dazu gehört auch die Bereitstellung von Links und damit der Verweis zu internen und externen Ressourcen. Die Ebene der Interaktion erlaubt es Benutzern auch, vom Portal temporär oder längerfristig auf andere Websites zu wechseln. Ebenso ist auf dieser Ebene die «Bedienung» des Portals angesiedelt, etwa die Initiierung von Prozessen wie Suchabfragen. Nicht zuletzt ist die Möglichkeit der Individualisierung oder der Personalisierung zu nennen, auf die in diesem Kapitel noch gesondert eingegangen wird. Die Ebene der Interaktion ist eine grundlegende funktionale Ebene des Portals. Sie ist Basis für die anderen genannten funktionalen Ebenen.

4.3.4 Angebote des Portals

Auf den verschiedenen Ebenen des Portals sind Angebote unterschiedlichen Typs angesiedelt. Diese Angebote sind der eigentliche Fokus des Portals. «But behind the marketing veneer of portal fever, there's a solid concept – the notion of consolidating resources into one Website that's accessible to the internal and external customers that need it.» [Barron 2000c]

Die Angebote eines Portals sind in die Kategorien Content (im multimedialen Kontext) bzw. Inhalt (im Falle realer Ressourcen), Services und Produkte einteilbar. Die Kategorie Content bzw. Inhalt korrespondiert stark mit der funktionalen Ebene der Information. Allerdings kann sie sich genauso auf die anderen Ebenen beziehen. Beispielsweise steht auf der Kommunikationsebene oft der Austausch bestimmter Inhalte im Vordergrund (genauso kann dort aber der soziale Austausch die Hauptrolle spielen). In der Kategorie Services werden Bedürfnisse bedient, die über

Dienstleistungen wie Vermittlungen und Beratungen abgedeckt werden können. Es besteht eine enge Beziehung zu den funktionalen Ebenen der Kommunikation und der Transaktion; ebenso können aber auch die anderen Ebenen hineinspielen. Die Kategorie Produkte meint das Angebot virtueller und realer Produkte. Die Kategorie kann auf die Ebene der Transaktion, aber auch auf andere Ebenen bezogen werden.

Die oben zitierte Einschätzung, Portale würden den Zugang zu «großen Räumen» schaffen, erscheint nun als sehr unbestimmt. Portale ermöglichen nach der hier vertretenen Erklärung den Zugang zu einem ganz konkreten Angebot. Dieses Angebot kann dazu dienen, einzelne Bedürfnisse zu befriedigen; es kann aber auch ganze (Kunden-)Prozesse abdecken. Die ebenfalls zitierte Aussage, Portale würden das «Internet» erschließen, ist ebenfalls recht vage. Außerdem kann an dieser Stelle entgegengesetzt werden, dass das Angebot eines Portals über das Internet hinausgehen kann. Es kann durchaus in der «Realität» liegen.

4.3.5 Individualisierung und Personalisierung

Portale können, wie bestimmte andere Typen von Websites auch, individualisiert oder personalisiert werden. Die Individualisierung des Portals wirkt auf die Angebotspalette und die funktionalen Ebenen Information, Kommunikation, Transaktion und Interaktion ein. Sie kann selbst als eine Unterfunktion der Interaktion aufgefasst werden. Die Individualisierung bewirkt eine Anpassung des Portals an die individuellen Bedürfnisse einer Person. Die «individuellen» Bedürfnisse können auch von außen, zum Beispiel von einem Vorgesetzten, festgelegt werden. Es entsteht eine Selektion von Möglichkeiten, ein maßgeschneidertes Angebot, eine Fokussierung auf bestimmte Interessen. Von einem eher subjektiven Standpunkt kann so etwas wie eine virtuelle Heimat, eine vertraute und bekannte Umgebung entstehen, in der sich der Benutzer zurechtfindet und wohl fühlt. Handelt es sich um ein Prozessportal, können die individuellen Bedürfnisse in Bezug auf längerfristige und komplexe Bedürfnisse abgedeckt werden.

4.3.6 Lernportale

Ein bestimmter Typ von Portalen sind die so genannten Lernportale. Lernportale können in Anlehnung an die obigen Ausführungen als E-Learning-Systeme aufgefasst werden. Sie weisen einen hohen Komplexitätsgrad auf und sind aus weniger komplexen Systemen und aus Lern- und Basistechnologien aufgebaut.

Lernportale sind Zugangspunkte zu Content bzw. Inhalt, Services und Produkten im Bereich von Lehre und Lernen im weitesten Sinne. Content wird auf verschiedene Weise vermittelt, beispielsweise in Form von Ratgebern und Lexika sowie – und vor allem – als zentraler Bestandteil von WBTs und CBTs. Weiterhin wird Content in elektronischen Foren und Communities angeboten, weitergegeben und aufgenommen. Services von Lernportalen sind beispielsweise News zum Thema E-Learning, Checklisten und Namens- und Adressenlisten. Auch individuelle oder gemeinsame Agenda und Profile können zu den Services gerechnet werden. Produkte, die über das Lernportal angeboten werden, sind z. B. Lerntechnologien verschiedener Anbieter.

Lernportale vermögen sich sowohl auf elektronisch unterstütztes Lernen als auch auf klassisches Lernen zu beziehen. Im ersteren Fall finden z. B. Lernaktivitäten über das Portal selbst statt. Im zweiten Fall verweisen Lernportale beispielsweise auf klassische Seminare und unterstützen die Koordination entsprechender Aktivitäten.

Wilbers versteht ein Lernportal als «Webseite, die verschiedenen Stakeholdern intensive Services bietet und eine Personalisierung erlaubt» [Wilbers 2000, 397]. Es wurde bereits dargestellt, dass Services in der Tat ein zentraler Bestandteil von Portalen sind. Der Personalisierungsaspekt, den Wilbers als konstitutives Merkmal von Portalen versteht, muss nicht zwingend gegeben sein, wird hier aber ebenfalls als wichtig angesehen.

Rosenberg gibt folgende angemessene Definition: «A learning portal is a Web-based, single point of access that serves as a gateway to a variety of e-learning resources on the Web (Internet, intranet, or both). Using a knowledge management approach, a learning portal can access and distribute e-learning information, programs, and other capabilities to employees. And, it can bring order and easier access to an everincreasing array of information and learning choices.» [Rosenberg 2001, 157]

Auch bei Lernportalen können B2C-Portale, B2B-Portale und B2E-Portale unterschieden werden. C2C-Portale spielen eine untergeordnete Rolle. «Customers» können sowohl Privatpersonen als auch Mitarbeiter von Unternehmen sein.

In den letzten Jahren und Monaten sind verschiedene B2C-Lernportale entstanden, etwa Fatbrain (http://www.fatbrain.com), Hungry Minds (http://www.hungryminds.com), Thinq (http://learning.thinq.com) als internationale Angebote, wissen.de (http://www.wissen.de) und akademie.de (http://www.akademie.de) als Portale im deutschsprachigen Raum. Diese Portale sind teils kostenlos, teils kostenpflichtig. Manche sind, wie akademie.de, in sich in kostenlose und kostenpflichtige Angebote unterteilt. Zu beachten ist, dass sich viele Ressourcensammlungen im Bereich E-Learning, z.B. e-Learning Centre (http://www.e-learning centre.co.uk), und auch E-Learning-Zeitschriften, z.B. eLearningJournal.Com (http://elearningjournal.com), mehr und mehr zu B2C-Portalen entwickeln.

Zu den B2B-Portalen können easycando (http://www.easycando.com), DigitalThink (http://www.digitalthink.com) und eMind.com (http://www.emind.com) gezählt werden. Zudem gibt es Portale, die sowohl B2C- als auch B2B-Angebote darstellen, z.B. iLearn.To (http://www.ilearn.to).

akademie.de: Ein Beispiel für ein B2C-Portal

akademie.de (http://www.akademie.de) ist ein Lern- und Wissensportal, das im deutschsprachigen Raum schnell eine gewisse Bedeutung erlangt hat. akademie.de ist nach eigenem Verständnis eine «Learning Community», trägt aber alle Merkmale eines Portals. Es kann als B2C-Portal bezeichnet werden, wobei «Customer» sowohl aus privaten Gründen Interessierte als auch – und hierauf liegt der Schwerpunkt – Mitarbeiter von Firmen sind. Das Portal dient also als externes Angebot der betrieblichen Aus- und Weiterbildung. akademie.de hat folgende Rubriken:

Tipps & Tricks

Bei dieser Rubrik handelt es sich um eine wöchentlich aktualisierte Sammlung von etwa 800 praxisorientierten Tipps, u.a. zu den Themen Internet, Kommunikation, E-Commerce und Marketing. Es werden z.B. Informationen zu neuer oder kostenloser Software und zu interessanten Web-Sites gegeben. Zusätzlich wird ein kostenloser Newsletter angeboten.

Newsboard

Das Newsboard von akademie.de berichtet über die jüngsten Entwicklungen in den Bereichen Internet, Neue Medien und Telekommunikation. Weitere Schwerpunkte sind Business News, Netz-Politik und Online-Recht. Möglich ist das Abonnement eines täglichen kostenlosen Newsletters.

GründerLinX

GründerLinX ist eine kommentierte Link-Sammlung für Existenzgründer und für kleine und mittlere Unternehmen. Es werden Verweise auf Informationen im Internet geboten, die sich auf die Gründung und Führung eines Unternehmens beziehen. Die Themenpalette soll sämtliche Entwicklungsschritte eines Startup-Unternehmens von Förderungsmöglichkeiten, Rechtsaspekten, Unternehmenskommunikation bis hin zum Vertrieb abdecken. Es finden wöchentliche Aktualisierungen statt. Recherchiert werden kann über die Themenübersicht, den Index, die Leitfragen und die Suchfunktion.

Netlexikon

Das Netlexikon bietet Informationen zu den Themen Internet, Computer und Telekommunikation. Es handelt sich um ein communitybasiertes Internetlexikon, also einen Bereich, den die Community des Portals aktiv mitgestalten kann. Die Community besteht aus den Mitgliedern und anderen Interessierten, für die es keine Zugangsbarrieren gibt.

Online-Recht

Die Entscheidungssammlung Online-Recht enthält mehr als 360 Urteile, Beschlüsse und Einstweilige Verfügungen deutscher Gerichte sowie über 180 redaktionelle Leitsätze. Die fortlaufend ergänzten Entscheidungen und Leitsätze können im Volltext durchsucht werden. Das Rechtslexikon soll auch Nichtjuristen das Verständnis wichtiger Rechtsbegriffe erläutern. In der Linksammlung Online-Recht finden sich thematisch sortierte Verweise zum Online-Recht. Die Linksammlung wird regelmäßig aktualisiert.

Selbstlernen

Die teils freien, teils kostenpflichtigen webbasierten Kurse (Hypertexte mit sprachlichen und bildlichen Informationen) dienen als didaktisch aufbereitetes Informationsangebot. Der Interessent kann je nach seinen individuellen Bedürfnissen das Lerntempo wählen. Interaktionen sind in Form von Multiple-Choice-Aufgaben möglich. Sind alle Aufgaben gelöst, können die Ergebnisse mit den richtigen Antworten verglichen werden. Die Text- und Bildsegmente der Kurse können teilweise – als PDF-Files – heruntergeladen und ausgedruckt werden. Benutzer und Experten steuern selbst Content bei.

Workshops

Bei den Online-Workshops handelt es sich um ein praxisbezogenes Angebot. Man will den Unternehmern dabei helfen, eigene Projekte strukturiert und rasch durchzuführen. Während eines Workshops bearbeiten die Teilnehmenden wöchentlich konkrete Aufgaben, tauschen sich mit den Tutoren und untereinander aus und entwickeln praktische Lösungen. Anders als die Selbstlernkurse haben die Online-Workshops feste Starttermine und eine festgelegte Dauer (je nach Thema zwischen vier und acht Wochen). Die Teilnehmer eines Workshops bilden eine geschlossene Gruppe einer begrenzten Größe (maximal 70 Personen). Für die Teilnehmenden sind spezielle passwortgeschützte Diskussionsforen, Mailing Lists, Chats und Web-Seiten reserviert. Einzelne Lektionen bzw. Materialien der Workshops können im PDF-Format heruntergeladen und ausgedruckt werden. Externe Experten können eigene Workshops anbieten. Die Leiter sind für den Inhalt, für Kommentare zu den Fortschritten der Teilnehmenden, für Fragen und Konsultationen verantwortlich.

Das gesamte Angebot besteht aus sehr unterschiedlichen Komponenten, die verschiedenen der beschriebenen Pole zuzuordnen sind. Im Folgenden werden Beispiele für die Integration auf Makroebene genannt.

Lokales und verteiltes Lernen
Insgesamt handelt es sich bei akademie.de um ein Online-Angebot. Das Angebot beruht damit auf verteilten Systemen. Information und Kurse sind webbasiert und werden entsprechend über den Browser aufgerufen und durchgeführt. Dennoch werden die Strukturen verteilten Lernens immer wieder durchbrochen. Beispiele hierfür sind die Möglichkeit, extra dafür vorgesehene Dateien lokal zu speichern und auszudrucken, und der Service, sich einen Newsletter an die eigene E-Mail-Adresse schicken zu lassen, der dann nach lokaler Speicherung entsprechend weiter verwertet werden kann.

Statisches und dynamisches Lernen
akademie.de ist insgesamt eher statisch ausgerichtet. Dynamische Elemente sind rar. Ein Beispiel ist die Absolvierung und Auswertung der Multiple-Choice-Fragen. Allerdings beschränkt sich hier die Auswertung auf eine Gegenüberstellung der vom Benutzer gegebenen und der richtigen Antworten. Eine Beurteilung in Form von Noten, der prozentualen Angabe der richtigen Ergebnisse oder ei-

nes Vergleichs mit den Ergebnissen anderer Teilnehmer findet nicht statt.

Synchrones und asynchrones Lernen
In den Online-Workshops ist über die Chatkomponente synchrones Lernen möglich. Die anderen Angebote basieren mehrheitlich auf asynchronen Prinzipien. So kann man die Hypertexte des Angebots «Selbstlernen» als asynchrone Strukturen auffassen, die zu einem beliebigen Zeitpunkt erstellt und zu einem frei wählbaren Zeitpunkt rezipiert werden.

Individuelles und kollaboratives Lernen
akademie.de bietet verschiedene Funktionen individuellen Lernens, etwa in der Aneignung von Wissen, das über Dokumente, beispielsweise elektronisch verfügbare Bücher, vermittelt wird. Das Angebot «Selbstlernen» ist, wie schon der Name ausdrückt, auf individuelles Lernen ausgerichtet. Der Anspruch, eine Learning Community zu sein, wird verschiedentlich realisiert. So ist in den Online-Workshops kollaboratives Arbeiten über elektronische Diskussionsforen, Mailing Lists und Chats möglich. Auch Angebote wie das Netlexikon leben von der gemeinsamen Arbeit der Beteiligten. Man kann sich selbst als Autor registrieren lassen und Beiträge für das Lexikon erstellen.

Einzelne Angebote sind auch in sich integrativ gestaltet. Im Folgenden werden Beispiele für die Integration auf Mikroebene genannt.

Lokales und verteiltes Lernen
Online-Workshops, das Angebot «Selbstlernen» und weitere Angebote weisen die Kombination von lokalem und verteiltem Lernen auf. Bestimmte Segmente können als PDF-Files heruntergeladen und qualitativ hochwertig ausgedruckt werden und sind damit im «Offline»-Betrieb verwendbar.

Statisches und dynamisches Lernen

Im Angebot «Selbstlernen» finden sich sowohl statische als auch dynamische Elemente. Die Lerneinheiten können als grafisch angereicherte Hypertexte abgerufen werden. Bei einigen Themen des Angebots «Selbstlernen» ist es möglich, Multiple-Choice-Fragen zu beantworten. Die Antworten werden am Ende den richtigen Antworten gegenübergestellt.

Synchrones und asynchrones Lernen

In den Online-Workshops ist synchrones und asynchrones Lernen möglich. Allerdings werden Chats wenig eingesetzt. Tatsächlich stoßen einfache Chats in vielen Anwendungsbereichen und bei höheren Teilnehmerzahlen an Grenzen. Gefragt sind komplexe synchrone Technologien, die geordnete Diskussionen und Interaktionen (z. B. Signal eines Teilnehmers, das dem Handheben in einer «realen» Diskussion entspricht, Erteilen einer Rede-/Schreiberlaubnis durch den Tutor) und auch verbale Gespräche zulassen. Asynchrone Kommunikation erfolgt über elektronische Diskussionsforen, Mailing Lists und das zur Verfügung gestellte Lernmaterial.

Individuelles und kollaboratives Lernen

In den Online-Workshops ist individuelles und – hierauf liegt der Schwerpunkt – kollaboratives Lernen möglich. Individuelles Lernen besteht in der Aneignung von Wissen, das über Dokumente, teils auch ganze elektronisch verfügbare Bücher, angeboten wird. Es wird ergänzt durch die Möglichkeit der Kontaktaufnahme (z. B. per E-Mail) zu einem Tutor. Kollaborativ wird über Diskussionsforen, Mailing Lists und Chats gearbeitet. Das kollaborative Lernen wird von einem Tutor begleitet.

246   4. Teil   Technologien und Systeme

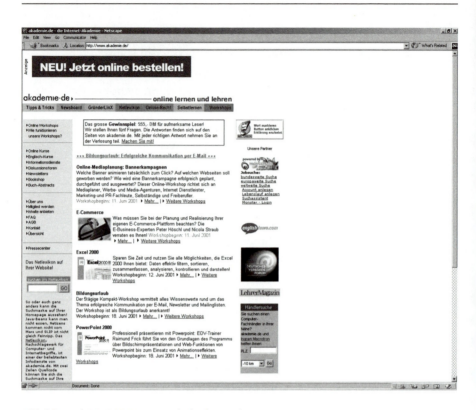

Abbildung 4-71: B2C-Lernportal akademie.de

B2E-Portale sind schwieriger zu identifizieren, da es sich meist um nichtöffentliche Angebote von Unternehmen handelt. Ein Beispiel für ein B2E-Portal ist die interne Intranet-Plattform der Corporate University der DaimlerChrysler AG (DCU Online), die dem Austausch von Best-practice-Erfahrungen und Know-how und zum Austausch personalen Wissens und Aufbau organisationalen Wissens dient. Auch das Allianz Lern Forum (ALF) der Allianz AG, das sich an Ausbilder und Auszubildende richtet, kann als B2E-Portal bezeichnet werden.

Lernportale können zu den vertikalen Portalen gezählt werden. Sie bieten Content bzw. Inhalt, Services und Produkte zu bestimmten Themen an, oder sie haben einen weiten thematischen Fokus, unterstützen aber das spezifische Bedürfnis nach E-Learning und nach dem Support entsprechender Prozesse. Nimmt man als Bezugspunkt Lehre und Lernen,

4.3 Lern- und Wissensportale

kann man bestimmte Lernportale, nämlich solche mit allgemeiner Ausrichtung, auch als horizontale Portale identifizieren, solche mit spezifischem Content und spezifischen Services dagegen als vertikale Portale.

Abbildung 4-72: Allianz Lern Forum (ALF)

Auch Lernportale können individualisiert werden. In diesem Fall werden die Angebote bzw. die funktionalen Ebenen Information, Kommunikation, Transaktion und Interaktion beeinflusst und gefiltert. Beispielsweise kann der Fokus auf bestimmten Themengebieten liegen, oder es werden bestimmte Lehr- und Lernmethoden bevorzugt. Es entsteht ein maßgeschneidertes Angebot, das den individuellen Bedürfnissen des Lernenden oder den Bedürfnissen von anderen, etwa den Vorgesetzten im Unternehmen, entspricht. Wenn das Lernportal als Prozessportal realisiert ist, können die individuellen Bedürfnisse entlang längerfristiger und komplexer Bedürfnisse abgedeckt werden. Das Lernportal begleitet in diesem Fall den Benutzer, stellt sich auf seine Interessen ein und fördert ihn in seinen

Möglichkeiten. Ein Beispiel für eine solche Unterstützung sind Funktionen zur Karriereplanung und -begleitung. Das Portal kann weiterhin gut zur Koordinierung von Refreshing- und Zertifizierungsmaßnahmen verwendet werden. Beispielsweise wird der Lernende nach einem bestimmten Zeitraum vom System aufgefordert, einen bestimmten Kurs oder eine Kombination von Maßnahmen zu absolvieren und eine zugehörige Prüfung zu bestehen. Solche automatischen oder halbautomatischen Unterstützungsfunktionen sind insbesondere in wissensintensiven Unternehmen wichtig, wo der Wissensstand regelmäßig abgeprüft werden muss bzw. ständig aktuelle, teils elementare Anforderungen entstehen.

4.3.7 Lern- und Wissensportale

E-Learning und Knowledge Management kommen stetig zusammen. Welches Konzept dabei das dominierende sein wird, ist umstritten; kaum einer bezweifelt aber, dass beide Anwendungsfelder so viele Berührungspunkte haben und sich in einer derart komplementären oder auch kongruenten Weise der Ressource Wissen annehmen, dass über ein sinnvolles Miteinander nachgedacht werden muss (vgl. Kapitel 1.4, E-Learning und Knowledge Management).

Während man im Unternehmen noch strukturelle und operative Probleme bedenkt, ist man auf der Technologieebene schon einen Schritt weiter. Viele Lernplattformen verfügen über Möglichkeiten, die auch Knowledge-Management-Tools zu eigen sind, beispielsweise Hilfsmittel zum Community Building. Umgekehrt tut man sich im Knowledge-Management-Bereich schwerer, Konzepte des E-Learning zu integrieren – aber auch hier wird ständig aufgeholt.

Auch Portale spielen bei der Integration von E-Learning und Knowledge Management eine wichtige Rolle. Sie können als Lern- und Wissensportale Knowledge-Management- und E-Learning-Funktionen integrieren. «In many ways, the learning portal concept reflects the maturing of digital learning from stand-alone efforts and department-by-department implementations to more coordinated and strategic approaches. In drawing together learning resources under one gateway Website, however, the portal concept may yield a more profund change – the linking of formal learning that the training industry embodies and informal knowledge sharing that's the domain of knowledge management practices.» [Barron 2000c] Barron führt diesen Gedanken weiter aus: «A merging of the two disciplines makes sense from a conceptual standpoint, analysts say, since they're both about the transfer of knowledge to empower an organization's intellectual capital. And because both disciplines are harnessing technology to improve access to learning and knowledge sharing, the synergies are obvious. Learning portals may provide the meeting place where the two disciplines can be combined.» [Barron 2000c] Lernportale – oder Lern- und Wissensportale, wie sie hier genannt werden – können also auch in dieser Hinsicht eine wichtige Integrationsfunktion haben.

4.3.8 Lernportale als integrative Systeme

Es wurde gesagt, dass Portale häufig ein breites Angebot von Content bzw. Inhalt, Services und Produkten aufbauen, um Bedürfnissen bestimmter Personen oder Gruppen gerecht zu werden oder bestimmte Prozesse abzudecken. Dieser Umstand führt dazu, dass Portale zwangsläufig Integrationskonzepte irgendeiner Art realisieren. Sie integrieren Technologien und Systeme, über die Content bzw. Inhalt, Services und Produkte vermittelt werden. Auch Lernportalen kommt eine solche Integrationsfunktion zu.

Lernportale sind als E-Learning-Systeme aus Technologien und (Sub-)Systemen bzw. aus verschiedenen selbständigen oder sich ergänzenden Komponenten zusammengesetzt. Diese können auf das skizzierte Blended-Learning-Modell (vgl. Kapitel 4.2, Umsetzung von Lernräumen: Blended-Learning-Modell) bezogen werden. Damit Lernportale im Sinne des Blended-Learning-Modells aufgebaut werden können, bedarf es in ihrer Architektur der Berücksichtigung der angegebenen Pole.

Im Folgenden (Tabelle 4-9) werden einzelne Komponenten von Lernportalen aufgeführt und kurz beschrieben. Die Komponenten werden der vorderen Fläche des Blended-Learning-Würfels zugeordnet, also den Polpaaren lokal und verteilt, statisch und interaktiv, synchron und asynchron sowie individuell und kollaborativ. Jede Komponente eines Portals deckt ein bestimmtes Muster ab. Beispielsweise ist ein Diskussionsforum in der Anwendung ein verteiltes, asynchrones, interaktives und dynamisches Medium. Damit in einem Portal etwa auch der synchrone Aspekt abgedeckt werden kann, bedarf es des Einsatzes von Chats oder anderen verteilten, synchronen, interaktiven und dynamischen Medien.

Abbildung 4-73 zeigt exemplarisch, wie ein Chat in die «Sprache» des Blended-Learning-Modells «übersetzt» werden kann.

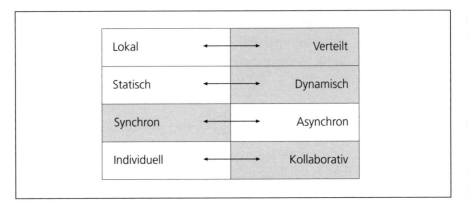

Abbildung 4-73: Chat in der «Sprache» des Blended-Learning-Modells

Die Zusammenstellung der Komponenten ist keineswegs vollständig; es soll vielmehr exemplarisch gezeigt werden, welche Komponenten in einem Lernportal auftreten können und wie diese in einer Dimension des Blended-Learning-Modells eingeordnet werden können.

4.3 Lern- und Wissensportale

Content- und Knowledge-Pool	Ein Content-Pool ermöglicht die Verbreitung und Nutzung von Dokumenten, Grafiken, Video und Audio über das E-Learning-System. Der Content steht über webbasierte Anwendungen zur Verfügung.	☐ ■ ■ ☐ ☐ ■ ■ ☐
Download-Pool	Ein Download-Pool ermöglicht den Download von Lerninhalten und Lehrmaterialien. Diese können dann lokal rezipiert und bearbeitet werden. Der Content liegt beispielsweise in der Form von downloadbaren PDF-Files vor.	■ ☐ ■ ☐ ☐ ■ ■ ☐
Content auf CD-ROM/DVD bzw. CBT	CD-ROMs/DVD bzw. CBTs können integrative Bestandteile von Portalen sein und als solche Content bereitstellen. Über Links auf der CD-ROM kann man auf Kommunikationsebenen des Portals kommen; umgekehrt kann im Portal auf die Ressourcen der CD-ROM verwiesen werden.	■ ☐ ■ ☐ ☐ ■ ■ ☐
Interaktive Tests	Interaktive Tests wie Multiple-Choice-Tests, Kreuzworträtsel, Zuordnungsaufgaben und Drag-and-Drop-Tests erlauben es, den Wissensstand des Lernenden abzufragen und zu überprüfen. Auswertungen geben über den Erfolg Aufschluss.	☐ ■ ☐ ■ ■ ☐ ■ ☐
Lernspiele	Lernspiele für individuelles Lernen erlauben den spielerischen Umgang mit Wissen. Da sie weg von einer Prüfungs-, hin zu einer Spielsituation führen, haben sie besonderen motivationalen Stellenwert.	☐ ■ ☐ ■ ■ ☐ ■ ☐
Simulationen	Simulationen für individuelles Lernen gestalten eine virtuelle Umwelt, in der der Umgang mit komplexen, lebensnahen Situationen trainiert werden kann und Probleme mit Fehler-Erfolg-Mustern angegangen werden.	☐ ■ ☐ ■ ■ ☐ ■ ☐
Hilfefunktionen	Hilfefunktionen, oft in Form von indexierten Glossaren, geben Hinweise auf die Nutzung des Systems sowie auf Fachinhalte.	☐ ■ ■ ☐ ☐ ■ ■ ☐
Agenda	Die Agenda erlaubt die individuelle Zeitplanung und das Führen einer Aufgabenliste und lässt Raum für Notizen.	☐ ■ ☐ ■ ☐ ■ ■ ☐
E-Mail	E-Mail bietet Tutoren/Trainern und Lernenden die Möglichkeit zum schnellen Versand von Informationen, Aufgabenstellungen und Lösungen.	☐ ■ ☐ ■ ☐ ■ ☐ ■
Diskussionsforen	Diskussionsforen speichern als asynchrone Medien Nachrichten verschiedener Autoren nach Themenbereichen und ermöglichen einen ständigen Abruf.	☐ ■ ☐ ■ ☐ ■ ☐ ■
Schwarzes Brett (Bulletin Board)	Am Schwarzen Brett, einem asynchronen Kommunikationsmedium, können themenunabhängige, meist temporär gültige Nachrichten und Informationen publiziert werden.	☐ ■ ☐ ■ ☐ ■ ☐ ■

Gästebuch	Das Gästebuch ist eng mit dem Schwarzen Brett verwandt. Es dient aber weniger dem aktuellen Anschlag von Informationen, sondern mehr einer wertenden Stellungnahme eines Gastes des E-Learning-Systems.	☐■ ☐■ ☐■ ☐■
Online-Umfragen/ Votings	Online-Umfragen/Votings ermöglichen das Generieren, Durchführen und Darstellen von Abstimmungen. Abstimmungsprozesse sind im Lernbereich auf verschiedenen Gebieten interessant, etwa um Kurse zu bewerten.	☐■ ☐■ ☐■ ☐■
Profile (oder Benutzergalerie)	In der Benutzergalerie stellen Teilnehmer ihre Namen, Profile und Lebensläufe ein. Über die E-Mail-Adresse kann direkt Kontakt aufgenommen werden. Die Profile können darüber informieren, ob die jeweilige Person online ist.	☐■ ☐■ ☐■ ☐■
Online-Status	Die Profile können die Information enthalten, ob die jeweilige Person online ist. Diese Komponente des Online-Status kann auch selbständig auftreten.	☐■ ■☐ ■☐ ☐■
Video- und Audiokonferenz	Mit Video- und Audiokonferenzen wird eine Möglichkeit der synchronen Kommunikation innerhalb der Lernumgebung gewährleistet, wobei Video oder Audio Kernelemente sind.	☐■ ☐■ ■☐ ☐■
Application Sharing	Application Sharing ermöglicht das gemeinsame Erstellen, Betrachten und Bearbeiten von Dokumenten.	☐■ ☐■ ■☐ ☐■
Whiteboard	Das Whiteboard ermöglicht die gemeinsame, synchrone Erstellung von Tafelbildern oder Mind Maps. Der Inhalt der Beiträge erscheint synchron auf allen angeschlossenen Bildschirmen.	☐■ ☐■ ■☐ ☐■
Chat	Chat ist eine synchrone, textbasierte Kommunikation zwischen den Kursteilnehmern und Trainern, die im Chat Room mit ihrem Nickname oder dem realen Namen genannt sind.	☐■ ☐■ ■☐ ☐■
Pädagogische Agenten	Pädagogische Agenten führen den Benutzer durch das E-Learning-System und stehen für Anfragen in Bezug auf das System und Sachinhalte zur Verfügung.	☐■ ☐■ ■☐ ■☐
Search Engine	Search Engines (Suchmaschinen) sind Hilfsmittel zur Suche von Content, Services und Produkten. Search Engines können Agenten sein.	☐■ ☐■ ■☐ ■☐

Tabelle 4-9: Komponenten des Lernportals

Eine integrative Architektur eines Portals berücksichtigt möglichst viele der genannten Komponenten. Auf aktuelle, auch wechselnde Bedürfnisse sowie auf zukünftige Anforderungen kann mit einer integrativen Architektur optimal reagiert werden.

Deutlich wird bei der konkreten Betrachtung der verschiedenen Technologien und Systeme, dass es nicht genügt, die Architektur allein anhand der Kombination von Mustern aufzubauen. Technologien und Systeme mit dem gleichen Muster, etwa Diskussionsforen und Gästebücher, können unterschiedliche Einsatzpotenziale aufweisen. Das Blended-Learning-Modell ist eine wichtige Hilfe beim Aufbau von komplexen Anwendungen; es müssen aber alle Technologien und Systeme an sich betrachtet und auf Tauglichkeit und Adäquatheit für das betreffende E-Learning-System bzw. konkreter das Portal überprüft werden.

Zieht man an dieser Stelle noch einmal das Blended-Learning-Modell heran, stellt sich die Frage, welches Verhältnis nun die verschiedenen beschriebenen Komponenten zu den zwei weiteren Dimensionen haben, den Polpaaren virtuell und nichtvirtuell sowie stationär und mobil.

In der Praxis interessieren integrative Konzepte der Verknüpfung von virtuellem und nichtvirtuellem Lernen. Gezeigt wurde, dass ein Portal nicht auf solche Angebote beschränkt sein muss, die sich auf dem Portal selbst oder aber in anderen Internetquellen finden, sondern dass es auch auf Angebote in der «Realität» verweisen kann. Genau hier liegt eine mögliche Schnittstelle zwischen Lernportalen und realen Angeboten, etwa solchen der betrieblichen Aus- und Weiterbildung. Portale können über die realen Angebote informieren; sie können diese aber auch – teils wurden solche Möglichkeiten schon skizziert – ergänzen, indem sie Inhalte vorwegnehmen, ausführlich erläutern oder nachbereiten, oder indem sie etwa über Diskussionsforen und Chats Kommunikationsmöglichkeiten schaffen, die zusätzlich zu den Möglichkeiten der realen Veranstaltung bestehen. Umgekehrt ist es möglich, reale Aus- und Weiterbildung als Supplement zu virtuellen Angeboten aufzubauen.

Portale können als eher «stationäre» Systeme angesehen werden, insofern zu ihrem Zugang i.d.R. stationäre Geräte oder zumindest Internetanschlüsse vorhanden sein müssen. In verschiedener Weise kann man sie innerhalb der Dimension stationär und mobil im Sinne mobiler Anwendungen erweitern. So können beispielsweise einzelne Lernmodule auf tragbare Geräte wie Notebooks, Handheld Computers, PDAs und Handys heruntergeladen werden; die Module werden an jedem beliebigen Ort studiert, es werden Tests absolviert und zuletzt die Daten mit den Portal-Daten synchronisiert. Eine andere Möglichkeit ist der Einsatz von WAP oder verwandten Ansätzen. In diesem Fall werden speziell aufbereitete Internetinhalte über entsprechend ausgerüstete Handys und andere Geräte übertragen. Mobile Anwendungen erweitern die Anwendungsmöglichkeiten von Lernportalen in eine weitere Dimension (vgl. Kapitel 4.4.2, Mobile Learning).

4.4 Trends

4.4.1 Standardisierung und Learning Objects

4.4.1.1 Standardisierung

Standardisierung ist das Aufstellen und Durchsetzen von allgemein gültigen und akzeptierten festen Normen (Standards) zur Vereinheitlichung der Bezeichnung, Kennzeichnung, Handhabung, Ausführung u.a. von Produkten und Leistungen. Standardisierungsmaßnahmen können sich also auf ganz unterschiedliche Ebenen beziehen. Dies gilt in gleicher Weise für den hier behandelten Anwendungsbereich.

Umsetzungen von Standardisierungen sind omnipräsent. Bekannte Beispiele sind Elektrizität (Anpassung der Voltzahl), Bahnverkehr (Vereinheitlichung der Schienenstärke und -breite), Qualität (Zertifizierung durch ISO 9000 ff.) und Internet (Festlegung auf TCP/IP und HTTP). In all diesen Bereichen haben Standardisierungen bzw. Normierungen Revolutionen oder zumindest starke Transformationen ausgelöst. Dies liegt daran, dass sie eine breite, rasche, vereinfachte Einführung bzw. Erstellung von Prozessen bzw. Produkten ermöglichen.

4.4.1.2 Einflussfaktoren und Anforderungen

Noch vor wenigen Jahren bedeutete elektronisch unterstütztes Lernen vor allem die Anwendung von CBTs. Es wurde an Einzelplatzrechnern mit lokalen Medien gearbeitet; Speicherträger waren Diskette und CD-ROM. Der verstärkte Einsatz von Netzwerken und Internettechnologien brachte eine Veränderung der Lernorganisation mit sich. Es wurde vermehrt auf verteilte Strukturen zugegriffen. Gleichzeitig fing der E-Learning-Markt stark an zu wachsen. Es entstanden eine Vielzahl von Lernumgebungen mit unterschiedlichsten Funktionen und unterschiedlich aufbereitetem Content.

Pawlowski und Adelsberger unterscheiden vor diesem Hintergrund bezüglich der Standardisierung vier verschiedene Einflussfaktoren, nämlich Technologien, Aktoren, Methoden und Inhalte (vgl. [Pawlowski/Adelsberger 2001, 58 ff.]).

- In Bezug auf Technologien stellt sich das Problem, dass Schnittstellen fehlen bzw. kein einheitliches Format existiert, das die Interoperabilität und Portabilität zwischen Technologien und Systemen ermöglicht.
- Im Hinblick auf Aktoren existiert «derzeit keine Möglichkeit, standardisierte Informationen über Lehrende, Lernende und Entwickler zwischen verschiedenen Systemen auszutauschen» [Pawlowski/Adelsberger 2001, 58]. Es wäre aber sinnvoll, «ein individuelles Profil zu verwenden, das von verschiedenen Administrationssystemen ... genutzt werden kann» [Pawlowski/Adelsberger 2001, 58, Auslassung von Back/Bendel/Stoller-Schai].
- Im Bereich der didaktischen Planung «gibt es keine allgemein akzeptierten Terminologien und formale Beschreibungen von Methoden» [Pawlowski/Adelsberger 2001, 58]. Ein Beispiel ist die Leistungsmessung und -bewertung, die etwa durch Tracking- und Analysetechnologien geleistet und unterstützt wird und die wichtig im Hinblick auf die Aufgaben des Bildungscontrollings ist.
- Was die Inhalte in Lernsystemen angeht, ergibt sich das Problem, dass sie nicht ohne weiteres transferierbar sind. «Einerseits werden verschiedene Repräsentationsformen verwendet, andererseits unterscheidet sich die Granularität der Inhalte. Des Weiteren werden Lerninhalte häufig nicht in eine Taxonomie eingeordnet, die den Kontext, Vorbedingungen und Verwendbarkeit der Inhalte spezifiziert.» [Pawlowski/Adelsberger 2001, 58 f.]

4.4 Trends

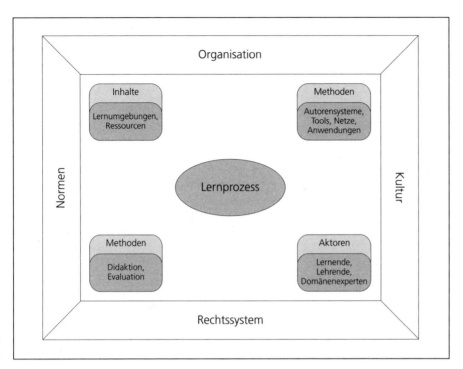

Abbildung 4-74: Einflussfaktoren der Standardisierung; nach [Pawlowski/Adelsberger 2001, 60]

Damit die oben genannten Herausforderungen angegangen werden können, müssen nach Pawlowski und Adelsberger mögliche Standards u.a. folgende Anforderungen erfüllen:

- Portabilität/Interoperabilität: Standards für Lerntechnologien müssen system- und anwendungsunabhängig sein.
- Rekombinierbarkeit: «Lerninhalte, Methoden und Spezifikationen müssen in unterschiedlichen Systemumgebungen und Lernsituationen wiederverwendbar sein.» [Pawlowski/Adelsberger 2001, 60] Man spricht in diesem Zusammenhang auch von «Reuseability».
- Rekontextualisierung: Lerninhalte müssen in unterschiedlichen Kontexten gebraucht werden können.
- Flexibilität: Standards dürfen Entwickler, Lehrende und Lernende

nicht in Gestaltung und Abwicklung des Lehr- bzw. Lernprozesses einschränken.

4.4.1.3 Standardisierungsinitiativen

Die derzeit wichtigsten Standardisierungsinitiativen im Bereich E-Learning sind IMS Project, Microsoft LRN, Aviation Industry CBT Committee (AICC), Dublin Core Metadate Initiative (DCMI), Learning Technology Standards Commitee (LTSC) des Institute of Electrical and Electronics Engineers (IEEE), Advanced Distributed Learning (ADL) Initiative des Department of Defense der USA (mit dem Shareable Courseware Object Reference Model, kurz SCORM) und CEN/Information Society Standardization System (ISSS) LT. Daneben gibt es Standardisierungsaktivitäten von Initiativen und Organisationen wie ISO, Normenausschuss Informationstechnik (NI) des DIN und Schweizerische Normenvereinigung (SNV).

Die genannten Standardisierungsinitiativen haben das Ziel, ein weltweit einheitliches und akzeptiertes Normenpaket zu entwickeln, das den globalen Lern- und Marktanforderungen entspricht. Es wird also abgesehen von nationalen oder kontinentalen Lösungen. Zwischen einzelnen Initiativen findet eine zum Teil enge Zusammenarbeit statt.

Als Hauptakteur bezüglich der Entwicklung von spezifischen Lerntechnologiestandards kann nach [Pawlowski/Adelsberger 2001, 60] das Learning Technology Standards Commitee (LTSC) des amerikanischen Institute of Electrical and Electronics Engineers (IEEE) angesehen werden. Vertreten werden vor allem die Interessen US-amerikanischer Institutionen im Bereich der Höheren Bildung. Die grundsätzliche Aufgabe des LTSC ist die Entwicklung von technischen Standards, empfohlenen Handlungsanweisungen, Guides für Softwarekomponenten, Tools, Technologien und Designmethoden. Entwicklung, Wartung und Zusammenarbeit von E-Learning-Systemen sollen international harmonisiert werden. «Ausgehend von einer Systemarchitektur, der Learning Technology Systems Architecture (LTSA), werden Standards für verschiedene Teilbereiche entwickelt. Es existieren derzeit neben der Architektur drei Standards mit einem Reifegrad, der eine Umsetzung innerhalb der nächsten Jahre erwarten lässt: Learning Objects Metadata (LOM) beschreiben die Eigenschaften von Lernressourcen. Public and Private Information (PAPI) beschreibt ein austauschbares Format für Benutzerprofile, während der Standard Computer Managed Instruction (CMI) den Ablauf von Lernprozessen durch Lernmanagementsysteme und die Interoperabilität verschiedener Systeme unterstützt.» [Pawlowski/Adelsberger 2001, 60]

4.4.1.4 Quasi-industrieller Umgang mit Content

Im Folgenden soll kurz auf die Idee und das Potenzial der Learning Objects eingegangen werden. Das Learning Technology Standards Committee des IEEE, eine der treibenden Kräfte in diesem Zusammenhang, definiert den Begriff der Learning Objects sehr weit; Learning Objects seien «any entity, digital or non-digital, which can be used, re-used or referenced during technology supported learning». Wesentliche Punkte bei Learning Objects sind die beliebige Granularität, die Abgeschlossenheit und die Kombinationsfähigkeit mit anderen Learning Objects. Entsprechend müssen Learning Objects standardisierte Einheiten darstellen. Der Ansatz der Learning Objects könnte u.a. einen quasi-industriellen Umgang mit Content und Kursen ermöglichen. «Quasi-industriell» meint im vorliegenden Zusammenhang, dass industrielle Fertigungs- und Verwertungsmethoden – etwa Arbeitsteilung, Automation, Komponentenbauweise und Massenproduktion – auf die Erstellung, die Weiterverarbeitung und das «Recycling» von Content und Kursen übertragen werden. Es soll darum gehen, Lernobjekte massenhaft, schnell und einheitlich zu produzieren, um sie an jedem Ort, zu jeder Zeit und mit jedem Ziel einsetzen und wiederverwenden zu können. Beispielsweise gibt es die Vision, Lernobjekte aus heterogenen Quellen könnten nach dem Lego-Prinzip beliebig zusammengesteckt werden, zu immer neuen – und immer sinnvollen – Kreationen (vgl. [Hodgins 2000]). In Bezug auf solchermaßen erstellte und einsatzfähige Objekte können folgende Potenziale ausgemacht werden:

1. Schnelle und einfache Erstellung von Lerneinheiten bzw. -systemen (Kombination von vorhandenen Modulen nach dem Lego-Prinzip)
2. Leichte Aktualisierung und Anpassung von Lernanwendungen (Austausch und Wegfall von Modulen)

3. Einsatz von Modulen in verschiedenen Kontexten (Verwendung von E-Learning-Modulen z. B. im Knowledge Management)
4. Möglichkeit der individuellen Zusammenstellung von Angeboten und Angebotspaletten (Individualisierbarkeit in Bezug auf Mitarbeiter, Abteilungen, Firmenbereiche)
5. Einbeziehung weltweit vorliegender Ressourcen (hohe Verfügbarkeit englischsprachiger Produkte)

Deutlich werden das erhebliche Marktpotenzial und die Bedeutung für den Bildungsmarkt. Learning Objects oder allgemeiner Lern- und Wissensmodule werden zum handelbaren Gut. Die Abwicklung der Transaktionen erfolgt über globale Netzwerke. Bevorzugt werden sie über elektronische Marktplätze und Portale realisiert, um schnelle und medienbruchfreie Verfügbarkeit sicherzustellen. Content wird dort angeboten, gekauft und getauscht. Bedürfnisse können ad hoc befriedigt werden. Wichtig sind sichere Strukturen, die z. B. gewährleisten, dass Dokumente auf dem elektronischen Transportweg nicht geöffnet, modifiziert und verfälscht werden oder abhanden kommen.

Einer quasi-industriellen Fertigung von Content und von Kursen stellen sich allerdings verschiedene Schwierigkeiten entgegen. Diese beziehen sich weniger auf die technologische Ebene, sondern vielmehr z. B. auf semantische, strukturelle und rechtliche Fragen.

4.4.2 Mobile Learning (M-Learning)

4.4.2.1 Begriff

Mobile Learning (M-Learning) ist eine besondere Form des E-Learning. Obwohl das «E» in dem Begriff «M-Learning» gar nicht auftaucht, meint dieser keineswegs traditionelle Formen des «mobilen Lernens» wie das Lernen aus Büchern unterwegs. Das «E» ist einem neuen Buchstaben gewichen, der genauso marketingtauglich zu sein scheint oder – bis die anfängliche Neugierde abgeklungen ist – sogar noch mehr das Interesse

4.4 Trends

von Unternehmen und Kunden zu wecken vermag, und durch die Ersetzung ist es eigentlich fast nur noch deutlicher, nämlich selbstverständlicher geworden: M-Learning ist natürlich E-Learning, eben solches mobiler Art.

Genauer kann M-Learning beschrieben werden als «das Lehren und Lernen, das mit den Mitteln der mobilen Telekommunikationstechnik angereichert bzw. unterstützt wird» [Wilbers 2000, 420]. Der Schwerpunkt liegt also nicht nur auf der Informatik, sondern in besonderer Weise auf der Telekommunikation. M-Learning ist eine telematische Anwendung par excellence. Quinn beschreibt M-Learning wie folgt: «MLearning is the intersection of mobile computing and elearning: accessible resources whereever you are, strong search capabilities, rich interaction, powerful support for effective learning, and performance-based assessment. elearning independent of location in time or space.» [Quinn 2000] Auch wenn hier mehr gesagt wird, was M-Learning sein sollte, als was M-Learning ist, werden doch Grundideen aufgezeigt.

Zuweilen wird M-Learning auch als Wireless Learning bezeichnet. In der Tat ist das kabellose Lernen ein möglicher Baustein im mobilen Szenario. Mobilität kann aber auch gewissermaßen heißen – darauf wird noch eingegangen –, dass man sich «seine Kabel sucht».

Die Mobilität des M-Learning bedeutet die Mobilität von Lernenden, Geräten und Daten. Diese drei Faktoren werden im Folgenden näher beschrieben.

Die Mobilität der Lernenden ist sozusagen die Ursache von Mobile Learning. Auch im Informationszeitalter sind viele Mitarbeiter häufig physisch unterwegs. Sie bewegen sich zu Fuß, mit Auto, Bahn, Flugzeug und Schiff. Dabei sind sie in Situationen, die sich unterschiedlich für E-Learning eignen bzw. die verschiedene Notwendigkeiten im Bereich des Lernens erzeugen. In manchen Situationen ergibt sich die Möglichkeit, für einige Zeit Lerneinheiten zu bearbeiten; andere sind dergestalt, dass der Mitarbeiter akut Problemlösungswissen benötigt. Weiss macht deutlich, dass es sich bei den mobilen Mitarbeitern um Angehörige vieler unterschiedlicher Berufsgruppen handelt: «These mobile workers ... span an ever widening career spectrum: sales, service, engineering, consulting, medicine, law, accounting, and insurance to name a few.» [Weiss 2000, Auslassung von Back/Bendel/Stoller-Schai]. Sie verweist auch auf die hohe Motivation und Qualifizierung und den hohen Lernbedarf der Mitarbeiter: «High-value employees, these mobile workers are also ... highly motivated and productive employees. Their jobs depend on accessing mission critical information and continous industry-specific education. For their careers, and for their employers, learning is a business necessity.» [Weiss 2000, Auslassung von Back/Bendel/Stoller-Schai]

Mobilität im Bereich E-Learning impliziert weiter die Mobilität von Geräten. Man macht sich (zumindest temporär) unabhängig von stationären Geräten, von Großrechnern, Standrechnern, von Büro und Zuhause, und bedient sich transportfähiger, tragbarer Kleingeräte: «The vision of mobile computing is that of portable (even wearable) computation ...» [Quinn 2000, Auslassung von Back/Bendel/Stoller-Schai]. Als portable Geräte können Notebooks dienen, aber auch Devices wie Handheld Computers, PDAs, Handys und beliebige weitere integrierte Geräte mit bestimmten Mindestanforderungen bezüglich Datenverarbeitung, -ausgabe und -eingabe.

Bezüglich der Steigerung von Transportfähigkeit und Tragbarkeit bzw. Unauffälligkeit der Geräte gibt es Forschungen, Entwicklungen und Visionen beliebiger Originalität. So wird beispielsweise mit der Leitfähigkeit des menschlichen Körpers experimentiert, die bestimmte Hardwarekomponenten überflüssig macht. Auch Bestrebungen der Integration von Mensch und Maschine zu so genannten Cyborgs sind zu nennen, sollen hier aber nicht weiter diskutiert werden. Tatsache ist nur: Der Wunsch nach vollkommener Mobilität weckt Wunschvorstellungen.

Die Datenverarbeitung stösst bei kleinen Geräten schnell an Grenzen, etwa was Prozessorleistung und Speicherfähigkeit betrifft. Auch die grafische Darstellung von Handheld Computers, PDAs, Handys etc. ist aufgrund der geringen Abmessungen der Geräte recht beschränkt. Dennoch ist die visuelle Vermittlung wie im gesamten E-Learning-Bereich auch im Mobile Learning sehr wichtig und muss bei den genannten Beschränkungen durch die Konzentration auf das Wesentliche und eine starke Modularisierung des Content optimiert werden. Die Modularisierung von Content ist ein wesentlicher Faktor für die Anwendbarkeit von M-Learning. Gerade sehr kleine Geräte wie PDAs sind auf kleine Informationseinheiten angewiesen, die eine gewisse Abgeschlossenheit haben und die beschränkten Darstellungsmöglichkeiten kompensieren. Ein Ansatz hierbei ist derjenige der Learning Objects (vgl. Kapitel 4.4.1, Standardisierung und

Learning Objects). Keine Rolle spielt die Größe des Geräts bei einer auditiven Informations- und Wissensvermittlung. Kommen noch Zusatzgeräte wie Ohr- oder Kopfhörer ins Spiel, wird aus der Not eine Tugend. Hinsichtlich der Dateneingabe kommen virtuelle und reale Tastatur und Stift in Frage; auch Spracheingabe kann eine Form der Dateneingabe sein.

Kleine Geräte sind oft von großen, nicht mobilen Geräten bzw. von Systemen wie Portalen abhängig. Für die Datenübertragung auf portable Geräte gibt es zwei Möglichkeiten. Zum einen können Daten zwischen stationärem System und mobilen Geräten über eine spezielle Schnittstelle übertragen bzw. synchronisiert werden. Die Daten werden in diesem Fall quasi auf die Reise mitgenommen. Zum anderen kann das mobile Gerät Daten über Schnittstellen erhalten, die sich unterwegs bieten, oder aber über Funk empfangen. Im ersten Fall muss vor Ort eine bestimmte Infrastruktur gegeben sein. Der Reisende ist auf eine solche Infrastruktur angewiesen wie ein Autofahrer auf ein Netz von Tankstellen. Im zweiten Fall müssen Funknetze vorhanden sein. Unternehmen und Universitäten experimentieren mit solchen Funknetzen, in denen die mobile Freiheit innerhalb gewisser räumlicher Koordinaten gewährleistet ist. Soll die Lernanwendung selbst permanent online stattfinden, ergeben sich besondere Voraussetzungen. Eine stabile Verbindung ist Prämisse für sinnvolle Anwendungen. Wenn innerhalb einer Online-Session die Verbindung reißt, kann dies weit reichende Folgen haben.

Funknetz der ETH World

Im Rahmen des Projekts ETH World der Eidgenössischen Technischen Hochschule Zürich, das einen virtuellen Campus zum Ziel hat, wurde ein Funknetz innerhalb bestimmter Bereiche aufgebaut, das es Mitarbeitern und Studierenden ermöglicht, sich *wireless* an beliebigen Punkten innerhalb der gegebenen Koordinaten ins Internet einzuwählen. Auf einer Webseite der ETH, die die verschiedenen Projekte im Rahmen von ETH World beschreibt (www.ethworld.ch/html/projects_infostructure.html), gibt es dazu folgende Information: «Introduction of a wireless network (WLAN) at ETH Zurich is one of the ongoing projects. As a pilot phase, access is already provided in selected areas in order to test the use of wireless communication with notebooks, printers and similar devices. Ultimately, wireless access to the ETH network will be given to ETH members in public spaces such as lecture halls, mensa and study areas.» Ausführlich wird man dann auf der speziellen Website http://wireless.ethz.ch instruiert. Dort finden sich auch weitergehende Beschreibungen der (teilweise eingelösten) Vision, etwa der Artikel «Drahtlose Höhenflüge» von Jakob Lindenmeyer aus der ETH-intern vom 1. Oktober 2000: «In diesem ETH-World-Pilotprojekt steckt ein großes Potenzial, den zukünftigen ETH-Campus zu entwickeln. Drahtloses und somit mobiles Internet fördert die Kommunikation in vielen Bereichen: In Vorlesungen, Seminaren, Sitzungen oder beim Arbeiten in der Mensa, der Bibliothek oder in Studentenhäusern. Erfahrungen aus drahtlosen Universitätsnetzwerken in den USA zeigen, dass durch die vereinfachte Zugänglichkeit Internetdienste verstärkt in den Alltag integriert werden.»

Wenn man die vorangegangenen Beschreibungen zusammenfasst, bedeutet ein typisches M-Learning-Szenario, dass sich Personen, die sich aus beruflichen oder anderweitigen Gründen auf kleine oder große Reisen begeben, losgelöst von stationären Geräten und von Umgebungen bewegen wollen bzw. müssen und sich dazu kleiner Geräte bedienen, die von Zeit zu Zeit mit großen Geräten und Anwendungen kommunizieren.

In diesem Szenario der Mobilität ergeben sich natürlich weitere Herausforderungen. Die Verfügbarkeit von Strom im Zug, im Flugzeug und auf dem Schiff etwa ist nach wie vor keine Selbstverständlichkeit. Insbesondere in der Economy Class bzw. der zweiten Klasse ist die Mobilität durch fehlende Stromanschlüsse eingeschränkt. Mit Mobilität sind außerdem gewisse Notwendigkeiten verbunden. Wer mobil ist, ist z. B. oft auf Schnelligkeit und Aktualität angewiesen, sei es, weil sich der Kontext, die Umgebung, rasch verändert, sei es, weil die Person selbst weiter muss, den Standort oder die Perspektive wechselt.

4.4.2.2 Einsatzgebiete

Mobile Learning kann als Instrument arbeitsplatznahen oder arbeitsplatzbegleitenden Lernens eingesetzt werden. Das mobile Gerät dient in diesem Zusammenhang zur Informationsgewinnung und zum Informationsabgleich sowie zum Lernen in einer Simulationsumgebung. Hier sind verschiedene Szenarien denkbar. Beispielsweise ist M-Learning, wie schon angedeutet, für Mitarbeiter relevant, die außer Haus sind und akutes Problemlösungswissen benötigen.

Beispiel Außendienst

Ein Mitarbeiter im Außendienst, zum Beispiel ein Monteur für Kopiergeräte, stößt beim Kunden auf ein bestimmtes Problem, das er mit eigenem Wissen nicht bewältigen kann. Auf seinem PDA verfolgt der Mitarbeiter die Teilschritte zur Lösung des Problems und führt sie gegebenenfalls in einer Simulationsumgebung aus, bevor er sich dann an die reale Lösung macht. Einzelne Grafiken, etwa die Darstellung einer bestimmten Komponente des Kopierers, kann er sich während der Reparatur anzeigen lassen. Stellt sich heraus, dass zwischen Anleitung und Praxis noch Lücken bestehen, macht sich der Mitarbeiter auf seinem PDA entsprechende Notizen und übermittelt diese seinen Vorgesetzten oder der zuständigen Stelle. Lernt der Mitarbeiter bei der praktischen Umsetzung noch dazu, kann er Details im Modus der persönlichen Notizen festhalten und später die hilfreichen Zusatzinformationen wieder aufrufen.

Letzteres Beispiel führt am Rande zu einer interessanten Fragestellung: Wenn Wissen jederzeit mobil umhergetragen werden kann, wenn die einzelnen Schritte zur Problemlösung nachvollziehbar und auf die Schnelle erlernbar dargestellt werden – muss es dann noch Experten geben, oder würde es nicht reichen, wenn jeder Mensch mit kleinen Problemlösungsmaschinen ausgestattet wäre, die sowohl private als auch berufliche Anforderungen angehen? Sicherlich machen Anwendungen des Mobile Learning Experten nicht unnötig; vielmehr unterstützen sie Experten in flexibler Weise und bringen Experten zusammen.

Weitere Szenarien im beruflichen Alltag sind denkbar. So könnten mobile E-Learning-Anwendungen auch im Auto implementiert werden, wobei über herkömmliche Navigations- und Informationssysteme hinausgegangen werden kann. Beispielsweise könnte ein System nicht nur eine bestimmte Route vorschlagen und beschreiben, sondern auch auf Anfrage Informationen zu Unternehmen und Personen bestimmter Gebiete geben. Bevorzugt würde dies über Sprachausgabe erfolgen, damit die sichere Lenkung des Fahrzeugs nicht beeinträchtigt wird.

4.4.2.3 M-Learning und Kommunikation

M-Learning ist zum einen gut geeignet für Self-directed Learning, für das individuelle Absolvieren von kleineren Lerneinheiten und Tests, für das selbständige Abrufen und Verifizieren von Informationen. Zum anderen sind auch (mehr oder weniger kollaborative) Kommunikationsverbindungen möglich und sinnvoll. Der im zuletzt genannten Beispiel aufgeführte Außendienstmitarbeiter kann durch schnelle Rücksprache bei anderen Experten im Unternehmen Gewissheit gewinnen und Wissenslücken schließen. Schnell entsteht in manchen Situationen Informationsbedarf, der nicht mehr durch die Lernanwendung alleine abgedeckt werden kann. Dass manche M-Learning-Geräte bereits Kommunikationsgeräte sind, ist dieser Anwendungsart sehr förderlich. Weiss führt in diesem Kontext an: «The most effective mobile learning is designed to be a personal, interactive two-way street. Mobile learners need to be able to respond to learning administrators and in turn receive timely responses. Their ability to learn and use the information should be tracked (whether they are online or offline) and returned to the training administrator. The student/administrator dialogue, even in the virtual sense, is vital to the learning process.» [Weiss 2000]

Mobile Learning ist außerdem mit Community-Konzepten kombinierbar. Allerdings wird der mobile Nutzer Community-Angebote oft passiv in Anspruch nehmen, d.h. er wird eher Leser als Autor sein.

4.4.2.4 M-Learning im Einsatz

Die Meinungen über die Zukunftsträchtigkeit von M-Learning gehen durchaus auseinander. Die einen sehen in M-Learning einen wichtigen Trend, die anderen kritisieren die eingeschränkten Anwendungsmöglichkeiten. M-Learning wird sicherlich in irgendeiner Form eine Rolle spielen, ja wird in bestimmten Anwendungsbereichen unverzichtbar sein. Ausschlaggebend ist der hohe Druck, den die faktisch vorhandene Notwendigkeit der Mobilität auf Anwendungslösungen ausübt.

Wie auch immer: M-Learning wird gegenwärtig nicht nur visionär beschworen, sondern findet auch bereits praktische Anwendung.

M-Learning an der Wirtschaftsuniversität Wien

Ein Beispiel für die praktische Anwendung von M-Learning sind die Bemühungen der Wirtschaftsuniversität Wien. Die Abteilung für Wirtschaftsinformatik (WI), Lehrstuhl für Neue Medien an der Wirtschaftsuniversität Wien bietet ihre Vorlesungsinhalte auch in einem Format für verschiedene Devices an. Über die Website http://www.wu-wien.ac.at erhält man folgende Informationen:
«Unsere Abteilung für Wirtschaftsinformatik(WI)/Lehrstuhl für Neue Medien bietet ihre Vorlesungsinhalte ab sofort auch in einem Format für Handheld-Devices, wie den Palm Pilot, Compaq's iPaq oder WAP-fähige Mobiltelefone an. Die Studenten können sich die Vorlesungsinhalte aus dem Internet auf den PDA (personal digital assistant) herunterladen und überall mit sich führen. Der PDA fungiert als Mini-Browser und unterstützt z.B. Navigations- und Suchfunktionen, um die Vorlesungsinhalte bequem durcharbeiten zu können.
Zugriff auf das Lehrveranstaltungsangebot (zunächst die Lehrveranstaltungen oo1 und oo2) erhält man unentgeltlich über AvantGo, einen Internet-Dienst, der über 400 Channels mit verschiedensten Inhalten zur Verfügung stellt. Auf den neuen Channel des Lehrstuhls für Neue Me-

dien pocket-WI kann über diesen Link zugegriffen werden. Die laufend aktualisierten Vorlesungsinhalte des Lehrstuhls für Neue Medien können den Studenten auf diese Weise stets aktuell angeboten werden. pocket-WI ist europaweit der erste AvantGo-Channel mit universitärem Inhalt.»

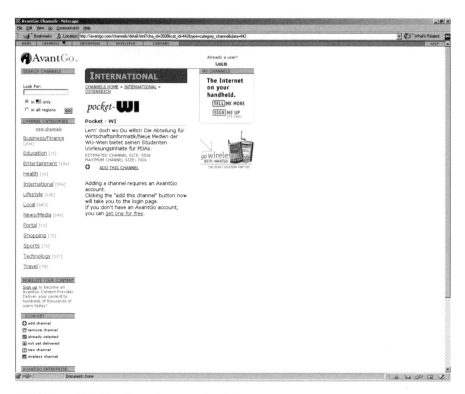

Abbildung 4-75: Einstiegsseite zu pocket-WI

Gleichzeitig lancieren Unternehmen neue Entwicklungen. So ermöglicht etwa das von SmartForce vertriebene e3-Modul mit dem Namen Smart-Force Mobile mobiles Lernen. Das Modul gestattet es dem Nutzer, ohne Verbindung zum Internet die Inhalte einer Lerneinheit zu bearbeiten. Beim nächsten Einloggen werden die Daten im stationären System aktualisiert. Folgende Potenziale skizziert das Unternehmen auf seiner Website (http://www.smartforce.com):

- «Flexibility while on the move: Once learning objects are downloaded, learners can study at a convenient time and location that best suits their needs. An Internet connection is not required;
- Flexibility at home: If learners cannot connect to the Internet from home, they can download learning objects to their laptops at work and bring them home for later use;
- Freedom from Internet connection: If learners have a poor or unreliable Internet connection, they can download all their learning objects for use offline. In addition, in the event of a broken connection, the intelligent recovery feature within SmartForce Mobile allows users to continue downloading from the point reached when the connection was lost;
- Access to the latest e-Learning objects: SmartForce Mobile makes it possible to launch a rich variety of learning objects, requiring only that the content comply with industry standards such as AICC; SCORM and LRN; and
- User friendly system: The download of learning objects and the return of online/offline progress data are automated and require minimal user intervention.»

Trotz allen erfolgreichen Umsetzungen darf dennoch nicht vergessen werden, dass sich viele Entwicklungen im Bereich M-Learning im Entwicklungsstadium befinden und man von etablierten und übergreifenden Strukturen noch weit entfernt ist.

4.4.2.5 M-Learning und Portale

M-Learning kann – dieser Punkt wurde bereits angesprochen – dazu dienen, «stationäre» Anwendungen wie Portale innerhalb der Dimension stationär und mobil zu erweitern. Der Benutzer lädt Lernmodule auf tragbare Geräte wie Notebooks, Handheld Computers, PDAs und Handys herunter und arbeitet unterwegs damit. Stationäre Anwendungen wie Portale können also als Aufladestationen in Bezug auf Daten aufgefasst werden; die portablen Geräte sind die technischen Hilfsmittel, die die Beschränkungen des Raums aufheben. Mobile Anwendungen heben Restriktionen von Lernportalen auf. Sie erweitern stationäre Anwendungen um eine wichtige Dimension. Die Integration von stationären und mobilen Technologien und Systemen ist auch im Lernbereich zentral.

4.4.3 Pädagogische Agenten

4.4.3.1 Begriff

Agenten sind Computerprogramme, die in einer elektronischen (virtuellen) Umgebung, etwa im Internet oder in einem Anwendungsprogramm, etwas für einen Benutzer tun, was häufig auch Personen mit entsprechendem Rüstzeug (sprich: wiederum technischen Hilfsmitteln und ausreichend Zeit) tun könnten. Es wird in gewisser Weise eine zwischenmenschliche (Dienstleistungs-)Beziehung simuliert; daher auch der Name «Agent», der auf die Dienstfunktion des Programms zielt. Um Agenten virtueller Umgebungen von realen Agenten abzugrenzen, spricht man zuweilen auch von «virtuellen Agenten».

4.4.3.2 Merkmale von Agenten

Ein Ansatzpunkt für die nähere Bestimmung des Agentenbegriffs ist das Sammeln von Merkmalen, die ein Agent aufweisen muss. Folgende obligatorische Eigenschaften können angeführt werden:

- Dienstbarkeit: Der Agent handelt im Sinne einer Person oder einer Gruppe.
- Autonomie: Die Software agiert selbständig und führt Aufgaben – auch ohne Rückfragen – zielorientiert aus.
- Information: Der Agent präsentiert Informationen geordnet.
- Kommunikation: Das Programm kommuniziert mit dem Anwender und auch mit anderen Agenten respektive Anwendungen.
- Transaktion: Von den Agenten werden Transaktionen durchgeführt.

- Interaktion: Die Software nimmt ihre Umgebung wahr, vermag sie zu beeinflussen und ist umgekehrt auch in der Lage, beeinflusst zu werden.

Verschiedene dieser Kategorien können auch auf andere Technologien und Systeme übertragen werden. Es ist beispielsweise, wie in diesem Buch geschehen, möglich, Portale in die vier funktionalen Ebenen Information, Kommunikation, Transaktion und Interaktion zu untergliedern. Allerdings erhalten die genannten Kategorien in jedem Zusammenhang ein bestimmtes Gepräge.

Es gibt weiterhin Merkmale, die Agenten nicht aufweisen müssen, aber können. Dazu gehören folgende Eigenschaften:

- Intelligenz: Der Agent ist in der Lage, intelligent zu agieren, selbständig zu lernen und sein neu generiertes Wissen adäquat anzuwenden.
- Persönlichkeit oder Charakter: Der Agent zeigt mittels mimischer, gestischer und sprachlicher Ausdrucksmittel Befindlichkeiten und Emotionen und stellt einen Charakter dar.
- Mobilität: Der Agent kann die virtuelle Umgebung wechseln.

Man kann Agenten auch danach unterscheiden, ob sie permanent laufen oder extra für eine bestimmte Aufgabe aufgerufen werden. Ein weiteres Unterscheidungsmerkmal ist, ob sich Agenten in geschlossenen oder offenen Systemen bewegen. Hier gibt es Berührungspunkte mit der Frage nach der Mobilität von Agenten.

4.4.3.3 Avatare

Der Begriff «Avatar» stammt aus dem Sanskrit und bezeichnet dort die Gestalt, in der sich ein (hinduistischer) Gott auf der Erde bewegt. Im Computerbereich hat sich der Begriff durchgesetzt für virtuelle Repräsentationen von realen Personen oder Figuren. Der Aspekt der Stellvertretung ist hier also zentral. Avatare können sowohl als grafische bzw. animierte Realisationen als auch – seltener – in Form von Videoaufnahmen vorliegen.

Avatare finden zum einen Verwendung in kollaborativ genutzten virtuellen Räumen wie Chats, Internet-Spielwelten (MUDs und MOOs), webbasierten Lern- und Arbeitsumgebungen und kommerziellen 3D-Anwendungen. Sie fungieren dort als sichtbare und teils auch bewegliche und manipulierbare Stellvertreter eines Benutzers. Avatare dieser Art können ein menschliches Aussehen haben, aber auch jede beliebige andere Gestalt und Form. Als Stellvertreter realer Personen haben sie kaum autonome Züge.

Avatare können zum anderen eine beliebige Figur mit bestimmten Funktionen repräsentieren. Solche Avatare treten – beispielsweise als Kundenberater und Nachrichtensprecher – im Internet auf oder bevölkern als Spielpartner und -gegner die Abenteuerwelten von Computerspielen. Sie haben häufig ein anthropomorphes Äußeres und eigenständige Verhaltensweisen oder sogar regelrechte Charaktere.

Viele Avatare sind nichts anderes als Agenten. Allerdings müssen Avatare keine Agenten sein. Auch primitive Stellvertreter in Form von statischen Grafiken, denen die Merkmale von Agenten fehlen, können als Avatare bezeichnet werden. Avatare, die die Eigenschaften von Agenten erfüllen, können auch als visuelle Realisierung von Agenten gedeutet werden. Ein Avatar wäre demnach die virtuelle, sichtbare Hülle eines Agenten, dazu genutzt, mit dem Benutzer oder anderen Agenten zu interagieren. Die Hülle wird zur Schnittstelle und zum Kommunikationsmedium für reale und virtuelle Agierende.

4.4.3.4 Anthropomorphisierung

Bei einer Simulation menschlichen Verhaltens, wie sie bei Agenten und Avataren oft angestrebt wird, liegt die Möglichkeit der Anthropomorphisierung, der Vermenschlichung, nahe. Tatsächlich erhalten viele Agenten ein menschliches Antlitz, mimische Fähigkeiten, einen virtuellen Körper mit gestischen Kommunikationsmöglichkeiten, die Möglichkeit, sich über Text- oder Sprachausgabe zu äußern, und es sind gerade diese Programme, die für ein relativ breites Interesse der Öffentlichkeit an diesem Gegenstand sorgen.

COR@

COR@, eine virtuelle Beraterin der Deutschen Bank AG, ist nicht zuletzt ihres ansprechenden Äußeren wegen beliebt. Eingesetzt im Unternehmensbereich *Unternehmen & Immobilien*, ist sie über die URL http://www.deutsche-bank.de/ui zu erreichen.

Eine über die Website der Deutschen Bank abrufbare Pressemitteilung vom 24. März 2000 teilt Folgendes mit:

«COR@, unser erster Avatar im Internet, kann nun auch sprechen. Die seit November 1999 eingesetzte virtuelle Agentin des Unternehmensbereiches U/I (engl. CORE = Corporates and Real Estate, woraus sich auch ihr Name ableitet), präsentierte ihr Können bereits in einer Beta-Version auf der CeBIT 2000 in Hannover. Jedem Besucher der Website, dessen PC mit einer Soundkarte ausgerüstet ist, steht COR@ nun als sprechende Navigationshilfe und amüsante Gesprächspartnerin zur Seite. Über ein integriertes Symbol lässt sich die Sprechfunktion jederzeit an- und ausstellen.

Der Internetnutzer gibt seine Anfrage an COR@ wie gewohnt über die Tastatur ein, und COR@ spricht dann zu ihm. Mit Nutzern ohne Soundkarte kommuniziert COR@ weiterhin in Schriftform. Ihre Hobbys sind Golf und Moderne Kunst; sie kennt sich im Guggenheim Museum Berlin aus und unterstützt die Deutsche Kulturstiftung.»

Es wurde also nicht nur Wert auf das (ansprechende) menschliche Äußere gelegt; der virtuellen Agentin wurden auch Interessen zugeordnet, über die sie im Dialog detailliert Auskunft geben kann. Übrigens hat COR@ in der letzten Zeit immer wieder Wandlungen durchgemacht. Stand sie zum Zeitpunkt der zitierten Pressemitteilung noch für verschiedene Themengebiete im Bereich *Unternehmen & Immobilien* zur Verfügung, fungiert sie heute als virtuelle Beraterin für das neue Firmenkundenportal db direct. Nur der registrierte Benutzer erhält Zugriff auf die Informationen.

274 4. Teil Technologien und Systeme

Abbildung 4-76: COR@ auf der Website der Deutschen Bank AG

Manche Agententypen bleiben auch ohne jede äußerliche konkrete Manifestation. Suchmaschinen beispielsweise, die im Falle bestimmter Merkmale bzw. Funktionalitäten auch zu den Agenten gezählt werden, werden dem Benutzer gegenüber meist nur über Eingabeformulare sichtbar.

4.4.3.5 Pädagogische Agenten

Die Beschäftigung mit pädagogischen Agenten (*pedagogical agents*) begann um das Jahr 1990. Zu dieser Zeit war der Glauben an die Künstliche Intelligenz, der seit den 50-er Jahren Wissenschaftler viele Jahre lang in den Bann gezogen und zu gewagten Forschungszielen und Prognosen veranlasst hatte, längst erschüttert. Gerade deshalb aber wandte man sich praktischen Anwendungen zu. Der Lernbereich war ein geeignetes Experimentier- und Anwendungsfeld, waren hier doch Funktionen wie Information, Kommunikation, Transaktion und Interaktion gefragt, Funktionen, die ein typisches Aufgabenspektrum für Agenten darstellen.

Chan und Baskin entwickelten Anfang der 90-er Jahre einen *learning companion*, der weniger als Lehrer denn als gleichwertiger Partner agierte. Dillenbourg untersuchte 1996 die Interaktion zwischen realen und virtuellen Studierenden und deutete sie als kollaborativen sozialen Prozess (vgl. [Johnson 1998]). Weitere Untersuchungen und praktische Implementationen folgten.

Pädagogische Agenten sind Agenten, die Lernende anleiten und begleiten. Sie stellen also individuelle Hilfsmittel von Lernenden dar, wobei sie meist im Bereich des Self-directed Learning eingesetzt werden. Oft weisen sie intelligente Aspekte auf. Johnson nennt wichtige Merkmale von pädagogischen Agenten: «Pedagogical agents are autonomous agents that support human learning, by interacting with students in the context of interactive learning environments. They extend and improve upon previous work on intelligent tutoring systems in a number of ways. They adapt their behaviour to the dynamic state of the learning environment, taking advantage of learning opportunities as they arise. They can support collaborative learning as well as individualized learning, because multiple students and agents can interact in a shared environment. Given suitably rich user interface, pedagogical agents are capable of a wide spectrum of instructionally effective interactions with students, including multimodal dialog.» [Johnson 1998] Johnson zählt hier allerdings auch Merkmale pädagogischer Agenten auf, die nicht zwingend vorhanden sein müssen.

4.4.3.6 Funktionen von pädagogischen Agenten

Die obligatorischen und fakultativen Merkmale von Agenten wurden bereits dargestellt. Auch wurden zentrale Kennzeichen pädagogischer Agenten genannt. Im Folgenden wird auf die bei pädagogischen Agenten besonders wichtigen Funktionen Information, Kommunikation, Transaktion und Interaktion eingegangen, wobei die Funktionen insbesondere im Hinblick auf den speziellen Lernzusammenhang verdeutlicht werden. Es wird bei allen Beispielen eine Beziehung zwischen Benutzern und Agenten angenommen.

Information:
Pädagogische Agenten können Lernenden Informationen in unidirektionaler Form, also ohne Gegenkanal, übermitteln. Beispielsweise mag der Agent direkt nach dem Aufrufen des Lernsystems in Aktion treten und dem Benutzer Grundinformationen geben (Hilfefunktion), etwa bezüglich der Lernumgebung, ihrer Grundfunktionen und ihrer Inhalte. «Man kann in diesem Zusammenhang von einer ‹narrativen Metapher› eines Computerprogramms sprechen, da die Informationen in verbaler Form – häufig unterstützt durch Gestik und Mimik – dem Lernenden vermittelt werden.» [Strzebkowski/Schaumburg 1999, 10]

Der Agent kann auch Inhalte in ausführlicher Form präsentieren (Präsentationsfunktion), beispielsweise indem er auf ein Lernkapitel näher eingeht, wichtige Bestandteile skizziert und einzelne Bausteine bespricht.

Eine weitere Form der Informationsvermittlung ist die Demonstration (Demonstrationsfunktion). Der Agent verweist auf Objekte und demonstriert ihre Funktionen. Beispielsweise drückt er die virtuellen Knöpfe eines virtuellen Geräts, nimmt Einstellungen vor und zeigt die Ergebnisse der Manipulationen. Dieses Demonstrieren ist oft am Anfang einer Lektion bzw. eines Lernprozesses oder nach einer kurzen theoretischen Einführung von Wichtigkeit. Eine Demonstration hat stark anschaulichen Charakter.

Kommunikation:
Über die unidirektionale Informationsvermittlung hinaus kann der Agent mit dem Benutzer wechselseitig (bidirektional) kommunizieren. Dient diese Kommunikation direkt der Anleitung und Lernunterstützung, spricht man auch von einer Tutoring-Funktion.

Eine wichtige Form der Kommunikation zwischen Agenten und Benutzern ist die natürlichsprachliche Kommunikation. Der Benutzer kann – meist über ein einzeiliges Eingabefeld, wie man es auch bei Chats findet, zuweilen auch über größere Felder – normale Aussage- und Fragesätze formulieren oder auch nur einzelne Stichwörter eingeben und den Agenten damit über die eigene Person und die eigenen Bedürfnisse informieren, ihn zu verschiedenen Themen befragen und ihn in bestimmte Themenbereiche dirigieren. Der Agent schreibt zurück oder spricht mit dem Benutzer.

Unterschieden werden kann zwischen einer vom Benutzer und einer vom Agenten initiierten Kommunikation. Beide Formen der Kommunikation spielen eine wichtige Rolle. Kommunikative Handlungen, die vom Agenten ausgehen, können beispielsweise in *leading questions* bestehen, in Leitfragen, die sicherstellen sollen, dass der Studierende eine Situation richtig deutet. Eine durch den Benutzer initiierte Kommunikation ermöglicht dem Lernenden eine aktive Rolle und führt synchron Lösungen herbei.

Transaktion:
Über die Kommunikation hinaus sind manche pädagogische Agenten in der Lage, mit Benutzern Transaktionen durchzuführen oder Benutzer bei Transaktionen zu unterstützen. Eigenständige Transaktionen von Agenten, die von Benutzern instruiert wurden und ausziehen, um über bestimmte Quellen passenden Content oder bestimmte Services und Produkte zu beschaffen, sind vor allem in experimentellen Umgebungen realisiert. In Multi-Agenten-Systemen sollen Agenten mit anderen Agenten im Auftrag ihres Besitzers verhandeln und für ihn die optimale Lösung finden.

Interaktion:
Die Interaktionsfunktionen sind grundlegend für die anderen dargestellten Funktionen bzw. ergänzen diese. Information, Kommunikation und Transaktion sind in weiten Teilen abhängig von der Möglichkeit der Interaktion. Interaktionen finden zwischen Benutzer und Agent und zwischen Agent und Lernumgebung und zwischen Agenten statt. Typisch für die Interaktion zwischen Benutzer und Agent ist die gegenseitige Initiierung von Handlungen auf beiden Seiten.

Eine wichtige Funktion der Interaktion ist die Navigation (Navigationsfunktion). Pädagogische Agenten führen Lernende eigenständig oder auf Anfrage zu Websites und Ressourcen. Fragt etwa ein Benutzer nach

Informationen zu einem bestimmten Gebiet der Physik, kann der Agent die benötigten Lerneinheiten direkt aufrufen. Enthält die Lerneinheit nicht die gewünschte Information, kann der Agent den Lernenden zu weiteren Ressourcen innerhalb oder außerhalb der Anwendung lotsen.

Zu den Interaktionsfunktionen gehört auch die Orientierungsfähigkeit des Agenten. Wie dargestellt wurde, können Agenten auf Objekte verweisen und ihre Funktionen demonstrieren. Für diese Fähigkeit ist es notwendig, dass der Agent eine Vorstellung über die Objekte seiner Umgebung hat, gewisse Objekte erkennt und Relationen richtig einschätzt. Weiterhin kann der Agent Möglichkeiten haben, seine Umgebung zu manipulieren. Er muss in gewisser Weise simultan mit seiner Umwelt gehen, etwa wenn er Funktionen eines Objekts erklärt, das seinerseits eine Abfolge von Phänomenen generiert. Und er muss in der Lage sein, sich in seiner Bewegung in seiner Umwelt zurechtzufinden; beispielsweise sollte er Kollisionen mit «virtuellen Gegenständen» und anderen Agenten vermeiden, außer wenn dies ausdrücklich erwünscht ist (vgl. [Johnson/Rickel/Lester 1999, 18 f.]).

Einstein, ein Multimedia-Lernprogramm

Die Firma Artificial Life Deutschland AG (die Niederlassung wurde inzwischen aufgelöst) hat seit 1999 eine Demoversion des Multimedia-Lernprogramms Einstein vertrieben, das sich wesentlich der Funktionen eines Agenten bedient. Eine überarbeitete Version existiert seit dem Jahr 2000. Der Agent und Avatar Einstein, als Comicfigur mit Kopf und Körper ausgestattet, die das Vorbild deutlich erkennen lassen, dient als Schnittstelle für alle Lern- und Wissensprozesse, die sich auf das Leben und Wirken des Physikers beziehen.

Der Agent wird mit zeilenweisen Eingaben angefragt und steht per Text- und Sprachausgabe Rede und Antwort. Er führt in das Programm ein, leitet zu Ressourcen und präsentiert und demonstriert Beispiele aus der Arbeit des Physikers. Zusammen mit Einstein kann der Benutzer auch einen Eingangstest durchführen, der die Vorkenntnisse des

Benutzers bestimmt und danach das Niveau weiterer Erklärungen ausrichtet.

Reagiert der Benutzer eine Zeit lang nicht, fordert Einstein ihn zur Kommunikation auf und schlägt Gesprächsthemen vor. Kommt weiterhin keine Reaktion, setzt sich Einstein mit der Begründung, er sei schließlich nicht mehr der Jüngste, in einen virtuellen Schaukelstuhl und fängt an zu schaukeln.

Einstein ist nicht im eigentlichen Sinne «intelligent». Über so genanntes «Pattern Matching» deutet er die Intention von Aussagen und leitet sinnvolle Antworten ab. Seine Leistung besteht «lediglich» darin, dass er Verständnis und Intelligenz simuliert. In den weiteren Versionen sollen intelligente Merkmale hinzutreten. Auch Lernfähigkeit soll der zukünftige Einstein besitzen.

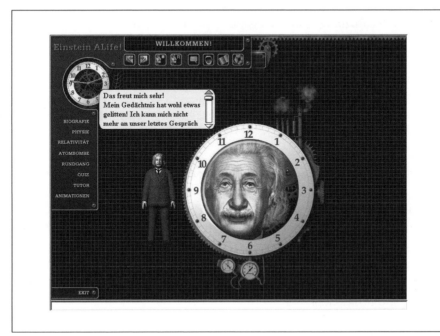

Abbildung 4-77: Das Lernprogramm Einstein und der Agent (und Avatar) Einstein

4.4.3.7 Motivation durch Agenten

Agenten in Lernsystemen können Benutzer zum Lernen motivieren: «Animated pedagogical agents can promote student motivation and engagement, and engender affective as well as cognitive responses.» [Johnson 1998] Die Motivation wird wesentlich durch die Funktionen Kommunikation und Transaktion sowie die grundlegende Funktion der Interaktion initiiert und gestützt.

Kommunikation mit Agenten bedeutet unmittelbare sprachliche, gestische und visuelle Reaktion. *Emotive behaviours* wie Mimik und Gestik können zur Motivierung des Lernenden beitragen. Transaktionen werden bei Bedarf und nach Bedürfnis durchgeführt. Der Lernende wird in die Lage versetzt, benötigte Ressourcen schnell und aktuell über seinen Agenten zu beziehen. Interaktionsmöglichkeiten sind u.a. wertvoll durch die Unmittelbarkeit der Reaktion. «Pädagogen, Lernpsychologen und Didaktiker haben längst erkannt und in vielen wissenschaftlichen Beiträgen dokumentiert, dass Lernen sich dann am effektivsten vollzieht, wenn die Lernenden in einem Lernprozess möglichst viele aktive, selbständige und expressiv-konstruktive Handlungsphasen haben.» [Strzebkowski/Schaumburg 1999, 9]

Aber auch die Funktion der Information erlebt im vorliegenden Zusammenhang eine Verschiebung, die das Verhältnis zwischen Lernwelt und Benutzer zu verändern und zu beeinflussen vermag. Information wird durch einen visuell erlebbaren Erklärenden angeboten. Der Erklärende zieht seine Aufmerksamkeit auf sich und seine Aktionen und ist ein Mittler zwischen dem Lernstoff und dem Benutzer. Darauf machen auch Strzebkowski und Schaumburg aufmerksam: «Von dem Einsatz solcher personifizierter Hilfen verspricht man sich eine höhere Aufmerksamkeit, gezieltere Lenkung der Aufmerksamkeit des Benutzers sowie die Förderung der Motivation für die Beschäftigung mit einem Computersystem.» [Strzebkowski/Schaumburg 1999, 10 f.] Konkreter ist es insbesondere die Demonstrationsfunktion, die durch das Aufzeigen von Funktionsweisen und Manipulationsmöglichkeiten eine direkte und anschauliche Wissensvermittlung ermöglicht.

Nicht zu vernachlässigen ist in diesem Zusammenhang die oft anthropomorphe Gestalt des pädagogischen Agenten. Wie auch in vielen kommerziellen Anwendungen wird Agenten in virtuellen Lernsystemen gerne ein menschliches Äußeres gegeben. Der Agent bzw. Avatar hat mehr oder weniger menschliche Züge; zuweilen finden sich Hybride zwischen Mensch und Fabelwesen. In einigen Fällen treten Agenten auch in Tierform auf. Nicht zuletzt wird mit gegenständlichen oder abstrakten Formen experimentiert.

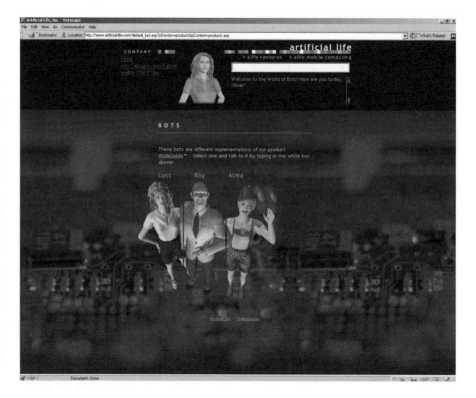

Abbildung 4-78: Agenten von Artificial Life

Eine wichtige Frage in diesem Kontext ist die nach dem Vertrauen, das der Benutzer in Agenten und Avatare hat. Stellt eine Anthropomorphisierung durch eine gewisse Vertrautheit, die erzeugt wird, per se auch Vertrauen her? Oder zerstört sie etwa Vertrauen, da Erwartungen nicht eingelöst werden können, die an ein menschliches Gegenüber gestellt werden? Sicherlich werden Agenten, ob sie menschliches oder anderes Äußeres haben, als Kunstfiguren empfunden. Andererseits zeigt der zunehmende Einsatz von attraktiven Agentinnen – als Beispiel wurde COR@ beschrieben –, dass der Benutzer durchaus gewisse Präferenzen hat. Was jedenfalls gewiss zu sein scheint, ist, dass weniger die äußere Perfektion, sondern eher eine Deutlichkeit in Funktion und Zweck ausschlaggebend ist. Dies führt die Diskussion möglicherweise auch weg von der Frage, ob menschlichem, tierischem oder abstraktem Äußeren der Vorzug zu geben ist. «Oren u.a. haben herausgefunden, dass nicht eine in visueller Gestaltung und Animation perfekte Figur von Bedeutung ist, sondern es ist wichtig, dass die Figur klar erkennbare ‹Charakterzüge› (sachlich, komisch, dominant etc.) aufweist – diese schlagen sich in der Art des Dialogs nieder – und klare Aufgaben/Funktionen (z.B. Navigator, Präsenter, Helfer) verlässlich ausführt. Nur wenn diese Wesenszüge einer Figur eindeutig bestimmbar sind, wird die Figur als brauchbares Element in einer Computerumgebung erkannt und anerkannt.» [Strzebkowski/Schaumburg 1999, 11] Das Unternehmen Artifical Life trägt dieser Erkenntnis in der Gestaltung seiner verschiedenen für den kommerziellen Bereich gedachten Agenten Rechnung. Jeder Agent hat einen unverwechselbaren Charakter, der z.T. bis ins Detail ausgeformt ist und sich auch in der Art der virtuellen Kleidung niederschlägt.

4.4.3.8 Grenzen des Agenten

Es ist evident, dass Agenten – pädagogische wie auch andere – an ihre Grenzen stoßen können. Es gibt Grenzen innerhalb der virtuellen Welt; genauso muss aber die Grenze zwischen virtueller und realer Welt beachtet werden, insbesondere bei Transaktions- und Kommunikationsvorgängen. Die Metapher des Agenten wird dort brüchig, wo der Agent reale Gegenstände beschaffen oder transportieren soll. Ein Großteil von Transaktionen überhaupt, die über das Internet abgewickelt werden, ist dem selben Problem ausgesetzt. Ein weiteres Kardinalproblem ist die Kommunikation zwischen Agent und Benutzer. So sind viele Aussagen des Benutzers nur in einem bestimmten Kontext zu verstehen. Dieser Kontext könnte zum einen mit weiteren Aussagen beschrieben werden. Da die

Kommunikation zwischen Benutzer und Agent aber in der Regel aus einem Frage-Antwort-Spiel besteht, sind solche weiterführenden Prozesse des Erklärens und Verstehens nur bedingt möglich. Zum anderen könnte der Kontext gleichsam – durch eine präzisierende Loslösung der Aussage – neutralisiert werden. Dies ist aber in vielen Fällen gar nicht oder nur sehr schwer realisierbar.

Es ergeben sich weitere Schwierigkeiten hinsichtlich der Einsatzfähigkeit von Agenten, die mit dem Merkmal der Intelligenz zusammenhängen. So sind Agenten hinsichtlich ihres Wissens immer begrenzte Systeme, auch wenn sie Wissen hinzuerwerben können. Ihre Wissensbasis repräsentiert grundsätzlich nur einen kleinen Ausschnitt des «Weltwissens». Speziell im Lernprozess ergeben sich viele Fragen, die die Wissensbasis eines Agenten überfordern können. Dies können auch Fragen sein, die sich am Rande stellen und die einen spezialisierten Agenten vor unüberwindbare Schwierigkeiten stellen. Allerdings ergeben sich bei einem menschlichen Lernbegleiter vergleichbare Probleme.

Darauf hinzuweisen ist, dass die skizzierten Begrenzungen positiv genutzt werden können. Auf eine Antwort, die dem Agenten unverständlich ist, kann der Agent mit einer Gegenantwort reagieren, die dem Lernenden deutlich macht, dass er seine Frage präzisieren oder modifizieren muss. Im günstigsten Fall ergibt sich beim Lernenden die Einsicht, dass die Frage zu wenig präzise gestellt war oder dass man die gleiche Frage in anderer Art und Weise stellen kann. Dies ist nicht nur eine Medienkompetenz im speziellen Sinne – es ist eine Reflexion über richtiges, verständliches und angemessenes Fragen.

4.4.3.9 Agenten und Lern- und Wissensportale

Agenten können zentrale Bestandteile von Lern- und Wissensportalen sein. Sie spielen einen in hohem Maße interaktiven Part in Lern- und Wissensprozessen. Dennoch darf man nicht vergessen, dass sie durchaus in einer statischen Umgebung agieren und auf statische Ressourcen, etwa Texte und Grafiken, verweisen können.

Zunächst kann der Agent den Einstieg in das Portal selbst erleichtern, Grundfunktionen erklären, Strukturen deutlich und sichtbar machen.

Suchagenten und -maschinen erschließen das Informationsangebot, aber auch Möglichkeiten der Kommunikation, Transaktion und Interaktion. Im Falle individualisierbarer Angebote kann der Agent Modifikationswünsche entgegennehmen und ausführen.

In Lernsystemen, die in das Portal integriert sind, werden eigentliche pädagogische Agenten mit den oben genannten Funktionen aktiv. Sie führen in die Systeme ein, kommunizieren mit dem Benutzer, führen Transaktionen durch und interagieren mit ihm.

Portale können nicht zuletzt Knotenpunkte für Multi-Agenten-Systeme darstellen. Sie sind die Anlaufstellen für eigene und fremde Agenten, die Kommunikationsplätze der virtuellen Helfer, die Transaktionsstätten für Austausch und Geschäfte. In diesem Bereich sind die Anwendungen allerdings noch vorwiegend experimenteller Art. Wichtig ist hier vor allem die Etablierung von Standards (vgl. Kapitel 4.4.1, Standardisierung und Learning Objects).

Zwischen Agenten und Benutzern bzw. Lernenden können Beziehungen der beschriebenen Art entstehen, die u.a. aus motivationalen Aspekten interessant sind. Außerdem können Agenten grundsätzlich eine Anreizfunktion haben. Eine solche ist vor allem bei B2C-Portalen interessant, die meist auf ständige Neuakquise von Kunden angewiesen sind. Agenten vermögen Kunden anzulocken und kurz- und längerfristig an die Website zu binden. Auch in B2E-Portalen können Agenten attraktive Möglichkeiten darstellen, um Mitarbeiter zu binden und Lern- und Wissensprozesse «persönlicher» und interaktiver zu gestalten.

---

[1] Eine sehr ausführliche Zusammenstellung von Komponenten in der Architektur eines E-Learning-Systems gibt z.B. [Coenen 2001, 131 ff.], der in der IKT-Architektur für sein WI-Pilot I System für die Komponenten die vier Ebenen Infrastrukturebene, Anwendungsebene, Zugangsebene und Informationsebene unterscheidet.

[2] Eine laufend aktualisierte Produktliste findet sich bei http://www.thinkofit.com/webconf.

[3] Eine Applikation ist definiert als eine Anwendung, die auf IuK-Technologie beruht und durch bestimmte Softwarebausteine realisiert wird (Software-Anwendung). Eine Applikation greift auf Daten im weiteren Sinne zu, eine Lerntechnologie greift konkret auf Daten und Inhalte (engl. *contents*) zurück.

Glossar

Agenten

Als «(virtuelle) Agenten» bezeichnet man Software, die dazu verwendet wird, bestimmte Aufgaben automatisch zu erledigen (z.B. Sammeln von Informationen oder Filtern von Daten). Agenten arbeiten mehr oder weniger selbständig. Einige sind in der Lage, dazuzulernen.

Aus einer etwas spezifischeren Sicht sind virtuelle Agenten Computerprogramme, die in einer elektronischen Umgebung, etwa im Internet oder in einem Anwendungsprogramm, etwas tun, was i.d.R. auch Personen mit entsprechendem Rüstzeug (sprich: wiederum technischen Hilfsmitteln) und Initiative für die Benutzer tun könnten. Das heißt, es wird in gewisser Weise eine zwischenmenschliche (Dienstleistungs-)Beziehung simuliert; daher auch der Name «Agent», der auf die Helferfunktion des Programms zielt (*agent* bedeutet im Englischen «Vertretung», auch «Bevollmächtigter» oder «Handelnder»).

Animation

Bei einer Animation handelt es sich um einen rechnergestützten Prozess, bei dem bewegte Bilder generiert werden, indem schnell von einem stehenden Bild auf das nächste umgeschaltet wird.

Anwendung (Software-Anwendung) ➔ Applikation

Anwendungssystem

Ein Anwendungssystem bezeichnet eine oder mehrere ➔ Applikationen im einsatzfähigen Zustand, d.h. verbunden mit Daten und Funktionen. Siehe auch ➔ E-Learning-System. Vielfach wird auch der Begriff ➔ «Informationssystem» im Sinne von «Anwendungssystem» verwendet.

Application Service Providing (ASP)

ASP ist ein Geschäftsmodell, bei dem bestimmte informations- und kommunikationstechnische Aufgaben an einen externen Dienstleister, den Application Service Provider, ausgelagert werden. Im E-Learning-Bereich ist ein Dienstleister dann z.B. Betreiber («Host», vgl. ➔ Hosting) einer ➔ Lernumgebung und bietet in aller Regel auch begleitende Dienste an.

Application Sharing

Application Sharing ermöglicht das gemeinsame Erstellen, Betrachten und Bearbeiten von Dokumenten, indem mehrere Benutzer an verschiedenen Orten eine Softwareanwendung gleichzeitig und gemeinsam bedienen.

Applikation

Eine Applikation ist eine Anwendung, die auf Informations- und Kommunikationstechnologien beruht (Software-Anwendung). Eine Applikation wird durch bestimmte Softwarebausteine realisiert. Lerntechnologien – im Begriffsverständnis dieses Buchs – sind E-Learning-Applikationen. Eine Applikation führt eine bestimmte → Funktion aus und unterstützt damit eine → Aufgabe in einem → Prozess. Eine Applikation greift auf Daten zu (z. B. → Enterprise Resource Planning System oder E-Commerce System). Eine bestimmte Applikation kann mit verschiedenen geeigneten Softwareprodukten programmiert werden. Applikationen sind entweder als Standardsoftware erhältlich oder sind individuell erstellte Eigenentwicklungen (Individualsoftware).

Architektur
Der Begriff «Architektur» wird meist verwendet im Sinne einer Referenzarchitektur, nach der man konkrete Ausprägungen realisierter Systeme gestaltet.
Zu folgenden speziellen Ausprägungen des Begriffs vergleiche → Informationssystem-Architektur und → Lernarchitektur.
Unter einer Geschäftsarchitektur versteht man Bestandteile eines Geschäftsmodells und deren Beziehung untereinander; die Geschäftsarchitektur schließt die Prozess-, System- und Technologie-Ebene mit ein. Beispiele sind die Bankenarchitektur des Informationszeitalters oder die Geschäftsarchitektur der Educational Services Industry.

ASP → Application Service Providing

Asynchron
«Asynchron» bedeutet «ungleichzeitig». Im Zusammenhang mit Kommunikationsplattformen bedeutet asynchrone Kommunikation, dass ein Beitrag auf einen anderen zu beliebiger Zeit folgen kann. Diskussionsforen (z. B. Newsgroups) und (elektronische) Gästebücher sind asynchrone Medien. Ein Beispiel für asynchrones Lernen ist das Frage&Antwort-Mentoring durch E-Trainer in internet-basierten Lernumgebungen.

Audioconferencing
Bei Audioconferencing handelt es sich um → synchrone Kommunikation, bei der nur Sprache bzw. Töne – keine Videobilder – übertragen werden, entweder über Telefonleitungen oder z. B. per Sprachübertragung im Internet (Voice over IP). Zuweilen wird der Begriff «Audiographics» verwendet, um explizit auszudrücken, dass die Konferenz durch Daten-/Bildkommunikation begleitet wird (→ Whiteboard- und → Application-Sharing-Systeme).

Audit
Audits sind eine spezielle Form des Controlling. In der Grundidee sind Audits ein Kontrollinstrument, bei dem ein Bereichsexterner nach einer Art Checkliste einen bestimmten Bereich untersucht, Ziele prüft und Lücken zwischen Ist- und Sollzustand feststellt; Audits werden jedoch mehr und mehr zu einem Beratungsprozess ausgeweitet. In diesem Buch dienen Audits dazu, die Qualität entlang des E-Learning-Strategieprozesses sicherzustellen. Ein Auditteam setzt sich aus Vertretern der verschiedenen Anspruchsgruppen und Experten zusammen.

Aufgabe
Eine Aufgabe ist eine betriebliche Funktion mit einem bestimmbaren Ergebnis. Sie wird von Menschen und/oder Maschinen ausgeführt.

Authoring Tool ➔ Autorensystem

Autorensystem
Ein Autorensystem ist eine ➔ Applikation, mit der Lerninhalte erstellt werden können. Es gibt Autorensysteme, mit denen auch «Endanwender» ➔ Contents erstellen können. Typen von Autorensystemen sind solche mit Fokus auf ➔ instruktionales Design, spezielle Web-Authoring-Tools, templatebasierte Authoring Tools und Knowledge Capture Systems.

Awareness ➔ Bereitschaftsanzeige

Basistechnologie
Der Begriff «Basistechnologie» steht für Informations- und Kommunikationstechnologien und «Mini-Applikationen», die in verschiedensten übergeordneten ➔ Applikationen und ➔ Anwendungssystemen verwendet werden können. I-Net-Technologien, E-Mail und ➔ Chat z.B. nehmen bei ➔ E-Learning-Systemen die Rolle von Basistechnologien ein. Was eine Basistechnologie ist, lässt sich nicht per se festlegen, sondern hängt vom Betrachtungsstandpunkt ab. Die Begriffe ➔ «Werkzeug» bzw. ‹Tool› können als Synonyme passend sein, wenn die Funktionen einer ➔ Applikation den Charakter einer Methode haben. E-Learning-Methoden kommen im Methodenverständnis dieses Buchs nur auf den Ebenen ➔ Lerntechnologien und E-Learning-Systeme vor, nicht jedoch auf der Ebene der Basistechnologien.

Benutzungsschnittstelle
Eine Benutzungsschnittstelle ist das für die Verbindung zwischen Mensch und Computer notwendige Interface. Beispiele sind Maus, Tastatur oder Bildschirm.

Bereitschaftsanzeige
Auf der Benutzungsoberfläche des Anwenders (z.B. in einem Lern- oder Wissensportal) wird durch ein i.d.R. farbiges Symbol vor einzelnen Namen in einer Liste von Benutzernamen signalisiert, welche Personen gerade online und damit ➔ synchron via ➔ Instant Messaging oder ➔ Chat ansprechbar sind.

Bildungsbedarfsanalyse (Skill Gap Analysis)
➔ Competency und Skill Management

Bildungsmanagement
Bildungsmanagement (engl. «Educational Management») ist ein Gestaltungsfeld, das in allen Organisationen relevant ist, in denen Bildungsprozesse geplant, durchgeführt und evaluiert werden. Im Englischen ist das Bildungsmanagement Aufgabe des «Chief Learning Officer» oder teilweise auch des «Chief Knowledge Officer». Beim Bildungsmanagement geht es im Wesentlichen darum, wie die individuellen Handlungskompetenzen von Mitarbeiterinnen und Mitarbeitern mit den Strategien, Strukturen und Kulturen einer Organisation (z.B. eines Betriebs) in Einklang gebracht werden.

Blended Learning

Blended Learning, auch *multi-method learning* genannt, möchte betonen, dass E-Learning grundsätzlich eine Kombination von sowohl IKT-basiertem als auch nicht-IKT-basiertem Lernen umfasst. In diesem Buch wird ein Blended-Learning-Modell vorgestellt, das die genauen Ausprägungen und Kombinationsmöglichkeiten von E-Learning auf mehreren Ebenen anhand von Polarisierungen verschiedener Merkmale als integriertes E-Learning-Modell beschreibt. Diese Polpaare sind virtuell – nichtvirtuell, stationär – mobil, lokal – verteilt, statisch – dynamisch, synchron – asynchron und individuell – kollaborativ.

Business Engineering

Business Engineering (BE) bezeichnet die methoden- und modellbasierte Konstruktionslehre für Unternehmen des Informationszeitalters (vgl. [Österle/Winter 2000, 7.]). Es umfasst den fachlichen Entwurf und das Management der Veränderung. Business Engineering unterscheidet als Gestaltungsebenen des Unternehmens: Strategie, ➔ Prozess und (➔ Informations-)System. BE sorgt für eine ganzheitliche Sicht über alle Dimensionen, einerseits die Ressourcen, wie Personal, Lieferant, Kunde, IT, Wissen oder Finanzen, und andererseits die Prozesse, wie Innovation, Leistungserstellung oder Leistungsverwertung ebenso wie Management. BE entwirft nicht nur Geschäftslösungen, sondern setzt diese bis zum Betrieb der Prozesse und Systeme um. Die Vision des BE ist die vernetzte Geschäftsarchitektur des Informationszeitalters (➔ Geschäftsnetzwerke). Vernetzung bedeutet hier, dass eine komplette Wertschöpfungskette unternehmens- und kompetenzübergreifend unter Einbezug der Endverbraucher optimiert wird.

C-Business

Die Begriffe «C-Business», «C-Commerce» und «Collaborative Commerce» wurden vom IT-Analysten Gartner Inc. geprägt. Forrester spricht von «E-Business-Networks» oder von «Hyperpartnering». Unter C-Business wird die Erweiterung von Transaktionssystemen durch *collaborative technologies* verstanden. Viele Transaktionsabläufe erfordern eine komplexe Abstimmung zwischen Verkäufer und Käufer, die kollaborative Möglichkeiten für Verhandlung, Entscheidungsfindung und Vertrauensaufbau erforderlich machen.

C-Commerce ➔ C-Business

CBT ➔ Computer-based Training

Chat

Chat ist die synchrone (*real-time* ablaufende) Kommunikation über ein Computernetz. In textbasierten Chats kommunizieren die Teilnehmerinnen und Teilnehmer, indem sie kurze Nachrichten eintippen und den Dialog aus diesen Nachrichten aller Teilnehmer in einem Bildschirmfenster verfolgen.

CMS ➔ Content Management System

Collaborative Commerce ➔ C-Business

Communities

Communities (Gemeinschaften) sind selbstorganisierte, informelle Netzwerke. Die Mitglieder tauschen sich z. B. in elektronischen Foren zu bestimmten Themen oder hinsichtlich bestimmter Probleme aus. Eine Community-Plattform kann neben Foren ein redaktionelles Angebot, Linklisten, Ressourcen aller Art etc. enthalten.

Competency

Der Begriff «Competency» beinhaltet, dass Fertigkeiten bzw. → Skills bei Geschäftsproblemen auch effektiv angewandt werden können. Als Kompetenztypen werden in diesem Buch Basiskompetenzen (d. h. Skills), Fachkompetenzen, Sozialkompetenzen, Handlungskompetenzen und Lernkompetenzen unterschieden.

Competency und Skill Management

Beim Competency und Skill Management unterscheidet man zwei Ansätze (vgl. → Skills und → Competency). Beim «Top-down»-Ansatz geht es darum, die im Unternehmen bei den Mitarbeiterinnen und Mitarbeitern vorhandenen Kompetenzen und Fertigkeiten (Skill Inventory) zu dokumentieren, um auf diese bei Bedarf zugreifen zu können. Dies ist auch ein Anliegen des → Knowledge Management. Beim «Bottom-up»-Ansatz geht es um Karrierepfade und die entsprechende Entwicklung der Mitarbeiterschaft. Personalabteilungen definieren Kompetenzen oder Fertigkeiten, Karrierepfade und Kompetenzstufen, die für bestimmte Positionen erforderlich sind. In beiden dieser Ansätze wird in einer Bildungsbedarfsanalyse (Skill Gap Analysis) aus der Sicht der Mitarbeiterinnen und Mitarbeiter sowie aus der Sicht der Unternehmung erhoben, in welchem Bereich Lücken bestehen und durch welche Maßnahmen diese geschlossen werden können.

Computer-based Training

Bei Computer-based Training handelt es sich um Kurse oder allgemeine Lernmaterialien, die am PC bearbeitet werden können und i. d. R. instruktional strukturiert sind. CBTs sind meist auf CD-ROM/DVD gespeichert oder können von einem Server im → Intranet eines Unternehmens oder im Internet auf den Arbeitsplatzcomputer oder mobile Geräte wie Pocket PCs oder PDAs heruntergeladen und dort ausgeführt werden. Anders als beim → WBT (Web-based Training) ist es nicht notwendig, dass der PC während der Lernsession eine Verbindung zum Inter- oder Intranet hat, und das Training enthält meistens keine Links zu Lernressourcen, die nicht im CBT-Produkt selbst gespeichert sind.

Computer Managed Instruction (CMI)

CMI gehörte insbesondere in den USA zu den frühen Anwendungen des Computers in der Bildung und entstand vor dem Hintergrund des Konzepts des «Mastery Learning», das u. a. relativ häufige Tests und eine genaue Aufzeichnung des lernzielorientierten Fortschritts des Lerners vorsieht. Vor allem auf Großrechnern wurden Programme entwickelt, bei denen sich die Lernenden Leistungstests unterziehen, die Ergebnisse berechnen lassen und daraus Lernempfehlungen abrufen können, während die Lehrer Statistiken auf der Grundlage protokollierter Daten (z.B. Bearbeitung einzelner Lektionen, Lernzeiten, lernzielbezogene Fortschritte und Defizite) nutzen können. Dieses Grundkonzept von CMI wurde vielfach erweitert und insbesondere mit tutoriellen Programmen und Drill-and-Practice-Programmen verbunden, bei dem CMI die «Führung» des Lerners zwischen einzelnen Programmen in Abhängigkeit von seinen protokollierten Lernerdaten übernehmen sollte (aus [Wilbers 2000]).

Computerunterstützter Unterricht (CUU)
Im Gegensatz zu ➔CBT und ➔WBT wird beim CUU der klassische Unterricht nicht ersetzt, sondern ergänzt um neue Optionen im Sinne eines Unterrichtshilfsmittels. Beispiele für CUU sind der Einsatz von PCs und Beamer als Präsentationsmedien oder der Unterricht im PC-Labor, so dass die Lernenden aktiv am PC arbeiten, z.B. Simulationen durchführen oder Planspiele machen oder auch eine neue Software erlernen und üben. Auch ein Meeting Support System, das z.B. zum Brainstorming und zur Gliederung und Priorisierung von Themen im Unterricht eingesetzt wird, ist eine Form des CUU.

Content
Inhalt oder ➔ Wissen in einem multimedialen Umfeld wird «Content» genannt. Content ist damit funktionalisiertes Wissen, Wissen in einem bestimmten Kontext und mit einem bestimmten Zweck. Content ist digital und kann die Form von Texten, Fotos, Videos, Animationen, Simulationen oder gesprochenem Wort haben.

Content Management System (CMS)
Ein CMS ist eine Datenbank bzw. ein «Repository» zur Speicherung und Verwaltung von ➔ Contents, auf die (Lern-)Anwendungen flexibel zugreifen können. Der Begriff «CMS» wird von manchen Autoren als Synonym zu ➔ «Learning Management System» verwendet, ist mit diesem aber nicht gleichzusetzen. Um diese Differenzierung klar zu treffen, wird neuerdings auch von ➔ «Learning Content Management System» gesprochen.

Corporate University
Eine Corporate University ist eine unternehmenseigene Universität bzw. die spezielle Bildungseinrichtung eines Unternehmens. Meist handelt es sich um Netzwerke aus Experten und Universitäten bzw. Business Schools. Entwickelt werden maßgeschneiderte Qualifizierungsprogramme, die sich in der Regel an Führungskräfte des Unternehmens, zum Teil aber auch an verschiedene Mitarbeiterebenen richten. Gelehrt und vermittelt werden Fachwissen, direkt umsetzbare Inhalte sowie Kultur und Philosophie des Unternehmens. Auch die Initiierung von Strategiedialogen kann Aufgabe der Corporate University sein.

Course Management System ➔ Lernumgebung

CSCW

Die Abkürzung «CSCW» steht für «Computer Supported Cooperative Work». Gemeint ist Gruppenarbeit, die durch Informations- und Kommunikationstechnologien unterstützt bzw. ermöglicht wird. Nach einem weiten Verständnis gehört auch kollaboratives computergestütztes Lernen, also eine Form von E-Learning, zum CSCW-Bereich.

Daten

Daten sind in einem Medium gespeicherte Zeichen. Daten werden zu Informationen, indem sie kombiniert und in einem bestimmten Kontext interpretiert werden.

Digitalisierung

Digitalisierung ist die Umwandlung analoger Signale und Daten in Binärcode. Von Digitalisierung spricht man aber auch, wenn man die «Übersetzung» von ursprünglich in traditionellen Medien (z.B. Büchern) vorliegenden Informationen in elektronisch verarbeitbare Daten meint.

Diskussionsforen

In Diskussionsforen kommunizieren die Teilnehmer bzw. Mitglieder durch den Austausch von textlichen Nachrichten und Attachments miteinander. Diskussionsforen sind meist für alle offen zugänglich.

Distance Learning

Distance Learning ist Fernlernen, z.B. über Fernsehsendungen (*broadcast*), Radio, Kabelfernsehen, Satellitenkommunikation, Telefon und das Internet.

E-Book → Elektronische Bücher

E-Business

Im Gegensatz zu E-Commerce, das die Spezifikation, Erstellung und/oder Distribution von (traditionellen) Produkten mit Hilfe elektronischer Kommunikations- und Vertriebskanäle virtualisiert, umfasst E-Business große Teile eines Wertschöpfungsnetzwerks und hat zum Ziel, die ganzheitliche Abdeckung von Kundenbedürfnissen mit der wirtschaftlichen Produktion der dazu notwendigen Produkt- und Leistungskomponenten sowie Informationen zu verknüpfen (vgl. [Österle/Winter 2000, 9].

E-Collaboration

In diesem Buch werden unter «E-Collaboration» kollaborative Lern- und Arbeitsformen verstanden. Sie kommen überall dort zum Einsatz, wo nicht die instruktional angeleitete und auf das Individuum ausgerichtete Wissensvermittlung im Vordergrund steht, sondern der gemeinsame Aufbau von neuem Wissen und der Austausch von Erfahrungen zwischen *peers*.

«E-Collaboration» wird jedoch verschiedentlich auch völlig anders verwendet; z.B. versteht der Anbieter von betrieblicher Standardsoftware SAP darunter, dass Transaktionen zwischen Unternehmen bzw. generell in Unternehmensnetzwerken elektronisch und automatisch – d.h. ohne kollaborative Elemente menschlicher Mitarbeit – abgewickelt werden können. Ein Beispiel für solche Transaktionen bzw. Geschäftsprozesse ist E-Procurement, das dann als E-Collaboration zwischen Lieferant und Abnehmer verstanden wird.

Educational Management → Bildungsmanagement

Edutainment
Edutainment ist die Verknüpfung von → Lernen und Spiel, bevorzugt mit Hilfe von Informations- und Kommunikationstechnologien.

E-HR (E-Human Resources)
Nicht nur Geschäftprozesse, sondern auch Personalprozesse werden zunehmend digitalisiert. Die elektronische Human-Resources-Wertschöpfungskette (engl. *e-HR value chain*) umfasst alle Prozesse von Mitarbeiterrekrutierung, -einarbeitung, Personalentwicklung, Salär- und Anreizsystemen bis hin zu Aus- und Weiterbildung und → Wissensmanagement. → E-Learning deckt in dieser digitalen Human-Resources-Wertschöpfungskette einen maßgeblichen Teil ab.

E-Learning
E-Learning kann begriffen werden als → Lernen, das mit Informations- und Kommunikationstechnologien (→ Basis- und → Lerntechnologien) respektive mit darauf aufbauenden → E-Learning-Systemen unterstützt bzw. ermöglicht wird. Der Begriff «E-Learning» ist aber keineswegs auf diese Ebenen beschränkt, sondern vermag ebenso auf ganz unterschiedliche Aspekte und Phänomene auf der Prozess- und Strategieebene sowie auf der Ebene des Managements der Veränderung abzuzielen. Das Spektrum von E-Learning-Systemen reicht von Sprachlernprogrammen auf CD-ROM und DVD über webbasierte Kurse mit kollaborativen Räumen und interne oder externe → Lern- und → Wissensportale mit heterogenen → Contents und Plattformen bis hin zu integrierten Systemen, die Kompetenzprofile erheben, individualisierte Kursangebote zusammenstellen, → Daten mit → ERP-Systemen auswerten und abgleichen sowie an Managementinformationssysteme weitergeben.

E-Learning-(Referenz-)Modell
Das E-Learning-Modell ist eine Adaption des St. Galler Informationsmanagementmodells (nach H. Österle) und des St. Galler Business-Engineering-Modells (nach H. Österle und R. Winter) (vgl. [Österle/Winter 2000]) in Bezug auf E-Learning. Es liefert eine ganzheitliche Sicht auf alle Gestaltungsebenen des Einsatzes von E-Learning.

E-Learning-Strategie
Eine E-Learning-Strategie ist die Summe der Ziele, Pläne und Maßnahmen, mit denen durch den Einsatz von Technologien und entsprechenden didaktisch-methodischen sowie organisatorischen Maßnahmen innerhalb und außerhalb eines Unternehmens → Lernräume für strategieorientierte Lern- und Arbeitsprozesse für alle relevanten Anspruchsgruppen eines Unternehmens entwickelt und realisiert werden.

E-Learning-System
Der Begriff «E-Learning-System» steht für E-Learning-Anwendungssysteme, d. h. ➔ Applikationen im Bereich ➔ E-Learning in Verbindung mit Inhalten und im Anwendungssystem IKT-gestützt verankerten didaktischen Konzepten und Methoden.

Elektronische Bücher
Elektronische Bücher, auch «E-Books» genannt, bilden reale Bücher linear oder in Hypertextform ab. Oft besitzen elektronische Bücher Mehrwerte wie z. B. Suchfunktionen.

Enterprise Resource Planning System (ERP-System)
Bei ERP-Systemen handelt es sich um betriebswirtschaftliche Standardsoftware, die operative und dispositive Anwendungssysteme in integrierter Form abdeckt, z. B. SAP mit ihrer integrierten, modularen Standardsoftware. Die Anbieter sprechen zunehmend nicht mehr von ERP, sondern von Enterprise Systems.

EPSS – Electronic Performance Support System
EPSS bezeichnet elektronische Hilfen, die dem Just-in-Time- und As-Needed-Prinzip folgen. Es sind kontextsensitive Tutorials, die sehr kurz sein können. Z. B. ist die in Textverarbeitungsapplikationen integrierte Rechtschreibkorrektur effektiver als Kurse in Rechtschreibung. Auch eingebettete Hilfefunktionen gehören zu EPSS, wie der Büroklammer-Assistent in Office-Produkten. Die Agententechnik (➔ Agenten) wird für Fortschritte bei diesem Element der Benutzungsschnittstellen sorgen.

ERP ➔ Enterprise Resource Planning System

F2F
Face-to-face-Veranstaltungen sind Präsenzveranstaltungen wie traditionell in Klassenzimmern bzw. Seminarräumen.

Funktion
Eine Funktion ist Teil der Leistungen, die eine ➔ Applikation zur Unterstützung eines Prozesses anbietet. Sie ermöglicht mit oder ohne zusätzliches menschliches Einwirken die Ausführung einer oder mehrerer ➔ Aufgaben. Die Funktion einer Applikation ist das Gegenstück zur Aufgabe eines ➔ Prozesses (vgl. [Fleisch 2001, 284]).

Geschäftsarchitektur ➔ Architektur

Geschäftsmodell
Das Geschäftsmodell beschreibt in erster Linie die Außensicht auf die Unternehmenssituation, d. h. die Positionierung des Unternehmens in den fokussierten Märkten. Daneben wird jedoch auch die Innensicht in Form der primären Wertschöpfungsaktivitäten betrachtet, d. h. die Gewinnung, Produktion, Bereitstellung und der Vertrieb von Gütern und Dienstleistungen. Ein Geschäftsmodell kann anhand mehrerer Dimensionen beschrieben werden, z. B. Kundenzielgruppen, Markenstrategie, Kernkompetenzen, Ziele, Vertriebswege, die verschiedene Ausprägungen haben.

Geschäftsnetzwerk

«Geschäftsnetzwerk» und «Unternehmensnetzwerk» sind synonyme Begriffe. Geschäftsnetzwerke nach [Fleisch 2001, 282] sind wirtschaftliche Austauschbeziehungen zwischen selbstständigen, aber interdependenten Geschäftseinheiten. Sie verbinden kooperative mit kompetitiven Methoden. Ihre Beziehungen sind flexibel, verbinden i.d.R. eine größere Zahl von Geschäftseinheiten, weisen eine relativ hohe Organisiertheit auf und umfassen u.a. soziale Dimensionen. Geschäftseinheiten sind ergebnisverantwortliche, marktwirtschaftlich agierende Wirtschaftseinheiten wie z.B. Konzerne, Divisionen, Profit Centers oder kleine und mittelgroße Unternehmen.

Netzwerkunternehmen sind Unternehmen in der «Networked Economy», die ihre Rolle als Knoten in unterschiedlichen Unternehmensnetzwerken aktiv gestalten (vgl. [Fleisch 2001, 1]). Die Vernetzung ist eine der wichtigsten Fähigkeiten von Unternehmen im Informationszeitalter.

Guided Tour

Guided Tours sind Reisen auf vorbestimmten Navigationswegen in → Hypertexten. Am Ende einer Guided Tour kann sich der Benutzer nur wieder rückwärts durch dieselbe Tour bzw. gleich zum Anfang bewegen. Die Hypertextstruktur ist bei einer Guided Tour nicht die eines Netzes, sondern eines Baumes.

Hosting

Eine → Applikation oder ein → E-Learning-System wird im Fall eines Hosting nicht im Anwenderunternehmen selbst unterhalten und betrieben, sondern von einem externen Dienstleister im Rahmen des → Application Service Providing.

Human-Computer-Interface → Benutzungsschnittstelle

Hypertext

Hypertexte entziehen Texte und multimediales Material der Linearität, die etwa bei traditionellen Texten gegeben ist. An die Stelle der Linearität wird die Vernetzung durch Querverweise gesetzt. In Multimedia-Anwendungen erlaubt das Benutzen eines Querverweises (Links) den automatischen Sprung zur vernetzten Einheit. Ted Nelson setzte die Hypertext-Idee 1965 in die Welt.

Informationen

Informationen sind → Daten, die in bedeutungsvollen Mustern angeordnet sind. Daten, die ein Mensch aufnimmt, werden zu Informationen, wenn sie in Verbindung mit seinen Erfahrungen und Arbeitsaufgaben interpretiert werden und einen Sinn machen. (Z.B. ist die Zahl –35 eine Information, wenn sie von einem Controller als Deckungsbeitragsabweichung eines Produkts verstanden wird.)

Informationssystem (IS)

Im Kontext von Softwareanwendungen meint «Informationssystem» eine → Applikation zusammen mit ihren Daten und ihren Kommunikationsbeziehungen zu anderen (Informations-) Systemen. I.d.R. integriert ein IS mehrere Teilapplikationen und unterstützt eine höher aggregierte → Funktion; z. B. unterstützt ein Personal-Informationssystem die Personaladministration oder ein Controlling-IS das Controlling.

Informationssystem(IS)-Architektur

Der Begriff «IS-Architektur» wird nicht einheitlich definiert. Die einen verstehen darunter die Komponenten eines → Informationssystems und ihre Beziehungen, andere bezeichnen damit den gesamten Bauplan eines IS, d.h. neben den Spezifikationen und Dokumentationen der → Applikationen und ihrer Beziehungen auch die Konstruktionsregeln für die Erstellung dieses Bauplans.

Instant Messaging

Im Gegensatz zu E-Mail, die ein Nutzer explizit abrufen muss, sendet Instant Messaging eine Nachricht, die sofort in einem sich neu öffnenden Fenster des Empfängers eingeblendet wird. Instant Messaging ist ein → synchrones Kommunikationsmedium.

Instructor Led Training (ILT)

ILT steht ursprünglich für das traditionelle Präsenztraining, auch «Klassenraum-Training» genannt. Mit der Verfügbarkeit ausreichend schneller Internet-Verbindungen sind ILT-Kurse auch über das I-Net möglich.

Intelligente Tutorielle Systeme (ITS)

Aus didaktischer Sicht weist die Personalisierung im Kontext von → Lehren und → Lernen starke Parallelen zu so genannten Intelligenten Tutoriellen Systemen auf. Sie sollen eine höhere Flexibilität, Adaptivität und ein höheres Interaktionspotenzial gegenüber nichtintelligenten tutoriellen Systemen gewährleisten, bei denen die möglichen Systemreaktionen bei der Produktion der Lernsoftware fixiert werden, indem der Entwickler die möglichen Lerneraktionen antizipiert und dafür angemessene Reaktionen programmiert. Bei ITS hingegen reagiert das System im Vollzug auf der Basis von Regeln des Lehrmoduls in Abhängigkeit von angesammelten Informationen über den Benutzer. Bei Benutzermodellen sind verschiedene Ansätze gängig: So wird z. B. dem Benutzer nach Bekanntwerden bestimmter Informationen ein Bündel von Eigenschaften (z.B. Anfänger oder Experte) zugeordnet (so genannter Stereotypenansatz) oder z.B. für jedes Element der Wissensbasis festgehalten, ob der Benutzer damit vertraut sein wird oder nicht (so genanntes Overlay-Modell) (nach [Wilbers 2000]).

Interaktion

Der Begriff «Interaktion» bedeutet ursprünglich «Wechselwirkung», «wechselseitige Beeinflussung von Individuen oder Gruppen» oder «wechselseitiges Vorgehen». Im medialen Bereich wird der Begriff der Interaktion oder der Interaktivität auf das Verhältnis zwischen Benutzer und Medium angewandt, so dass man von einer Wechselwirkung zwischen Benutzer und Medium sprechen kann, oder auch davon, dass das Medium selbst interaktiv ist, also eine solche Wechselwirkung zulässt. Interaktivität in → E-Learning-Systemen erfordert, dass sich zumindest teilweise dynamische, ergebnisoffene Austauschprozesse entwickeln können, und nicht vorweg definierte → Lernprozesse zwangsläufig ablaufen.

Internet-based Training → Web-based Training (WBT)

Intranet
Ein Intranet ist ein Netzwerk zur internen Kommunikation innerhalb geschlossener Benutzergruppen. Es basiert auf Internet-Technologien.

Knowledge Management → Wissensmanagement)

Kompetenz → Competency

LCMS → Learning Content Management System

Learning Community → Community

Learning Content Management System (LCMS) → Content Management System

Learning Delivery Environment → Lernumgebung

Learning Management System (LMS)
Der Begriff «LMS» wird häufig synonym zu → «Lernumgebung» verwendet. «LMS» wird jedoch speziell im Hinblick auf administrative Funktionalitäten gebraucht, um auszudrücken, dass Aufgaben wie Registration und Einschreibung von Lernenden, Profiling (→ Profil) bzw. Personalisierung, Aufzeichnung von Daten über die Benutzung der Lernsysteme in Verbindung mit Berichtsgeneratoren und elektronische Abrechnung unterstützt werden.
LMS-Anbieter bauen ihre Produkte vielfach zu Portallösungen aus (→ Lernportale), so dass LMS und Lernportale als konkret auf dem Markt erhältliche Produkte kaum mehr voneinander abzugrenzen sind.

Learning Objects
Das Learning Technology Standards Committee des IEEE definiert den Begriff der Learning Objects sehr weit; Learning Objects seien «any entity, digital or non-digital, which can be used, re-used or referenced during technology supported learning». Wesentliche Punkte bei Learning Objects sind die beliebige Granularität, die Abgeschlossenheit und die Kombinationsfähigkeit mit anderen Learning Objects. Entsprechend müssen Learning Objects standardisierte Einheiten darstellen. Der Ansatz der Learning Objects könnte u. a. einen quasi-industriellen Umgang mit → Content und Kursen ermöglichen, d. h. dass industrielle Fertigungs- und Verwertungsmethoden – etwa Arbeitsteilung, Automation, Komponentenbauweise und Massenproduktion – auf die Erstellung, die Weiterverarbeitung und das «Recycling» von Content und Kursen übertragen werden. Es soll darum gehen, Lernobjekte massenhaft, schnell und einheitlich zu produzieren, um sie an jedem Ort, zu jeder Zeit

und mit jedem Ziel einsetzen und wiederverwenden zu können.

Lehre
Dem ➔ Lernen steht die Lehre als die Vermittlung (im Gegensatz zur Aneignung) von ➔ Wissen und Verhaltensweisen gegenüber. Lehre ist immer auf (personales) Lernen gerichtet, und Informations- und Kommunikationstechnologien und entsprechende Systeme und Anwendungen, die in der Lehre eingesetzt werden, zielen darauf ab, ➔ Lernprozesse zu ermöglichen und zu fördern. Lernen hingegen bedarf keiner Lehre, ja findet sehr häufig in anderen Kontexten statt. In dieser Lesart ist Lehre der speziellere, Lernen der weitere Begriff.

Lernarchitektur
Eine Lernarchitektur fasst alle Bildungsmaßnahmen eines Unternehmens, inklusive der E-Learning-Maßnahmen, kohärent zusammen, setzt sie zueinander in Bezug, richtet sie an der E-Learning-, Personal- und Unternehmensstrategie aus und positioniert sie strategisch. Das maßgebende Konzept, um Bildungs- und E-Learning-Maßnahmen zusammenzufassen, ist dabei nicht mehr der «Kurs», sondern der ➔«Lernraum».

Lernen
Lernen ist der Erwerb von nicht angeborenen Weltorientierungen und Handlungs- bzw. Verhaltensmöglichkeiten. In diesem Buch wird Lernen als das Aneignen und Hinzugewinnen von Wissen verstanden. Zum Verhältnis von Lehren und Lernen vgl. ➔ Lehre.

Lernplattform ➔ Lernumgebung

Lernportale
Lernportale sind spezielle Ausprägungen von ➔ Portalen, die der Unterstützung von Lern- und Wissensprozessen und der Befriedigung von Bedürfnissen im Bereich des Lernens dienen. Sie sind Zugangspunkte zu ➔ Content, Services und Produkten im Bereich von ➔ Lehre und ➔ Lernen. Lernportale können sich sowohl auf elektronisch unterstütztes Lernen als auch auf klassisches Lehren und Lernen beziehen. Im ersten Fall integrieren Lernportale die Funktionalitäten von ➔ Learning-Management-Systemen, ➔ Lernumgebungen bzw. -plattformen und ➔ Virtual-Classroom-Produkten. Im zweiten Fall verweisen sie z.B. auf Verzeichnisse traditionell angebotener Seminare und unterstützen die Koordination entsprechender Aktivitäten. Lernportale können B2C-, B2B- und B2E-Portale sein (vgl. dazu ➔ Portale).

Lernprozesse
Lernprozesse beschreiben den Ablauf aller Lernvorgänge, die in einem klassischen Bildungsprojekt resp. einem E-Learning-Projekt realisiert werden sollen, und bilden in einem Unternehmen eine eigene Prozesskategorie nebst Produktionsprozessen, Marketingprozessen, Entwicklungsprozessen etc. Die Lernprozesse werden mittels verschiedener Lernmethoden, kollaborativer Settings und Just-in-time-E-Learning-Angeboten gestaltet.

Lernräume

Der Begriff «Lernraum» wird in diesem Buch neu und spezifisch geprägt. Ein Lernraum umfasst alle Bildungs- und E-Learning-Maßnahmen in Bezug auf eine klar spezifizierte Anspruchsgruppe oder bezüglich einer klar spezifizierten Thematik. Ein Lernraum ist das Gefäß, in dem ➔ Lernprozesse stattfinden. Ein Lernraum kann ein oder mehrere E-Learning-Projekte umfassen. Lernräume sind nicht an organisatorische Grenzen gebunden, sondern können bereichs- und organisationsübergreifend definiert werden. Mehrere Lernräume können in Lernraum-Clustern zusammengefasst und als solche in die ➔ Lernarchitektur eines Unternehmens integriert werden.

Lernsysteme ➔ E-Learning-System

Lerntechnologien

Lerntechnologien sind E-Learning-➔ Applikationen. Sie bauen auf ➔ Basistechnologien auf. Basistechnologien sind als Bestandteil der IKT-Infrastruktur zu betrachten. Problemlösungen aus E-Learning-Sicht liegen erst auf den Ebenen Lerntechnologien und ➔ E-Learning-Systeme vor.

Lerntools ➔ Lerntechnologien

Lernumgebung

Synonym verwendete Begriffe sind «Learning (Delivery) Environment», «Lernplattform» und «Course Management System».
Eine Lernumgebung stellt ➔ Basistechnologien und ➔ Applikationen in integrierter Weise für die Erstellung von ➔ E-Learning-Systemen zur Verfügung.

LMS ➔ Learning Management System

M-Learning ➔ Mobile Learning

Mobile Learning

Mobile Learning ist Lehren und Lernen, das mit den Mitteln mobiler Telekommunikationstechnologien angereichert bzw. unterstützt wird. Die Mobilität des M-Learning bedeutet die Mobilität von Lernenden, Geräten und Daten. Zuweilen wird M-Learning auch als «Wireless Learning» bezeichnet. Das kabellose Lernen ist ein möglicher Bestandteil im mobilen Szenario, Mobilität kann aber auch heißen, dass man sich «seine Kabel sucht».

Navigation

Navigation ist die Bewegung in ➔ Hypertexten. Die Benutzer sollen möglichst schnell auf alle verfügbaren Seiten und Ressourcen zugreifen können und stets im Bilde sein, wo sie sich gerade befinden. Es muss jederzeit möglich sein, zum ursprünglichen Ausgangspunkt zurückzukehren oder die Anwendung zu beenden.

Networked Economy ➔ Geschäftsnetzwerk

Netzwerkunternehmen ➔ Geschäftsnetzwerk

Online

Der Begriff «online» drückt aus, dass eine Verbindung eines Computers zu einem anderen oder zu einem Server über ein Computernetz bzw. das Internet besteht. «Online» wird in Wortkombinationen oft benutzt, um auszudrücken, dass etwas über das I-Net zugänglich ist (z.B. Online → Community; Online Learning).

Online-Status → Bereitschaftsanzeige

Online Training → Web-based Training

Performance Improvement/Support → EPSS

Pervasive Learning → Mobile Learning

Portal
Portale sind Internet-Plattformen, die den Zugang zu allgemeinen oder spezifischen Themen und Inhalten ermöglichen. Man unterscheidet nach der Business-Aktivität «Business-to-Customer»-Portale (B2C), «Business-to-Business»-Portale (B2B) sowie «Business-to-Employee»-Portale (B2E). Weiterhin differenziert man zwischen horizontalen und vertikalen Portalen.

Profil
Ein Profil ist die Kategorisierung und Beschreibung der den Benutzern zugeordneten Attribute und umfasst Funktionen (Berufsbild, Rang), organisatorische Angaben (Sprache, betriebliche Einteilung) sowie durch die Benutzer selbst definierte Ergänzungen (Interessen, Ausbildungsbedarf).

Prozess
Ein Prozess bzw. eine Aufgabenkette besteht aus → Aufgaben und produziert und konsumiert Leistungen (Outputs und Inputs). Ein Prozess kann Vorgänger- und/oder Nachfolgerprozesse haben. Ereignisse können Prozesse auslösen. Prozesse werden durch bestimmte → Applikationen unterstützt.

Pull- und Push-Technologie
Pull-Technologie heißt, dass Benutzer – meist via Web-Browser – aktiv nach → Daten bzw. Dokumenten suchen. Mit Push-Technologien werden einem Anwender Informationen direkt zugestellt, z.B. als E-Mail mit Link auf die Webressource. Anwendungen von Push-Technologien sind Newsletter, die man abonnieren kann, Hinweise auf neu hinzugekommene Inhalte einer Website, die einem vom Anwender eingegebenen Suchstichwort entsprechen, aber z.B. auch unerbetene Werbe- und andere Mail-Massensendungen *(Spam-Mails)*.

Return on Education (ROE)
Der durch die Einführung von E-Learning-Maßnahmen erzielte Return on Investment (ROI) – oft auch Return on Education (ROE) genannt – ergibt sich durch einen Vergleich der bisherigen Aus- und Weiterbildungsmaßnahmen mit den neu eingeführten E-Learning-Maßnahmen. Der Return on Investment ist das Verhältnis des Gewinns zum gesamten investierten Kapital, die Kapitalrendite. Ein solcher Vergleich hat zu berücksichtigen, wo Kostenersparnisse, Kostenverschiebungen und Kostenerhöhungen auftreten. Es sind auch Kosten in Betracht zu ziehen, die dadurch entstehen, wenn die E-Learning-Maßnahmen nicht eingeführt werden und der Status quo beibehalten wird.

ROE ➔ Return on Education

Skill-Gap-Analyse ➔ Competency und Skill Management

Skills
Skills sind Fertigkeiten oder Basiskompetenzen wie z. B. Sprachkenntnisse oder IKT-Skills (vgl. auch ➔ Competency).

Soft Skills
Unter Soft Skills werden ➔ Skills verstanden wie Kommunikationsfähigkeit, Konfliktmanagement, Präsentationstechnik, Projekt- und Zeitmanagement, Mitarbeiterführung, Leadership und Teammanagement.

Synchron
«Synchron» bedeutet «gleichzeitig». Im Zusammenhang mit Kommunikationsplattformen bedeutet synchrone Kommunikation, dass ein Beitrag auf einen anderen unmittelbar folgt oder aber zeitgleich mit diesem auftritt. ➔ Chats und Videokonferenzen sind synchrone Medien.

Tele Learning
Während beim ➔CBT-/➔WBT-gestützten ➔ Lernen das selbstgesteuerte Lernen des Einzelnen im Vordergrund steht, kommt beim Tele Learning die Kommunikation zwischen mehreren am ➔ Lernprozess Beteiligten hinzu. Sieht man Kommunikationstechnologien sehr weit, dann ist Tele Learning synonym zu Distance Learning; auch klassisches Fernstudium mit per Post oder via Internet übermittelten Studienbriefen und/ oder ausgestrahlten Fernsehsendungen in Telekollegs zählen zu Tele Learning. Geht es nur um Kommunikationstechnologien, die auch eine Online-Verbindung zwischen Lehrenden und Lernenden erlauben, dann ist Tele Learning synonym mit Online Learning. Digitale Fernsehtechnologie bietet Rückkanäle und *TV on Demand,* d. h. sie entwickelt sich hin zu den Möglichkeiten der Computerkommunikation. Als verschiedene Ausprägungen der im Rahmen von Tele Learning praktizierten Lehr- und Lernformen werden oft genannt: ➔ Tele Teaching, ➔ Tele Tutoring und Tele/Virtual Collaboration für gruppenorientiertes Lernen (➔ E-Collaboration).

Tele Teaching
Beim Tele Teaching steuert vorwiegend der Lehrende den ➔ Lernprozess. Tele Teaching liegt z. B. vor, wenn via ➔ Whiteboard oder ➔ Application Sharing, Audio- und evtl. auch Videokonferenz eine Lehrveranstaltung abgehalten wird, die man im I-Net verfolgen kann. Andere Formen sind die Übertragung einer Vorlesung an eine entfernte Gruppe via Videokonferenz und die Möglichkeit der entfernten Gruppe, Rückfragen über Telefon/Internet-Audio oder Chat zu stellen.

Tele Tutoring
Betreuung der Lernenden via Telekommunikation, z. B. synchron und asynchron bei Rückfragen.

Text-based Training (TBT)
Beim Text-based Training werden Lerninhalte über Bücher, Skripte u.a. gedruckte Unterlagen ausgegeben.

Tools → Werkzeuge

Trainer
Der Trainer ist im Unterschied zum Seminarleiter (einer Person, die sich auf die didaktische Planung und Auswertung von Bildungsmaßnahmen konzentriert) jemand, der vorwiegend mit der Durchführung von Bildungsmaßnahmen betraut ist.

Transformation
Transformation bedeutet, vorhandene Unternehmen zu restrukturieren oder neue Unternehmen zu schaffen (vgl. [Österle/Winter 2000, 6]). Für das Management ist die Bewältigung der Transformationen vor allem mit folgenden Aufgaben verbunden: Das Geschäftspotenzial der IKT bewerten, entsprechende Applikationen entwickeln und einführen, organisatorische Prozesse neu gestalten, Unternehmensstrukturen verändern, Menschen ausbilden und Machtstrukturen verändern (vgl. [Österle/Winter 2000, 5]).

Tutorensysteme → Intelligente Tutorielle Systeme

Ubiquitous Learning → Mobile Learning

Unternehmensnetzwerk → Geschäftsnetzwerk

Virtual Classroom
Unter Virtual Classroom werden Produkte verstanden, die Funktionen bieten wie Audio-/Video-Konferenz, Shared Workspace und → Application Sharing, Live-Präsentationstools, Online-Abstimmungen und Tests, → Chat, geleitete Web-Safaries und die Möglichkeit, sich in virtuelle Klassenzimmer zurückzuziehen, zu denen ein Dozierender keinen Zugang hat.

Virtual Communities → Communities

Virtuelle Realität
Unter «virtueller Realität» versteht man die dreidimensionale Simulation von Räumen und Objekten. Der Nutzer kann sich in dieser 3-D-Umgebung scheinbar bewegen. Virtuelle Realität stellt hohe Anforderungen an die Grafikmöglichkeiten und die Leistungsfähigkeit eines Computers.

Virtuelles und nichtvirtuelles Lernen
Nichtvirtuelles Lernen ist → Lernen in Präsenzveranstaltungen und mit klassischen Medien. Virtuelles Lernen heißt, dass die Kommunikation zwischen und unter Lehr- und Lernenden nicht in physischer Präsenz der Beteiligten stattfindet, sondern elektronisch-medial vermittelt wird, z.B. über Videokonferenz oder → Whiteboard-/ → Application-Sharing-Systeme.

WBT → Web-based Training

Web-based Training (WBT)
WBT (synonym: «Internet-based Training» und «Online Training») heißt, dass Lerninhalte auf einem Web-Server, nicht einem Datenträger wie CD-

ROM/DVD, vorgehalten werden und so via Web-Browser über das Internet oder ➔ Intranet zugänglich sind und bearbeitet werden können. WBTs bieten alle Möglichkeiten von ➔ CBTs, haben darüber hinaus jedoch zusätzliche Vorteile, wie weltweite Verfügbarkeit, hohe Kompatibilität und hohe Aktualität. In WBTs sind Links zu Lernmaterialien außerhalb des eigentlichen WBT-Kurses möglich, etwa zu Literatur und anderen Quellen wie echten Unternehmensdaten, und zu ➔ Diskussionsforen und elektronischen Schwarzen Brettern.

Ein CBT, das über das Web aufgerufen und ausgeführt werden kann, bleibt ein CBT; in der Praxis werden CBTs wegen der besseren Distributionsmöglichkeit übers Netz vielfach in WBTs umgewandelt, jedoch bleibt das Problem mangelnder Bandbreite bei den Lernenden noch vielfach ein K.O.-Kriterium für die Online-Distribution von multimedialen Inhalten.

Web-Trainer
Siehe auch ➔ Trainer.

Werkzeuge
Werkzeuge sind spezielle ➔ Applikationen für die Unterstützung von Methoden, z.B. von Projektmanagement-Methoden oder Prozessmodellierungs-Methoden (vgl. ➔ Prozess).

Whiteboard
Das Whiteboard ist eine virtuelle Wandtafel, eine elektronische Arbeitsfläche, auf der zwei oder mehr Personen gemeinsam und ➔ synchron arbeiten können; eine Whiteboard-Softwareanwendung wird also im ➔ Application-Sharing-Modus betrieben.

Wissen
Wissen schafft das Potenzial zum Handeln und die Kapazität, ➔ Daten in Ideen und Ideen in Entscheidungen umzuwandeln, d.h., Wissen beinhaltet im Unterschied zu Daten und ➔ Informationen auch die Fähigkeit, Daten und Informationen in Arbeitsaufgaben effektiv anzuwenden. Es kann entweder expliziter oder impliziter Natur sein. Explizites Wissen ist von einer Person losgelöst und kann auch elektronisch gespeichert werden. Implizites Wissen ist nur «in den Köpfen» vorhanden und lässt sich lediglich direkt von Person zu Person weitergeben; dabei können durchaus elektronische Kommunikationsmedien zum Einsatz kommen. Bestimmtes implizites Wissen kann auch in explizites umgewandelt werden. Wenn man z.B. ein Buch schreibt, wandelt man implizites in explizites Wissen um; wie man Fahrrad fährt, lässt sich jedoch kaum explizieren.

Wissensmanagement (engl. Knowledge Management (KM))
Wissensmanagement (engl. *Knowledge Management* (KM)) ist ein Managementkonzept, um die Geschäftspotenziale von ➔ Wissen als Ressource bewusst zu erkennen und intensiv auszuschöpfen. Wissen als Ressource umfasst Datenbanken, Dokumente, Policies und Procedures eines Unternehmens sowie Expertise und Erfahrungen, die nur in den «Köpfen» der Mitarbeiter sind. Die Kernprozesse des

Wissensmanagements sind Lokalisieren und Erfassen von Wissen (z.B. Elektronische Ablage von Dokumenten in einem → Intranet, Datenbank, Gelbe Seiten, Wissenslandkarte), Transfer und Teilen von Wissen zwischen Personen, Gruppen, Abteilungen, Unternehmenseinheiten, zwischen verschiedenen Unternehmen und Geschäftspartnern/Konkurrenten (z.B. Erfahrungsaustausch unter Kollegen) sowie Generieren von neuem implizitem und explizitem Wissen (z.B. soll aus Unternehmenssicht neues Wissen in Produktinnovationen münden; aus der Sicht des Einzelnen generiert eine Person durch → Lernen für sich neues Wissen).

zugeschnittene Wissensversorgung zu ermöglichen, für die alle genannten Wissensmanagement-Tools unter einheitlichem Benutzungszugriff integriert zur Anwendung kommen. Produktbezeichnungen mit dem Präfix «My-» spielen auf diese Rollen und die individuelle Personalisierungsfunktion an. Die Portaltechnologie will eine auf die Nutzersicht bzw. Geschäftsprozesssicht hin optimierte Integration nicht nur von Wissensmanagement-Tools, sondern auch von verschiedenen Funktionalitäten.

Wissensnetzwerk (engl. Knowledge Network)

Wissensnetzwerke sind → Communities mit klar ausgeprägter Führungsstruktur für den Wissenstransfer und die Wissensschaffung.

Wissensportal

Wissensportale sind Plattformen, die Tools der Systemklassen Dokumentenmanagement, Data Warehousing, Business Intelligence (Kodifizierungsstrategie der IKT-Unterstützung des → Wissensmanagements) sowie → CSCW (Personalisierungsstrategie der IKT-Unterstützung des Wissensmanagements) mit darüber hinausgehenden Integrationsleistungen umfassen. Davon zu unterscheiden sind → Lernportale. Die Idee eines Wissensportals ist es, eine auf eine bestimme Aufgabe oder Rolle an einem Arbeitsplatz

Literaturverzeichnis

[Aldrich 1999]
Aldrich, C.: Understanding E-Learning Market Dynamics: 2000–2002. Gartner Group Commentary vom 17.12.1999.

[Aldrich 2000a]
Aldrich, C.: E-Learning Power Players, 2003. Gartner Group Research Note Markets vom 6.4.2000.

[Aldrich 2000b]
Aldrich, C.: Off-the-Shelf E-Learning Content Providers: The 1Q00 Magic Quadrant. Gartner Group Commentary vom 23.2.2000.

[Aldrich 2000c]
Aldrich, C.: Customer-Focused E-Learning: The Drivers. What they are, what they do. In: Training and Development. American Society for Training and Development, 54 (2000) 8, 34–39.

[Aldrich/Ross 2000a]
Aldrich, C.; Ross, C.: Evaluating an End-to-End E-Learning Infrastructure Provider. Gartner Group Strategic Analysis Report vom 1.5.2000.

[Aldrich/Ross 2000b]
Aldrich, C.; Ross, C.: Virtual Classroom Providers – A First Quarter 2000 Evaluation. GartnerGroup Strategic Analysis Report vom 16.3.2000.

[Aldrich/Sonnenschein 2001]
Aldrich, D.F.; Sonnenschein, M.: Digital Value Network. Erfolgsstrategien für die Neue Ökonomie. Gabler, Wiesbaden, 2001.

[Alpar/Grob/Weimann et al. 2000]
Alpar, P.; Grob, H.-L.; Weimann, P.; Winter, R.: Anwendungsorientierte Wirtschaftsinformatik. 2. Aufl., Vieweg, Wiesbaden, 2000.

Literaturverzeichnis

[Arentzen/Lörcher 1998]
Arentzen, U.; Lörcher, U.: Gabler Wirtschaftslexikon/CD-Version, Stichwort «Strategien», Gabler, Wiesbaden, 1998.

[Arnold 1996]
Arnold, R.: Weiterbildung. Ermöglichungsdidaktische Grundlagen. Verlag Franz Vahlen, München, 1996.

[Arnold/Schüssler 1998]
Arnold, R.; Schüssler, I.: Wandel der Lernkulturen. Ideen und Bausteine für ein lebendiges Lernen. Wissenschaftliche Buchgesellschaft, Darmstadt, 1998.

[Barron 2000a]
Barron, T.: A Smarter Frankenstein: The Merging of E-Learning and Knowledge Management. In: Learning Circuits (August 2000). http://www.learningcircuits.org/aug2000/barron.html.

[Barron 2000b]
Barron, T.: Customer-Focused E-Learning: The Industry. E-Tailers and other players. In: Training and Development. American Society for Training and Development 54 (2000) 8, 30–33.

[Barron 2000c]
Barron, T.: A Portrait of Learning Portals. In: Learning Circuits (Mai 2000). http://www.learningcircuits.org/may2000/barron.html.

[Bates 1995]
Bates, A.W.: Technology, Open Learning and Distance Education. Routledge, London/New York, 1995.

[Bates 1999]
Bates, A.W.: Managing technological change. Strategies for college and university leaders. Jossey-Bass, San Francisco, 1999.

[Beer 2000]
Beer, V.: The Web Learning Fieldbook. Using the World Wide Web to build Workplace Learning. Jossey-Bass, San Francisco, 2000.

[Beywl 2000]
Beywl, W. (Hrsg.): Handbuch der Evaluationsstandards. Die Standards des «Joint Committee on Standards for Educational Evaluation». Leske + Budrich, Opladen, 2000.

[Bolam/van Wieringen 1999]
Bolam, R.; Wieringen, F. (Hrsg.): Research on Educational Management in Europe. Waxmann, New York et al., 1999.

[Bornschier 1998]
Bornschier, V.: Westliche Gesellschaft – Aufbau und Wandel. Seismo, Zürich, 1998.

[Boud/Garrick 1999]
Boud, D.; Garrick, J. (Hrsg.): Understanding learning at work. Routledge, New York, 1999.

[Boulton/Libert/Samek 2001]
Boulton, R.; Libert, B.; Samek, S.: Value Code. Werte schaffen in der Neuen Wirtschaft. Erfolgsstrategien, Geschäftsmodelle, Praxisbeispiele. Econ, München, 2001.

[Bronfenbrenner 1981]
Bronfenbrenner, U.: Die Ökologie der menschlichen Entwicklung. Klett-Cotta, Stuttgart, 1981.

[Bursian/Bendel/Isler 2001 et al.]
Bursian, O.; Bendel, O., Isler, A., Martin, G., Leithner, B., Keller, M., Back, A.: Lernen mit elektronischen Medien: Projekt E-Learning der UBS AG, Zürich. Arbeitsberichte des Learning Center der Universität St. Gallen 1 (2001) 1.

[Bush 1995]
Bush, T.: Theories of Educational Management. 2. Aufl., Chapman, London, 1995.

[Close/Humphreys/Ruttenbur 2000]
Close, R.C.; Humphreys, R.J.; Ruttenbur, B.W.: e-Learning & Knowledge Technology: Technology & The Internet are Changing the Way we Learn. SunTrust Equitable Securities, März, 2000.

[Coenen 2001]
Coenen, O.: E-Learning-Architektur für universitäre Lehr- und Lernprozesse. Eul, Lohmar et al., 2001.

[Cole/Gromball 2000]
Cole, T.; Gromball, P.: Das Kunden-Kartell. Die neue Macht des Kunden im Internet. Carl Hanser, München, 2000.

[Cooper 2000]
Cooper, K.C.: Effective Competency Modelling and Reporting. American Management Association, New York, 2000.

[Dalton 2000]
Dalton, J.P.: Online Training Needs a New Course. Forrester Research, Cambridge, August 2000.

[Decker 2000]
Decker, F.: Bildungsmanagement. Lernprozesse erfolgreich gestalten, betriebswirtschaftlich führen und finanzieren. 2. Aufl., Lexika, Würzburg, 2000.

[Devaux 1999]
Devaux, S.: Total Project Control. A Manager's Guide to integrated Project Planning, Measuring and Tracking. John Wiley, New York, 1999.

[Donovan/Bransford 2000]
Donovan, S.M.; Bransford, J.D. (Hrsg.): How People Learn. Bridging Research and Practice. National Academy Press, 2000.

[Doppler/Lauterburg 1997]
Doppler, K.; Lauterburg, C.: Change Management: den Unternehmenswandel gestalten. 6. Aufl., Campus Verlag, Frankfurt am Main, 1997.

[Drosdowski/Grebe 1963]
Drosdowski, G.; Grebe, P.: Duden Etymologie. Herkunftswörterbuch der deutschen Sprache. Bibliographisches Institut/Dudenverlag, Mannheim, 1963.

[Dubois 1998]
Dubois, D.D.: The Competency Case Book. Human Resources Development Press, Amherst, 1998.

[Education Comission 2000]
Web-based Education Commission (Hrsg.): The Power of the Internet for Learning: Moving from Promise to Practice. Report of the Web-based Education Commission to the President and the Congress of the United States. Washington, Dezember 2000.

[Euler 2001]
Euler, D.: Selbstgesteuertes Lernen mit Multimedia und Telekommunikation gestalten. In: Hohenstein, A.; Wilbers, K. (Hrsg): Handbuch E-Learning, dwd, Köln, 2001.

[Evans/Wurster 2000]
Evans, P.; Wurster, T.S.: Web@ttack. Strategien für die Internet-Revolution. Carl Hanser, München, 2000.

[Evers/Rush/Berdrow 1998]
Evers, F.T.; Rush, J.C.; Berdrow, I.: The Bases of Competence. Skills for Lifelong Learning and Employability. Jossey-Bass, San Francisco, 1998.

[Fiedler 2001]
Fiedler, R.: Controlling von Projekten. Projektplanung, Projektsteuerung und Risikomanagement. Vieweg, Braunschweig/Wiesbaden, 2001.

[Finke 2000]
Finke, W.: Lifelong Learning in the Information Age. Organizing Net-Based Learning and Teaching Systems. Fachbibliothek Verlag, Bueren, 2000.

[Fleisch 2001]
Fleisch, E.: Das Netzwerkunternehmen. Strategien und Prozesse zur Steigerung der Wettbewerbsfähigkeit in der «Networked Economy». Springer, Berlin et al., 2001.

[Fleisch/Österle 2001]
Fleisch, E.; Österle, H.: Das Tor zur IT-Welt: Thesen zum erfolgreichen Portaleinsatz. In: Computerwoche extra (2001) 2, 28–31.

[Fortune 2000]
Fortune (Hrsg.): Online Learning: E-Learning Strategies for Executive Education and Corporate Training. Special Advertising Section vom 15.5.2000, 1–20.

[Frenko 1998]
Frenko, A.: Internet-Portal-Sites: Aktueller Hype oder mehr. http://www.autoresponder.de/onlinemarketing/hintergrund/portal-sites.htm.

[Galliers/Newell 2000]
Galliers, R.D.; Newell, S.: Back to the Future: From Knowledge Management to Data Management. Working Paper Series, Department of Information Systems, London School of Economics, (2000) 92, London, 2000.

[Gery 1991]
Gery, Gloria: Electronic Performance Support Systems – The Seminal Work on Performance Support. Gery Assoc., Tolland, 1991.

[Gomez/Probst 1999]
Gomez, P.; Probst, G.: Die Praxis des ganzheitlichen Problemlösens. Vernetzt denken, unternehmerisch handeln, persönlich überzeugen. 3. unveränd. Aufl., Haupt, Bern, 1999.

[Gross 1994]
Gross, P.: Die Multioptionsgesellschaft. Suhrkamp, Frankfurt am Main, 1994.

[Gross 1999]
Gross, P.: Ich-Jagd. Im Unabhängigkeitsjahrhundert. Suhrkamp, Frankfurt am Main, 1999.

[Grüner 2000]
Grüner, H.: Bildungsmanagement im mittelständischen Unternehmen. Rahmenbedingungen des Bildungsmanagements; betriebliche Bildung als Schlüsselressource; Bildungsstrategie und operative Umsetzung. Verlag Neue Wirtschafts-Briefe, Herne/Berlin, 2000.

[Hackett 2000]
Hackett, B.: Beyond Knowledge Management: New Ways to Work and Learn. The Conference Board. New York, 2000.

[Hall 2001]
Hall, B.: Learning Management Systems 2001 – Choosing the right system for your organization. 2001 (im Jan. 2001 nur zum kostenpflichtigen Herunterladen von www.brandon-hall.com verfügbar).

[Heinrich/Leist 2000]
Heinrich, B.; Leist, S.: Bankenarchitekturen im Informationszeitalter – Zur Rolle des Geschäftsmodells. In: [Österle/Winter 2000, 141-165].

[Heyse/Erpenbeck 1997]
Der Sprung über die Kompetenzbarriere: Kommunikation, selbstorganisiertes Lernen und Kompetenzentwicklung von und in Unternehmen. Bertelsmann, Bielefeld 1997.

[Hilgard/Bower 1971]
Hilgard, E.R.; Bower, G.H.: Theorien des Lernens. 2. Aufl., Klett, Stuttgart, 1971.

[Hodgins 2000]
Hodgins, W. (u. Mitarb. v. M. Conner): Everything You Ever Wanted To Know About Learning Standards But Were Afraid To Ask by. In: LiNE Zine (2000). http://www.linezine.com /2.1/features/wheyewtkls.htm

[Hoffmann/Zilch 2000]
Hoffmann, A.; Zilch, A.: Unternehmensstrategien nach dem E-Business-Hype. Geschäftsziele, Wertschöpfung, Return on Investment. Galileo Press, Bonn, 2000.

[Hopmann 2001]
Hopmann, S.: Learning Virtuality or why change needs stability. Instructional Design. Adressing the challenges of Learning through Curriculum and Technology, Universität Freiburg i. Br. (Tagung «Instructional Design», 2.–5. Mai 2001).

[Horton 2000]
Horton, W.: Designing Web-Based Training. John Wiley, New York, 2000.

[Hron/Hesse/Reinhard et al. 1997]
Hron, A.; Hesse, F.W.; Reinhard, P.; Picard, E.: Strukturierte Kooperation beim computerunterstützten kollaborativen Lernen. In: Unterrichtswissenschaft (1997) 25, 680–689.

[Imel 1992]
Imel, S.: Reflective Practice in Adult Education. ERIC-Digest Nr. 122, ED346319, ERIC Clearinghouse on Adult Career and Vocational Education, Columbus, 1992.

[Johnson 1998]
Johnson, W.L.: Pedagogical Agents. http://www.isi.edu/isd/carte/ped_agents/pedagogical_agents.html

[Johnson/Rickel/Lester 1999]
Johnson, W.L.; Rickel, J.W.; Lester, J.C.: Animated Pedagogical Agents: Face-to-Face Interaction in Interactive Learning Environments, 1999.

[Jost 1998]
Jost, H.R.: Der Change Navigator. Im Wandel wachsen. A & O des Wissens, Hamburg, 1998.

[Kalakota/Robinson 1999]
Kalakota, R.; Robinson, M.: e-Business. Roadmap for Success. Addison-Wesley, Reading, 1999.

[Kerres 2001]
Kerres, M.: Multimediale und telemediale Lernumgebungen: Konzeption und Entwicklungen. Oldenbourg, München, 2001.

[Keupp 1992]
Keupp, H.: Verunsicherungen, Risiken und Chancen des Subjekts in der Postmoderne. In: Rauschenbach, T.; Gängler, H. (Hrsg.): Soziale Arbeit und Erziehung in der Risikogesellschaft. Luchterhand, Neuwied, 1992, 165–183.

[Kim 2000]
Kim, A.J.: Community Building on the Web. Secret Strategies for successful Online Communities. Peachpit Press, Berkeley, 2000.

[Klein 1996]
Klein, S.: Interorganisationssysteme und Unternehmensnetzwerke. Deutscher Universitätsverlag, Wiesbaden, 1996.

[Kotter 1997]
Kotter, J.P.: Chaos, Wandel, Führung. Leading Change. Econ-Verlag, Düsseldorf, 1997.

[Kraemer 2000]
Kraemer, W.; Sprenger, P.: Content und Learning Service Providing – ASP aus inhaltlicher Sicht. Sonderausgabe Information Management & Consulting 15 (2000), 35–43.

[Krapf 1995]
Krapf, B.: Aufbruch zu einer neuen Lernkultur. 4. Aufl., Haupt, Bern, 1995.

[Krystek/Müller-Stevens 1993]
Krystek, U.; Müller-Stevens, G.: Frühaufklärung für Unternehmen. Schäffer-Poeschel, Stuttgart, 1993.

[Kuhlen 1996]
Kuhlen, R.: Globale, regionale elektronische Marktplätze: Forum und Markt. In: Ders.: Zur Virtualisierung von Regionen durch elektronische Marktplätze. Bericht 79–96. Konstanz, 1996.

[Lave/Wenger 1991]
Lave, J.; Wenger, E.: Situated Learning. Legitimate Peripheral Participation. Cambridge University Press, Cambridge, 1991.

[Lechner/Müller-Stewens 1999]
Lechner, C.; Müller-Stewens, G.: Strategische Prozessforschung. Zentrale Fragestellungen und Entwicklungstendenzen. Diskussionsbeiträge, 33, Institut für betriebswirtschaftliche Forschung, Universität St. Gallen, St. Gallen, 1999.

[Levine/Locke/Searls et al. 2000]
Levine, R.; Locke, C.; Searls, D.; Weinberger, D.: The Cluetrain Manifesto. The end of business as usual. Perseus Publishers, Cambridge, 2000.

[Lewe 1995]
Lewe, H.: Computer Aided Team und Produktivität. Einsatzmöglichkeiten und Erfolgspotentiale. Gabler, Wiesbaden, 1995.

[Lotus-Report 2000]
Lotus-Report: Driving Business Value through E-Collaboration. Benchmarking Partners, Inc., 2000.

[Lucia/Lepsinger 1999]
Lucia, A.D.; Lepsinger, R.: The art and science of competency models: Pinpointing critical success factors in organizations. Jossey-Bass, San Francisco, 1999.

[Marquardt 1999]
Marquardt, M.J.: Action learning in action. Transforming Problems and People for World-Class Organizational Learning. Davies-Black Publisher, Palo Alto, 1999.

[Masie 2000]
Masie, Elliott: Learning Methodologies Needed for E-Learning. Learning Decisions Interactive Newsletter Nr. 10, The MASIE Center, October 2000.

[Masie 2001]
The MASIE Center (Hrsg.): Elliott Masie's TechLearn TRENDS: e-Learning, Training and e-Collaboration Updates. Nr. 197 vom 26.2.2001 (http://www.masie.com).

[McCombs/Whisler 1997]
McCombs, B.L.; Whisler, J.S.: The learner-centered classroom and school: Strategies for enhancing student motivation and achievement. Jossey-Bass, San Francisco, 1997.

[McCrea/Gay/Bacon 2000]
McCrea, F.; Gay, R.K.; Bacon, R.: Riding the Big Waves. A White Paper on the B2B e*Learning Industry. Thomas Weisel Partners, Merchant Banking, vom 18.1.2000, San Francisco et al., 2000.

[Meares/Sargent 1999]
Meares, C.A.; Sargent, J.F.J.: The Digital Workforce. Building Infotech Skills at the Speed of Innovation. U. Departement of Commerce. Technology Administration. Office of Technology Policy, 1999.

[Mertens/Griese 2000]
Mertens, P.; Griese, J.: Integrierte Informationsverarbeitung 2 – Planungs- und Kontrollsysteme, 8. Aufl., Gabler, Wiesbaden, 2000.

[Meyer/Toedtli 2001]
Meyer, P.; Toedtli, S. (Hrsg.): E-Business in der Schweiz. Acht Fallstudien. WM Wirtschafts-Medien AG, BILANZ, Zürich, 2001.

[Mintzberg 1987]
Mintzberg, H.: The strategy concept I: five P's for strategy. In: California Management Review 30 (1987) 11–24.

[Nonaka/Takeuchi 1995]
Nonaka, I.; Takeuchi, H.: The knowledge-creating company: How Japanese companies create the dynamics of innovation. Oxford University Press, Oxford, 1995.

[Nonaka/Takeuchi 1997]
Nonaka, I.; Takeuchi, H.: Die Organisation des Wissens: Wie japanische Unternehmen eine brachliegende Ressource nutzbar machen. Campus Verlag, Frankfurt am Main et al., 1997.

[o.V. 2001]
o.V.: Lessons of a virtual timetable, Economist vom 15.2.2000, http://www.economist.com/displayStory.cfm?Story_ID=505047.

[Österle 1996]
Österle, H.: Business Engineering. 2. Aufl., Springer, Berlin et al., 1996.

[Österle 2000]
Österle, H.: Auf dem Weg zum Service-Portal. In: Belz, C.; Bieger, T. (Hrsg.): Dienstleistungskompetenz und innovative Geschäftsmodelle. Verlag THEXIS, St. Gallen, 2000. 168–176.

[Österle/Blessing 2000]
Österle, H.; Blessing, D.: Business Engineering Model. In: [Österle/Winter 2000, 61–95].

[Österle/Winter 2000]
Österle, H., Winter, R. (Hrsg.): Business Engineering – Auf dem Weg zum Unternehmen des Informationszeitalters. Springer, Berlin et al., 2000.

[Oetinger 2000]
Oetinger, B.v. (Hrsg.): Das Boston Consulting Group Strategie-Buch. 7. völlig überarb. und aktual. Aufl., Econ, Düsseldorf, 2000.

[Pätzold/Lang 1999]
Pätzold, G.; Lang, M.: Lernkulturen im Wandel. Didaktische Konzepte für eine wissensbasierte Organisation. Bertelsmann, Bielefeld, 1999.

[Palloff/Pratt 1999]
Palloff, R.M.; Pratt, K.: Building Learning Communities in Cyberspace. Effective Strategies for the Online Classroom. Jossey-Bass, San Francisco, 1999.

[Pawlowski 2000]
Pawlowski, J.M.: The Essen Learning Model – a Multi-Level Development Model. In: Staff and Educational Development International 4 (2000), 19–27. Auch in: Proceedings of ED-MEDIA 2000, World Conference on Educational Multimedia, Hypermedia & Telecommunications, Montreal/Quebec, 2000.

[Pawlowski/Adelsberger 2001]
Pawlowski, J.M.; Adelsberger, H.H.: Standardisierung von Lerntechnologien. In: Wirtschaftsinformatik 43 (2001) 1, 57–68.

[Pea 1994]
Pea, R.: Seeing what we build together: distributed multimedia learning environments for transformative communications. In: The Journal of the Learning Sciences, (1994) 3, 285–299.

[Peterson/Marostica/Callahan 2000]
Peterson, R.W., Marostica, M.A., Callahan, L.M.: The Study Guide – A Learning Services Review of 1999. U.S. Bankcorp Piper Jaffray, Minneapolis, Januar 2000.

[Picot/Reichwald/Wigand 2001]
Picot, A.; Reichwald, R.; Wigand, R.T.: Die grenzenlose Unternehmung. Information, Organisation und Management. 4. Aufl., Gabler, Wiesbaden, 2001.

[Pine/Davis 1999]
Pine, J.B.; Davis, S.: Mass Customization. Harvard Business School Press, Boston, 1999.

[Pinto/Trailer 1999]
Pinto, J.; Trailer, J.: Essentials of Project Control. Project Management Institute Inc., Newton Square, 1999.

[Preedy/Glatter/Levacic 2000]
Preedy, M.; Glatter, R.; Levacic, R. (Hrsg.): Educational Management. Strategy, quality and resources. Buckingham Press, Buckingham/Philadelphia, 2000.

[Prensky 2001]
Prensky, M.: Digital Game-Based Learning. McGraw-Hill, New York, 2001.

[Prestoungrange/Sandelands/Teare 2000]
Prestoungrange, G.; Sandelands, E.; Teare, R.: The Virtual Learning Organization. Learning at the Workplace Campus. Continuum, London, 2000.

[Pümpin 1999]
Pümpin, C.: Strategische Erfolgspositionen. Methodik der dynamischen strategischen Unternehmensführung. Haupt, Bern, 1999.

[Quinn 2000]
Quinn, C.: MLearning: Mobile, Wireless, In-your-Pocket Learning. In: LiNE Zine (2000). http://www.linezine.com/2.1/features/cqmmwiyp.htm.

[Rautenstrauch 1997]
Rautenstrauch, C.: Effiziente Gestaltung von Arbeitsplatzsystemen: Konzepte und Methoden des persönlichen Informationsmanagement. Addison-Wesley-Longmann, Bonn, 1997.

[Reinmann-Rothmeier/Mandl 1999]
Reinmann-Rothmeier, G.; Mandl, H.: Teamlüge oder Individualisierungsfalle? Eine Analyse kollaborativen Lernens und deren Bedeutung für die Förderung von Lernprozessen in virtuellen Gruppen. Forschungsberichte, 115, Institut für Pädagogische Psychologie und Empirische Pädagogik, Ludwig-Maximilians-Universität, München, 1999.

[Renkl 1997]
Renkl, A.: Lernen durch Lehren. Zentrale Wirkmechanismen beim kooperativen Lernen. Deutscher Universitäts-Verlag, Wiesbaden, 1997.

[Rode 2000]
Rode, C.: In the Eye of the Beholder. Visual and verbal cognitive capacities in complex problem solving. Think Tools AG, Switzerland, 2000.

[Rosenberg 2001]
Rosenberg, M.J.: E-Learning. Strategies for Delivering Knowledge in the Digital Age. McGraw-Hill, New York, 2001.

[Ruttenbur/Spickler/Lurie 2000]
Ruttenbur, B.W.; Spickler, G.C.; Lurie, S.: e-Learning: The Engine of the Knowledge Economy. Morgan Keegan & Co., Juli 2000.

[Sattelberger 1999]
Sattelberger, T.: Wissenskapitalisten oder Söldner? Personalarbeit in Unternehmensnetzwerken des 21. Jahrhunderts. Gabler, Wiesbaden, 1999.

[Scardamalia/Bereiter/Lamon 1994]
Scardamalia, M.; Bereiter, C.; Lamon, M.: The CISLE project: Trying to bring the classroom into world 3. In: McGilly, K. (Hrsg.): Classroom lessons: Integrating cognitive theory and classroom practice. Bradford Books / MIT Press, Cambridge, 1994, 201–228.

[Schenkel 2000]
Schenkel, P.: Lerntechnologien in der beruflichen Bildung. BIBB – Bundesinstitut für Berufsbildung, Bonn, 2000.

[Schlange/Sütterlin 1997]
Schlange, L.E.; Sütterlin, R.G.: Das Zukunfts-Seminar. Wie man eine Organisation mit Szenarien in Dynamik versetzt. In: zfo – Zeitschrift Führung + Organisation, 66 (1997) 5, 284–289.

[Schön 1983]
Schön, D.A.: The reflective practitioner. How Professional think in action. Basic Books, New York, 1983.

[Schubert/Wölfle 2000]
Schubert, P.; Wölfle, R. (Hrsg.): E-Business erfolgreich planen und realisieren. Case Studies von zukunftsorientierten Unternehmen. Carl Hanser, München, 2000.

[Schulmeister 2001]
Schulmeister, R.: Virtuelle Universität, Virtuelles Lernen. Oldenbourg, München, 2001.

[Schumacher/Schwickert 1999]
Schumacher, M., Schwickert, A.C.: Web-Portale – Stand und Entwicklungstendenzen. In: Arbeitspapiere WI (1999) 4, Mainz, 1999.

[Schwarz 1994]
Schwarz, R.M.: The Skilled Facilitator. Practical Wisdom for developing effective groups. Jossey-Bass, San Francisco, 1994.

[Seel 2000]
Seel, N.M.: Psychologie des Lernens. Lehrbuch für Pädagogen und Psychologen. Ernst Reinhardt Verlag, München/Basel, 2000.

[Seifried/Eppler 2000]
Seifried, P.; Eppler, M.: Evaluation führender Knowledge Management Suites – Wissensplattformen im Vergleich. NetAcademy Press, St. Gallen, 2000.

[Seufert/Back/Häusler 2001]
Seufert, S., Back, A., Häusler, M.: E-Learning: Weiterbildung im Internet – Das «Plato-Cookbook» für internetbasiertes Lernen. Smart Books, Kilchberg, 2001.

[Simon 1997]
Simon, F.B.: Die Kunst, nicht zu lernen. 2. Aufl., Carl-Auer-Systeme Verlag, Heidelberg, 1997.

[Skyrme 1999]
Skyrme, D.: Knowledge Networking – Creating the Collaborative Enterprise. Butterworth – Heinemann, Oxford et al , 1999.

[Smith 1999]
Smith, D.K.: Make Success Measurable!: A Mindbook-Workbook for Setting Goals and Taking Action. John Wiley & Sons, New York/Chichester, 1999.

[Spector/Anderson 2000]
Spector, M.J.; Anderson, T.M. (Hrsg.): Integrated and Holistic Perspectives on Learning, Instruction and Technology – Understanding Complexitiy. Kluwer Academic Publishers, Dordrecht/London, 2000.

[Stoller-Schai 2001]
Stoller-Schai, D.: E-Collaboration. Wissen generieren durch vernetztes Lernen und Arbeiten. Dissertation. Universität St. Gallen, St. Gallen (erscheint 2001/2002).

[Strzebkowski/Schaumburg 1999]
Strzebkowski, R.; Schaumburg, H.: Pädagogische Agenten. In: GMW Forum, Zeitschrift der Gesellschaft für Medien in der Wissenschaft (1999) 1, 9–13.

[Swider 2000]
Swider, L.: Answer Geek July 2000. In: Learning Circuits (Juli 2000). http://www.learningcircuits.org/jul2000/jul2000_geek.html.

[Teare/Davies/Sandelands 1999]
Teare, R.; Davies, D.; Sandelands, E.: The virtual university. An action paradigm and process for workplace learning. Reprinted, Cassell, London, 1999.

[Tennyson/Schott/Seel 1997]
Tennyson, R.D.; Schott, F.; Seel, N.M. (Hrsg.): Instructional Design: International Perspectives. Theory, Research, and Models. Band 1, Erlbaum, Mahwah, 1997.

[Tuso/Longmire 2000]
Tuso, G.; Longmire, W.: Competency-based systems and the delivery of learning content. In: Learning without limits, Viviance new education Inc. 3 (2000) 31–38.

[Ulrich/Zenger/Smallwood 1999]
Ulrich, D.; Zenger, J.; Smallwood, N.: Results-based leadership. How leaders build the business and improve the bottom line. Harvard Business School Press, Boston, 1999.

[Urdan/Weggen 2000]
Urdan, T.A.; Weggen, C.C.: Corporate E-Learning: Exploring a new Frontier. WR Hambrecht+Co., März 2000.

[Von Krogh/Ichijo/Nonaka 2000]
Von Krogh, G.; Ichijo K.; Nonaka, I.: Enabling Knowledge Creation: How to unlock the Mystery of Tacit Knowledge and Release the Power of Innovation. Oxford University Press, New York, 2000.

[Wargitsch 1998]
Wargitsch, C.: Integration von Workflow- und Wissensmanagement unter besonderer Berücksichtigung von komplexen Geschäftsprozessen. Dissertation, Universität Erlangen-Nürnberg, Nürnberg 1998.

[Watzlawick 1983]
Watzlawick, P.: Anleitung zum Unglücklichsein. Piper, München, 1983.

[Weiber 2001]
Weiber, R. (Hrsg.): Handbuch Electronic Business. Informationstechnologien – Electronic Commerce – Geschäftsprozesse. Gabler, Wiesbaden, 2001.

[Weiss 2000]
Weiss, C.: Designing for the Mobile Worker: Anywhere, Anytime, Take-it-to-go Learning. In: LiNE Zine. http://www.linezine.com/3.1/features/cwdfmw.htm

[Wenger 1998]
Wenger, E.: Communities of Practice. Learning, Meaning, and Identity. Cambridge University Press, Cambridge, 1998.

[Wilbers 2000]
Wilbers, K.: Lernportale, universitäre Aktoren, Business Intelligence und m(obile)-Learning: Vier Herausforderungen des e-Learning. In: Esser, F.H.; Twardy, M; Wilbers, K. (Hrsg.): e-Learning in der Berufsbildung. Telekommunikationsunterstützte Aus- und Weiterbildung im Handwerk. Eusl, Köln, 2000, 473–497.

[Wunderer/Bruch 2001]
Wunderer, R.; Bruch, H.: Umsetzungskompetenz. Luchterhand, Neuwied, 2001.

[Zhang 1999]
Zhang, Z.: Building Electronic Scholarly Journals as Communication Forums. Dissertation an der Universität Konstanz. Deutscher Wissenschafts-Verlag, Bergtheim bei Würzburg, 1999.